_kern

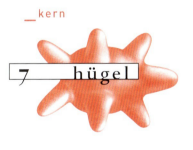

7 hügel

7 hügel——Bilder und Zeichen des 21. Jahrhunderts

I)kern

GENE, HIRNE, MAGMA, QUARKS:
INNENANSICHTEN DER ZUKUNFT

Herausgegeben von Gereon Sievernich und Peter Bexte

Henschel | Berliner Festspiele

7 hügel___Bilder und Zeichen des 21. Jahrhunderts 14. Mai — 29. Oktober 2000

im Martin-Gropius-Bau Berlin Eine Ausstellung der Berliner Festspiele

Ermöglicht durch die Stiftung Deutsche Klassenlotterie Berlin

SCHIRMHERR **Bundespräsident Johannes Rau**

VERANSTALTER **Berliner Festspiele GmbH** Intendant **Prof. Dr. Ulrich Eckhardt** | Geschäftsführung **Hinrich Gieseler**

AUSSTELLUNGSLEITUNG **Bodo-Michael Baumunk, Gereon Sievernich**

___IMPRESSUM I) **kern** Wissenschaftliche Konzeption **Dr. Peter Bexte** | Gestaltung **Ken Adam, London** | Wissenschaftliche Mitarbeit **Livia Bade, Ulrike Goeschen, Maria Kayser, Tilo Plake** II) **dschungel** Wissenschaftliche Konzeption **Dr. Jasdan Joerges** | Die Abteilung Dschungel wurde bis Dezember 1998 von **Eleonore Hein** konzeptionell betreut | Gestaltung **Tina Kitzing, Augsburg** | Wissenschaftliche Mitarbeit **Daniela Kratzsch, Anne Pfeil** III) **weltraum** Wissenschaftliche Konzeption **Dr. Ralf Bülow** | Gestaltung **Charles Wilp, Düsseldorf** | »Mondhaus« **Hans-J. Schmitt** | Wissenschaftliche Mitarbeit **Ekkehard Endruweit** IV) **zivilisation** Wissenschaftliche Konzeption **Dr. Thomas Medicus** | Die Abteilung Zivilisation wurde seit August 1999 von **Jean-François Machon** betreut | Gestaltung **Lebbeus Woods, New York** | Wissenschaftliche Mitarbeit **Jean-François Machon** V) **glauben** Wissenschaftliche Konzeption **Eva Maria Thimme** | Gestaltung **Gerrit Grigoleit, Lars Gräbner, Berlin** | Wissenschaftliche Mitarbeit **Miriam Rieger** VI) **wissen** Wissenschaftliche Konzeption **Dr. Hendrik Budde** | Gestaltung **Edouard Bannwart, Berlin** | Wissenschaftliche Mitarbeit **Bernd Graff** VII) **träumen** Wissenschaftliche Konzeption **Dr. Margret Kampmeyer-Käding** | Gestaltung **Kazuko Watanabe, Berlin** | Wissenschaftliche Mitarbeit **Annette Beselin, Philipp von Hilgers, Saskia Pütz** ___WEITERE WISSENSCHAFTLICHE MITARBEIT **Dr. Anna Czarnocka-Crouillère, Dr. Michaela Diener, Sabine Hollburg, Christoph Schwarz, Maya Shikata-Bröker** ___PRODUKTION **Christian Axt** | Produktionsbüro **Josef Binder** (ab November 1999), **Joachim Bredemeyer, Andreas Glücker, Christoph Schmuck** (bis Dezember 1999), **Susanne Walther** | Lichtgestaltung **Michael Flegel** | Medientechnik **Dr. Reiner Chemnitius** | Statik **Gerd-Walter Miske** | Sekretariat **Ingrid Schreiber, Evelyn Simhart** | Modellbau **Monath & Menzel (Berlin), Dwayne Oyler (New York)** ___ORGANISATION Koordination und Leihverkehr **Sabine Hollburg, Regina Gelbert, Christoph Schwarz** | Ausstellungsbüro **Bärbel E. Fickinger, Claudia Simone Hoff, Michaela Illner, José Jupy, Elke Kupschinsky** | Projektverwaltung **Thomas Schwarz** | EDV-Betreuung **Dr. Saleh Salman** ___KONSERVATORISCHE BETREUUNG **Klaus Büchel, Ernst Bartelt, Friederike Beseler, Petra Breidenstein, Ekkehard Kneer, Rüdiger Tertel** ___KATALOG I) **kern** Redaktion **Dr. Peter Bexte** | Mitarbeit **Ulrike Goeschen** II) **dschungel** Redaktion **Dr. Jasdan Joerges** | Mitarbeit **Daniela Kratzsch und Anne Pfeil** III) **weltraum** Redaktion **Dr. Ralf Bülow** IV) **zivilisation** Redaktion **Dr. Thomas Medicus** | Mitarbeit **Jean-François Machon** V) **glauben** Redaktion **Eva Maria Thimme** VI) **wissen** Redaktion **Dr. Hendrik Budde** | Mitarbeit **Bernd Graff** VII) **träumen** Redaktion **Dr. Margret Kampmeyer-Käding** | Mitarbeit **Saskia Pütz** | Gesamtredaktion und Koordination **Dr. Michaela Diener, Elke Kupschinsky** | Bildredaktion **Christoph Schwarz** | Grafische Gestaltung *fernkopie:* **Matthias Wittig, Claudia Wittig, Stefanie Richter, Sonja Jobs, Antonia Becht** | Übersetzungen **Dr. Ralf Bülow** (Englisch), **Dr. Gerd Burger** (Englisch), **Hatice Demircan** (Englisch), **Youssef El Tekhin** (Arabisch), **Doris Gerstner** (Englisch), **Dr. Gennaro Ghirardelli** (Englisch), **Ulrike Goeschen** (Englisch), **Dr. Henning Schmidgen** (Englisch), **Andreas Vollstädt** (Englisch) ___PRESSE- UND ÖFFENTLICHKEITSARBEIT **Nana Poll, Annette Rosenfeld** | Mitarbeit **Anna Badr** | Übersetzungen **Liliane Bordier** (Französisch), **Anna Cestelli Guidi** (Italienisch), **Dr. Anna Czarnocka-Crouillère** (Polnisch), **Stephen Locke** (Englisch), **Veronika Mariaux** (Italienisch), **Maria Ocon Fernandez** (Spanisch), **Holly Jane Rahlens** (Englisch), **Christine Rädisch** (Russisch), **Maya Shikata-Bröker** (Japanisch) ___TRANSPORTE / VERSICHERUNGEN **Hasenkamp Internationale Transporte GmbH & Co. KG** | **Kuhn und Bülow Versicherungsmakler GmbH**

___VERLAGSIMPRESSUM **Die Deutsche Bibliothek – CIP-Einheitsaufnahme.** Ein Titelsatz für diese Publikation ist bei Der Deutschen Bibliothek erhältlich. ISBN 3-89487-344-2 **Kern** | ISBN 3-89487-345-0 **Dschungel** | ISBN 3-89487-346-9 **Weltraum** | ISBN 3-89487-347-7 **Zivilisation** | ISBN 3-89487-348-5 **Glauben** | ISBN 3-89487-349-3 **Wissen** | ISBN 3-89487-350-7 **Träumen** | ISBN 3-89487-356-6 **Gesamtpaket** | © 2000 by Berliner Festspiele GmbH, Autoren und Henschel Verlag in der Dornier Medienholding GmbH, Berlin | Die Verwertung der Texte und Bilder, auch auszugsweise, ist ohne Zustimmung des Verlags urheberrechtswidrig und strafbar. Dies gilt auch für Vervielfältigungen, Übersetzungen, Mikroverfilmungen und für die Verarbeitung mit elektronischen Systemen | Grafische Gestaltung *fernkopie:* **Matthias Wittig, Claudia Wittig, Stefanie Richter, Sonja Jobs, Antonia Becht** | Druck und Bindung **Westermann Druck Zwickau** | Printed in Germany | Gedruckt auf alterungsbeständigem Papier mit chlorfrei gebleichtem Zellstoff ___COPYRIGHT-HINWEISE © für die abgebildeten Werke bei den Leihgebern und Autoren, bei den Künstlern oder ihren Rechtsnachfolgern sowie den Bildagenturen: © VG Bild-Kunst, Bonn 2000 für **Bettina Allamoda, Herbert Bayer, Max Beckmann, Karl Blossfeldt, Giorgio de Chirico, Max Ernst, Raoul Hausmann, Wifredo Lam, Germaine Richier, Brigitte Schirren, Anna Franziska Schwarzbach, Katharina Sieverding, Sophie Taeuber-Arp** | © VG Bild Kunst, Bonn/DACS, London für **Francis Bacon** | © VG Bild-Kunst Bonn/ Demart Pro Arte, Paris – Genf für **Salvador Dali** | © VG Bild Kunst, Bonn/ADAGP, Paris für **Le Corbusier, René Magritte** | © VG Bild-Kunst, Bonn/ SABAM, Brüssel für **Jan Fabre** | © VG Bild-Kunst, Bonn/Pro Litteris, Zürich für **Cornelia Hesse-Honegger, Meret Oppenheim** | © VG Bild-Kunst, Bonn/ Succession Matisse, Paris für **Henri Matisse** | © VG Bild-Kunst, Bonn/ARS, New York für **Georgia O'Keeffe** | © VG Bild-Kunst, Bonn/VEGAP, Madrid für **Jaume Plensa** | © Anton Räderscheidt – VG Bild-Kunst, Bonn für **Anton Räderscheidt** | © Albert Renger-Patzsch Archiv – Ann und Jürgen Wilde, Zülpich/VG Bild-Kunst, Bonn 2000 für **Albert Renger-Patzsch** | © 2000 Oskar Schlemmer, Archiv und Familien-Nachlass, I-28824 Oggebio für **Oskar Schlemmer** | Bildnachweis Umschlag siehe Anhang

UNSER DANK FÜR RAT UND HILFE GILT **Anita Feldman Bennet** Much Hadham, Großbritannien **Dr. Ilse Chudoba** Altlussheim **Peter und Maria Didrichsen** Helsinki **Hadwig Dorsch** Berlin **Peter Dunne** San Francisco, CA **Sabine Fahrenbach** Leipzig **Barbara Gasperini** Rom **Ursula Grell** Düsseldorf **Ralf Hahn** Berlin **Helmut Harder** Münster **Christoph Keller** Berlin **Andreas Koch** Paris **Christoph Lüthy** Nijmegen **Ekkehard Mai** Köln **Dr. Ingrid Mössinger** Chemnitz **Hermann Noack** Berlin **Jürgen Pech** Bonn **Konrad Polthier** Berlin **Dr. Karl-Heinz Reiche** Berlin **Helmut Rotter** Dresden **Lars Rütz** Berlin **Ulrich Scheller** Berlin-Buch **Bogdan Stanca** Timisoara **Francisco J. Varela, Ph.D.** Paris **Yvonne Voegeli** Zürich **Lena Wikström** Helsinki **Dr. Lothar Zögner** Berlin UNTERSTÜTZENDE UNTERNEHMEN **Honda Research and Development: Prof. Dr. Edgar Körner** Offenbach **Kazuo Hirai** Tokyo **Christoph Rust** Offenbach **Andreas Richter** Offenbach | **NEC: Katsuhiro »Vic« Onoda** Tokyo **Atsushi Kataoka** Düsseldorf **Werner Maass** München | **Silicon Graphics Inc.: Rüdiger Knoblach** München | **Sony Corporation: Dr. Toshi T. Doi** Tokyo **Yasuke Iwahashi** Brüssel | **Hewlett Packard: Werner L. Kanthak** Berlin **Steffen Wax** Sindelfingen | **TaurusFilm GmbH & Co** Ismaning | **Meta Systems GmbH** | **iAS Interactive Systems** Marburg | **Fritz Schunk GmbH & Co.KG** Lauffen/Neckar | **Dipl.-Ing. Selzer-Aufzüge GmbH** (KONE Berlin)

DANKSAGUNG FÜR WISSENSCHAFTLICHE BERATUNG UND KOOPERATION Staatliche Museen zu Berlin – Preußischer Kulturbesitz: Generaldirektor **Prof. Dr. Peter-Klaus Schuster**, Kunstbibliothek **Prof. Dr. Bernd Evers**, Kupferstichkabinett **Prof. Dr. Alexander Dückers**, Kunstgewerbemuseum **Prof. Dr. Barbara Mundt**, Ethnologisches Museum **Prof. Klaus Helfrich** | Einstein Forum Potsdam **Dr. Gary Smith, Dr. Rüdiger Zill, Dr. Matthias Kross, Prof. Dr. Sigrid Weigel** | Technische Universität Berlin, Institut für Technische Informatik **Prof. Dr. Günter Hommel, Mathias Neumann, Marek Musial, Wolfgang Brandenburg** | Freie Universität Berlin, Institut für Experimentalphysik **Prof. Dr. Bodo Hamprecht, Prof. Dr. Karl-Heinz Rieder, Dr. Gerhard Meyer, Dr. Francesca Moresco, Jascha Repp, Sven Zöphel, Christian Roth** | Freie Universität Berlin, Institut für Geowissenschaften **Prof. Dr. Peter Halbach, Dr. Heinrich Brasse, Peter Röwer** | Ernst-Haeckel-Haus Jena, Institut für Geschichte der Medizin **Prof. Dr. Dr. Olaf Breidbach, Dr. Klaus Holthausen, Andreas Kunze, Dr. Klausdieter Weller** | GeoForschungsZentrum Potsdam **Dr. Jörn Lauterjung, Dr. Bernhard Raiser, Franz Ossing, Prof. Dr. Rainer Kind, Dr. Kurt Wylegalla, Karl-Heinz Jäckel** | Bayerisches Geologisches Landesamt **Dr. Wolfgang U. Dorn** | Institut für Geophysik der Universität Göttingen **Dr. Joachim Ritter, Dr. Helmut Harder, Elmar Rothert** | Deutsches Elektronen-Synchrotron, Zeuthen und Hamburg **Prof. Dr. Paul Söding, Dr. Ulrich Gensch, Dr. Christian Spiering, Dr. Rolf Nahnhauer, Dr. Kurt Riesselmann, Ulrike Behrens, Karsten Gadow, Petra Folkerts** | Max-Planck-Institut für molekulare Genetik, Ressourcenzentrum im Deutschen Humangenomprojekt, Berlin **Prof. Dr. Hans Lehrach, Dr. Rolf Zettl, Dr. Cornelia Maurer, Dr. Johannes Maurer** | CERN Genf **Prof. Dr. Klaus Winter, Robert Cailliau** | Konrad-Zuse-Zentrum für Informationstechnik Berlin (ZIB) **Werner Benger, Prof. Dr. Peter Deuflhard, Dr. Frank Cordes, Hans-Christian Hege, André Merzky, Johannes Schmidt-Ehrenberg** | Max-Planck-Institut für Gravitationsphysik (Albert Einstein-Institut), Potsdam-Golm **Prof. Dr. Edward Seidel** | Verein zur Förderung eines Deutschen Forschungsnetzes e.V., Berlin **Dr. Klaus-Eckart Maass, Dr. Gudrun Quandel, Gisela Maiß** | Humboldt-Universität zu Berlin, Museum für Naturkunde **Dr. Ansgar Greshake, Dr. Ralf-Thomas Schmitt** | Humboldt-Universität zu Berlin, Institut für Biologie/Biophysik **Prof. Dr. Günther Fuhr** | EVOTEC Bio Systems AG, Hamburg | Universitätsklinikum Charité. Johannes-Müller–Institut für Physiologie, Berlin **Prof. Dr. Peter Bartsch** | Vogt-Institut für Hirnforschung Düsseldorf **Prof. Dr. Adolf Hopf, Prof. Dr. Karl Zilles, Peter Sillmann** | Heinrich-Heine-Universität Düsseldorf Abt. für Nuklearmedizin **Dr. med. Rolf Larisch** | Max-Delbrück-Centrum Berlin-Buch **Prof. Dr. Helmut Kettenmann** | Max-Planck-Institut für Wissenschaftsgeschichte, Berlin **Dr. Michael Hagner, Dr. Sven Dierig, Jörg Kantel (EDV-Leiter)** | Archiv zur Geschichte der Max-Planck-Gesellschaft, Berlin **Andreas K. Walter** | Deutsches Museum München **Prof. Dr. Wolf Peter Fehlhammer, Dr. Wilhelm Füßl, Dr. Bettina Gundler, Dr. Hartmut Petzold** | Zentrum für Kunst und Medientechnologie Karlsruhe **Bernd Lintermann** | Friedrich-Schiller-Universität Jena, Institut für Anatomie II **Dr. Karsten König** (Email: kkoe@mit-n.uni-jena.de;Homepage: http://www.mit.uni-jena.de/~i6scmr/ana/ana/html), **Iris Riemann, Wolfgang Fritzsche, Prof. Dr. Karl-Jürgen Halbhuber** | JenLab GmbH, Jena (Email: JenLab@t-online.de; Homepage: http://www.mit.uni-jena.de/~i6koka/jenlab/) | 4 D-Vision GmbH Jena **Arnim Grasnick** (Homepage: http://www.4d-vision.de)

)geleitworte

—— EBERHARD DIEPGEN —— REGIERENDER BÜRGERMEISTER VON BERLIN

Im Mittelpunkt des Berliner Millenniums steht sicherlich die Ausstellung »Sieben Hügel«, die unseren Blick weit in das neue Jahrhundert schweifen lässt. Ein Kaleidoskop aus Kultur, Wissenschaft, High-tech und Sciencefiction entführt uns in eine faszinierende Welt der Realität und der Fantasie und eröffnet neue geistige Reiche jenseits alter Denkmuster. —— Der Martin-Gropius-Bau verwandelt sich für diese Schau in eine Wunderkammer des Wissens. Ob man in einer biologischen Zeitmaschine durch die Vielfalt des Dschungels streift, mit der interaktiven Skulptur der Göttin Kali in die Zukunft blickt oder mit einem Heliometer in die Weiten des Weltalls, man staunt über die Möglichkeiten des Menschen und ist sich seiner Grenzen umso mehr bewusst. —— Glauben, Wissen und Träumen geben dem Menschen seit Jahrtausenden ein Grundgerüst, um all die Wunder der Natur zu verste-hen, um all die Wunderwerke zu erschaffen. —— Ich wünsche der Ausstellung einen großen Erfolg und darf mich sehr herzlich bei all jenen bedanken, die mit dieser bemer-kenswerten Schau Berlin auf der Landkarte des Wissens eingraviert haben.

Die zweite Aufklärung nennt Neil Postman sein jüngstes Buch, das ein Kompass für die Reise ins Morgen sein will. Humanität, Vernunft und Weisheit sind die Maximen für eine menschenwürdige Zukunft. In einer Allianz von Wissenschaft und Kunst soll die Ausstellung die Frage stellen: »Was ist der Mensch?« Sie will das Wissen der Epoche zur Anschauung bringen, Bilder und Zeichen vermitteln, die uns in das 21. Jahrhundert begleiten werden, und soll einen Beitrag zur Gestaltung künftiger Lebensbedingungen des Menschen leisten. Wenn alles machbar erscheint, wird Orientierungswissen um so existentieller. Von Mai bis Oktober 2000, bewusst während der Laufzeit der ersten deutschen Weltausstellung, wird im Martin-Gropius-Bau ein die herkömmlichen Sparten übergreifendes Projekt realisiert, an dem zahlreiche international renommierte Gelehrte und Künstler mit ihren Zeugnissen mitwirken. In Wahrheit sind es sieben Ausstellungen – analog zu sieben Säulen der Weisheit. Sieben Tage hat die Woche, und sieben Tage mag ein Besucher über sieben Hügel wandern, um zu verstehen, was die Welt zusammenhält und was aus ihr werden kann. —— Es ist eine riskante, anspruchsvolle und aufwendige Ausstellung geworden. Sie breitet ein visuelles Arsenal des Wissens aus, um die Linien aus der Vergangenheit in die Zukunft weiterzuziehen. Wie in einer großen Wunderkammer werden wissenschaftliche Erkenntnisse den Visionen der Künste gegenübergestellt. Um das Kommende zu bewerten und auszuhalten, geht der Blick zurück auf die geschichtlichen Wurzeln von Mensch und Welt. Es gibt viel Altes im Neuen. Bruchstellen zwischen Tradition und Moderne sind Fundstellen des Verstehens. —— Die Ausstellung soll ihre Wirkung entfalten im Kraft- und Spannungsfeld zwischen Tradition und Innovation, Alltäglichem und Metaphysischem, Realität und Spiritualität, Körperlichem und Virtuellem, Einfachem und Kompliziertem, Himmel und Erde, Ferne und Nähe – das alles zusammengehalten vom »Kern« in Ken Adams Lichthof. Angeboten wird kein Edutainment oder Themenpark-Entertainment mit Oberflächenreizen, sondern die fundierte Veranschaulichung von Wissenschaft als Orientierungswissen in einer immer komplexer und unverständlicher werdenden Umgebung. Eine solche Anstrengung gehört in die spezifische Berliner Überlieferung, verkörpert durch praxisorientierte Anwender wissenschaftlicher Erkenntnisse wie Robert Koch, Rudolf Virchow, die Brüder Humboldt, Leibniz und Chamisso. —— Fragen zu stellen gehört jetzt zur Grundausstattung zukünftigen Lebens und Zusammenlebens. Was der Besucher in der Ausstellung sieht, kann er fragend weiter denken. Es geht weniger um Bilanz als um Sichtung von Wissen, Erfahrung und Erkenntnissen auf ihre Tauglichkeit, in ein neues Jahrhundert mitgenommen zu werden. Prophetien werden nicht angeboten, keine Heilslehren oder Rezepturen, aber Messtischblätter in einem Atlas für die Reise in die Zukunft. Fortschrittsglaube weicht der Skepsis. Immer weiter fortzuschreiten und zu beschleunigen, kann die Menschheit in Vorzeiten zurückwerfen. —— Die Ausstellung »Sieben Hügel« ist Kernstück und intellektuelles

Zentrum aller Aktivitäten der Jahre 1999 und 2000 unter dem Signum »Das Neue Berlin«, die den Aufbruch Berlins in eine neue Zeit als Bundeshauptstadt und europäische Metropole manifestieren. Wiederum war es die Stiftung Deutsche Klassenlotterie Berlin, die durch großzügige Finanzierung den Martin-Gropius-Bau erneut in den Mittelpunkt internationaler Aufmerksamkeit rückt. Anerkennung und Dank gebühren dem Stiftungsrat, seinen Mitgliedern und seinem Vorsitzenden, Dankward Buwitt. Ebenso dankbar sind wir der Senatsverwaltung für Wissenschaft, Forschung und Kultur für die kooperative Bereitstellung des Ausstellungsgebäudes. _____ Eine große Zahl international hoch renommierter Wissenschaftler und Institute hat die einzelnen Autoren der sieben selbstständigen, aber untereinander verbundenen Ausstellungssektoren in ihrer mehrjährigen Vorbereitungsarbeit mit Rat und Tat unterstützt. Zahlreiche international operierende Firmen, insbesondere aus dem Multimediabereich, haben kostspielige Installationen ermöglicht. Leihgeber, Personen wie Institutionen, aus Übersee, Europa und der Bundesrepublik Deutschland haben wertvollste Leihgaben beigesteuert, deren Präsenz im Original die Aura der Ausstellung ausmacht. Die grafisch und verlegerisch hervorragend betreuten sieben Einzelbände des Katalogs sind als Handbücher konzipiert, die über die Ausstellungszeit hinaus ihren Wert behalten sollen._____ Besonderer Dank gilt den Gestaltern – Ken Adam, Tina Kitzing, Charles Wilp, Lebbeus Woods, Gerrit Grigoleit, Lars Gräbner, Edouard Bannwart und Kazuko Watanabe –, die den jeweiligen Abteilungen mit künstlerischen Raumerfindungen ein unverwechselbares Erscheinungsbild gegeben haben, sowie dem ausführenden Architekten Christian Axt. Was schließlich die nachhaltige Wirkung und Tragweite angeht, so verdanken wir sie den beiden Ausstellungsleitern und den sieben Autoren mit ihren wissenschaftlichen Mitarbeitern. Sie alle nehmen uns einladend mit auf eine spannende Zeitreise zu geistigen Abenteuern.

❶ 1/101 Alexander von Humboldt und Aimé Bonpland in der Urwaldhütte, ca. 1850. Von Eduard Ender. Berlin-Brandenburgische Akademie der Wissenschaften ❷ Nanochirurgie mit Femtosekundenlaser *Schnitte durch Chromosomen mit einer Präzision von 100 Nanometern.* Institut für Anatomie II, Friedrich Schiller Universität Jena, Karsten König, Iris Riemann, Wolfgang Fritzsche

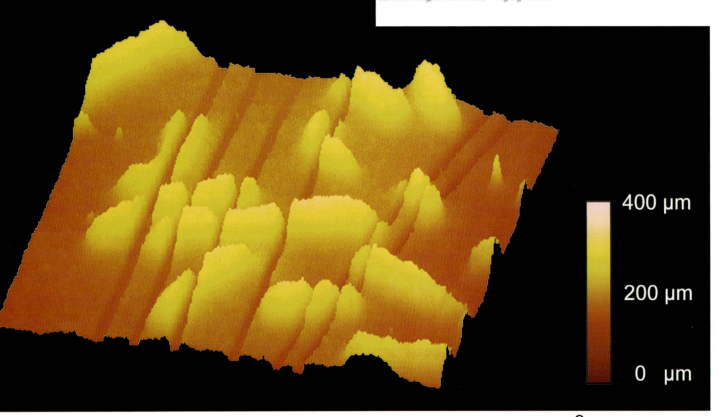

400 µm

200 µm

0 µm

❷

)vorwort

——— GEREON SIEVERNICH ——— PETER BEXTE

Waren die Naturwissenschaften lange Zeit eher bilderfeindlich, so werden sie inzwischen durch Visualisierungstechniken geradezu dominiert. Die Ergebnisse sind erstaunlich. Wir sehen einzelne Hirnzellen beim Denken; sub-atomare Teilchen erscheinen auf dem Bildschirm; das Innere einer lebenden Zelle öffnet sich dem Blick; und Geowissenschaftler zeigen uns die vormals unsichtbaren Dinge dieser Welt, das Schwerefeld zum Beispiel. ——— Visualisierungen dieser Art sind Irritation und Chance zugleich. Zu Recht wird man sich fragen, was auf Rechnermonitoren eigentlich zu sehen sei. Sehen wir das Abbild eines einzelnen Atoms? Oder sehen wir nur Visualisierungen abstrakter Daten? Die Katalogbeiträge von Sander L. Gilman und Christian Hege kreisen implizit um die alte und neue Frage nach dem Bild. Denn das 21. Jahrhundert wird visuell bestimmt sein. ——— In Zeiten, in denen Anhänger der »Künstlichen Intelligenz« behaupten, von Menschen entworfene Maschinen wären schon bald in der Lage, sich selbst zu bauen, wird die Aufmerksamkeit verstärkt auf alle Forschungen gelenkt, die sich seit vielen Jahrhunderten mit jenem menschlichen Körperteil befassen, dem manchmal auch der Sitz einer Seele zugeschrieben wurde, dem Gehirn. Schon 1989 hatte man in den USA einen Zehnjahresplan zur Hirnforschung aufgestellt und die neunziger Jahre zur »Decade of the Brain« erklärt. Von Visualisierungstechniken erhofft man sich im Wortsinne bessere Einblicke in die Tätigkeit des Gehirns. ——— In diesen Bildern liegt zugleich die Chance unserer Ausstellung. Denn damit ist die Möglichkeit gegeben, Kunst und Wissenschaft in einer Zusammenschau zu vereinen, vergleichbar den Kunst- und Wunderkammern der Renaissance. Dort fanden sich Antiken, Maschinen, Naturalien und Kunstwerke in einem Raum des Wissens beisammen. Ganz in diesem Sinne hat Ken Adam eine grandiose Wissenslandschaft der Zukunft für den Lichthof des Martin-Gropius-Baus entworfen und ihn in eine temporäre Kathedrale der Wissenschaft verwandelt. ——— Zwar sprechen die Philosophen und

Forscher schon seit antiken Zeiten vom Unteilbaren, vom Atom, doch erst gegen Ende des 19. Jahrhundert war man in Versuchen zu dem Ergebnis gekommen, dass Atome eben doch nicht die letzten, die kleinsten Teilchen seien. Seitdem bestand Gewissheit, dass sich unterhalb der atomaren Ebene noch viele Geheimnisse verbergen, die es zu entdecken galt. Noch heute sucht man Teilchen, die man zwar theoretisch beschrieben hat, aber praktisch noch nicht nachweisen konnte. Vereinfacht könnte man sagen: Drei Wege, die wiederum untrennbar ineinander verwoben sind, ging diese Forschung. Der eine Weg führte zur Atombombe – mit all ihren schrecklichen Folgen; der zweite zur friedlichen Nutzung der Kernenergie – mit ihren noch immer nicht überschaubaren Folgen; der dritte zur Jagd nach den letzten Teilchen. Mit Letzterem befasst sich die Ausstellung. _____ Dass man mit der Hilfe eines höchst teuren und komplexen Mikroskops (Rastertunnelmikroskop) seit einigen Jahren sogar Atome sehen kann, ist zwar weithin beachtet worden, kann aber in seiner Auswirkung noch kaum abgeschätzt werden. Können zum Beispiel die Chips der Zukunft auf atomarer Ebene konstruiert werden? Der Besucher wird in der Ausstellung an einigen dieser Wissenschaftsabenteuer teilhaben können. _____ *Ein Riss geht durch die Welt*, so heißt ein vor einigen Jahrzehnten gedrehtes B-Movie aus Hollywood. Eine Bombenexplosion reißt in die Erdhülle ein Loch, dass sich rasch zu einem Riss erweitert, der rund um die Erde läuft. Die Erde zerfällt. Wie immer man zu dieser Art von drastischen Erzählungen stehen mag, sie erinnern daran, wie fragil der einzige bisher bekannte Ort ist, auf dem Menschen leben

❶ **Bildnis des Physikers Hermann v. Helmholtz, 1881. Von Ludwig Knaus (1829–1910).** *Helmholtz ist dargestellt als Universalgelehrter (unter einem Erdglobus), auf dem Tisch verschiedene Geräte, die er entwickelt hat, wie der Augenspiegel, die »Helmholtzkugel«, Ophtalmometer, sowie eine Stimmgabel, die er bei seinen akustischen Forschungen einsetzte und die hier auf einem geschlossenen Buch aufgestellt ist.* Staatliche Museen zu Berlin – Preußischer Kulturbesitz Nationalgalerie ❷ **1/130 The Destruction of Pompeii and Herculaneum, ca. 1821. Von John Martin (1789–1854)** Tabley House, University of Manchester

können. _____ Die Ausstellung zeigt, wie wichtig es ist, das Innerste der Erde zu erforschen, trägt dies doch einerseits dazu bei, unser theoretisches Wissen zu vertiefen, andererseits kann die Forschung helfen, jene Naturgewalten zu verstehen, die in vielen Regionen der Welt das Leben der Menschen bedrohen: Erdbeben, Vulkanausbrüche, Springfluten und andere mehr. Durch wissenschaftliche Erkenntnis Menschen zu helfen, Katastrophen vorherzusehen und deren Auswirkungen zu lindern, ist Ziel eines weltweiten Forschungsprogrammes der Vereinten Nationen: der »International Decade of Natural Desaster Reduction« (IDNDR). Die Ausstellung lässt die Besucher am Blick in die Erde teilhaben. _____ Von allen Wissenschaften steht wohl jene derzeit am intensivsten im Blickpunkt der Öffentlichkeit, welche die »Bausteine des Lebens« erforscht. Mit der Entdeckung des Trägers der genetischen Information, der DNA, im Jahre 1953 durch das Forscherduo Watson und Crick ereignete sich für die Biologie ein ähnlicher Quantensprung des Wissens wie es für die Physik bereits 1896 mit der Entdeckung des Elektrons der Fall war. HUGO (Human Genom Organization) heißt eine Organisation, an der eine internationale Forschergemeinschaft von einigen zehntausend Wissenschaftlern beteiligt ist. Ihr Ziel ist es, das gesamte menschliche Genom zu lesen und die Folgen dieses Erkenntnisgewinns sind noch unabsehbar. _____ Es erfüllt uns mit Stolz und Freude, dass namhafte Institute und Wissenschaftler aus den hier skizzierten Bereichen zur Kooperation bereit waren. Sie haben an der Ausstellung mitgewirkt und sie haben Beiträge für diesen Katalog geschrieben. So erfahren die Leser aus erster Hand, was es mit virtuellen Teilchen auf sich hat

❶

②

(Soeding) und warum Neutrinoforscher an den Südpol gehen (Spiering). Ein neues Bild vom Inneren der Erde wird skizziert (Lauterjung), die Plattentektonik der Erde kommt zur Sprache (Giese), und die vulkanische Tiefsee eröffnet neue Einblicke (Halbach). Erstaunliche Entwicklungen gibt es durch die Genetik – Biologie wird zur Informationswissenschaft vom Code des Lebens (Lehrach). Doch gibt es auch die Vermutung, dass wie in einer Ironie der Geschichte eben die Erfolge dieser Forschung ihre eigenen Voraussetzungen abschaffen könnten (Keller). Genetik ist politisch und ethisch umstritten. Wir dokumentieren zwei kontroverse Beiträge zur Patentierbarkeit von Genen (Haerlin bzw. Zettl/von Stosch). Was aber unter avancierten Bedingungen überhaupt noch Denken heißt, ist ein brisantes Thema der Hirnforschung. Wenn Bewusstsein sich aus bewusstlosen Neuronen zusammensetzt, wer oder was sagt dann »Ich«? (Roth). Zugleich lässt sich fragen, ob alles Denken und alle Philosophie auf Neurologie reduziert werden müsste oder ob vielleicht das Umgekehrte gilt (Breidbach). Künstliche Intelligenz ist zweifellos ein Zukunftsfeld, ob dabei aber jemals menschenähnliche Wesen entstehen, sei dahingestellt. Fürs Erste gönnen wir uns sowie unseren Besucherinnen und Besuchern das Vergnügen, Fußball-Robotern beim Kicken zuzuschauen (Burkhard). Und der berühmte humanoide Roboter P3 von Honda wird für zwei Wochen Gast im Gropius-Bau sein. _____ Bei all dem sei nicht vergessen, was Heinz von Foerster uns in seinem Beitrag schrieb: dass Zukunft prinzipiell unvorhersehbar ist. Mit dem Jahrtausendwechsel steht kein Ende bevor, sondern ein Anfang. Von dessen neuen Möglichkeiten sucht die Ausstellung über »Kern«-Fragen der Menschheit zu sprechen – in Bildern und Zeichen – als Informationen über die Zukunft von Menschheit und Individuum.

❶ 1/173 Flug durch die Zahl 2000: zwischen den Molekülen hindurch. Repp, S. Zöphel, G. Meyer, K.H. Rieder/Freie Universität Berlin, Institut für Experimentalphysik

❷ 1/173 Millenniumszahl 2000: geschrieben in einzelnen CO-Molekülen mit Hilfe eines Raster-Tunnel-Mikroskopes von J. Repp, S. Zöphel, G. Meyer, K.H. Rieder/Freie Universität Berlin, Institut für Experimentalphysik

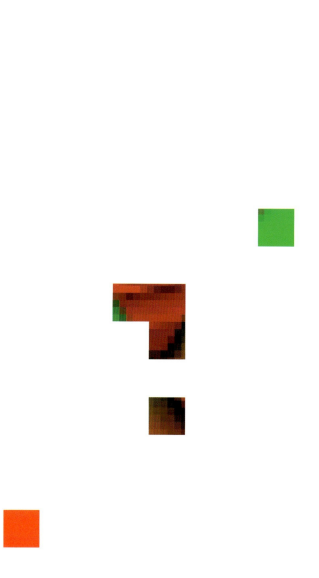

)zweitausend

————HEINZ VON FOERSTER

Eine lange Schlange fantastisch gekleideter und Tafeln mit Aufschriften tragender Menschen zieht an uns vorüber. Sie verkünden erstaunliche Dinge über das nächste Jahrtausend: »Katastrophen!« – »Erlösungen!« Was aber das Merkwürdigste dabei ist: Sie alle glauben schon zu wissen, was wir erst wissen werden. _____ Wir wissen heute, dass ein komplexes, nicht-triviales System wie »Gesellschaft« prinzipiell nicht voraussagbar ist. Denn nach jedem Geschehen ist es ein anderes System! Darin liegt der fundamentale Unterschied zu trivialen Dingen, bei denen man von Anfang an schon weiß, was am Ende dabei herauskommen wird. *Wenn ich auf das Gaspedal trete, dann fährt das Auto schneller. Wenn ich Eintrittskarten kaufe, dann darf ich in die Ausstellung hinein.* Und so weiter, in beruhigender Trivialität. _____ Frage ich meine Freunde, ob sie sich als triviale oder nicht-triviale »Maschinen« betrachten, so entscheiden sie sich unzweideutig für Nicht-Trivialität, obwohl ihre Antworten anders ausfallen, wenn sie nach ihrer Meinung über andere befragt werden. Das sollte nicht überraschen, weil die triviale Maschine mit ihrer Zuverlässigkeit und Voraussagbarkeit im Vergleich zur unbeständigen, unvoraussagbaren und nicht analysierbaren nicht-trivialen Maschine wie ein Geschenk des Paradieses anmutet. Wir zahlen Unsummen Geldes für Garantien, dass die von uns erworbenen Maschinen nicht nur zum Zeitpunkt des Kaufs trivial sind, sondern auch ihre Trivialität über lange Zeiträume beibehalten. Wenn eines Morgens unser Computer nicht druckt, sondern Töne macht, so lassen wir einen professionellen Trivialisateur kommen, der mit seinen Werkzeugen die erhoffte Trivialität des Computers wiederherstellt. _____ Als Kinder unserer Kultur sind wir eindeutig in triviale Systeme vernarrt. Und wann immer die Dinge nicht so funktionieren, wie man es erwartet, werden wir versuchen, sie zu trivialisieren: erst dann werden sie berechenbar und voraussagbar. _____ Glücklicherweise gibt es jedoch die nicht-trivialen Systeme, deren Zukunft prinzipiell nicht entscheidbar ist. Sie gehören zu den Problemen, die nicht durch Wissen, sondern nur mit Gewissen entschieden werden können. Ich meine damit, dass man hier über Fragen entscheidet, die prinzipiell unentscheidbar sind. _____ Es gibt nun einmal unter den Fragen, Problemen, Vorschlägen, Propositionen etc. solche, die entscheidbar, und solche, die prinzipiell unentscheidbar sind. Die Frage: »Ist die Zahl 137 689 392 durch 2 (restlos) teilbar?« gehört zu den entscheidbaren Fragen. Diese Frage ist nicht um ein Jota schwieriger zu entscheiden, auch wenn die zu teilende Zahl nicht nur wie hier 9 Stellen, sondern eine Million, eine Milliarde oder eine Trillion Stellen hätte. _____ Man kann sich andere Fragen ausdenken, die ebenso leicht oder viel schwieriger oder außerordentlich schwierig zu entscheiden sind, deren Entscheidbarkeit aber dadurch gesichert ist, dass man die Spielregeln eines Formalismus akzeptiert hat, der einem erlaubt, wie auf einem komplexen Begriffsgerüst, längs der Verbindungen von jedem Gelenk jedes beliebige andere Gelenk zu erreichen. Syntax, Arithmetik, die aristotelischen Schlussweisen etc. sind solche Formalismen. _____ Mein Landsmann Kurt Gödel hat vor mehr als einem halben Jahrhundert eine fundamental wichtige These veröffentlicht. Er beobachtete, dass sich selbst in den raffiniertesten Denksystemen Unentscheidbarkeiten eingenistet haben – eine Katastrophe für die Logiker! Man muß aber gar nicht erst zu logischen Riesenkristallen übergehen, um auf prinzipiell unentscheidbare Fragen aufmerksam zu werden. Zum Beispiel, die Frage »Wie ist das Universum entstanden«? ist prinzipiell unentscheidbar. Das zeigt sich schon darin, dass es zu dieser Frage so viele grundverschiedene Antworten gibt. Einige behaupten, das Universum sei ein Schöpfungsakt gewesen; andere, es wäre nie »entstanden«, es ist ein ständig sich erneuerndes System in ewigem dynamischem Gleichgewicht; wieder andere bestehen darauf, dass das, was wir jetzt sehen, die Überbleibsel eines »Urknalls« seien, von dem man sogar heute noch nach zehn, vielleicht zwanzig Milliarden Jahren ein schwaches Rauschen (über riesige Mikrowellen-Antennen) »hören« könne; ganz zu schweigen von dem, was uns Eskimos, Arapesch, Perser, Ibos, Chinesen, Balinesen usw. usw. über diesen Vorfall zu erzählen haben. Mit anderen Worten: Sagen Sie mir, wie das Weltall entstanden ist, und ich sage Ihnen, wer Sie sind! – Selbst wenn es einen Zeugen dieses Vorfalls gäbe – wie können wir feststellen, ob er die Wahrheit spricht, sollte er sich überhaupt daran erinnern? _____ Ich glaube, den Unterschied zwischen entscheidbaren und prinzipiell unentscheidbaren Fragen ausreichend angedeutet zu haben, um Ihnen jetzt ein zur Jahrtausendschwelle passendes »Foerster'sches Theorem« vorzustellen. _____ THEOREM: »Nur *die* Fragen, die prinzipiell unentscheidbar sind, können *wir* entscheiden.« Wieso? _____ Ganz einfach: die entscheidbaren Fragen sind ja schon entschieden,

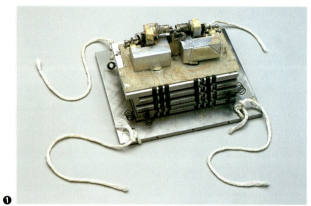

❶ 1/167 Blickt ins Atomare: Erstes Raster-Kraft-Mikroskop von Binning, Quate und Gerber 1985. London, Science Museum ❷ Ken Adam

und zwar durch die Spielregeln, in denen die Fragen und die Regeln der Beantwortung bestimmt sind. Es mag manchmal schnell gehen, manchmal sehr lange dauern, bis sich das »Ja« oder das »Nein« der Antwort unweigerlich – oder, wie es so schön heißt, »mit zwingender Logik« – ergibt (bitte auch das Sprachliche der Metapher »sich ergeben« zu beachten). _____ Bei prinzipiell unentscheidbaren Fragen haben wir jeden Zwang – sogar den der Logik – abgeschüttelt, und haben mit der gewonnenen Freiheit auch die Verantwortung der Entscheidung übernommen. Wir sind alle frei zu entscheiden, wer wir sein wollen, und mit dieser Entscheidung übernehmen wir auch die Verantwortung über unser Sein. _____ Mit dem Jahr 2000 steht uns nicht das Ende, sondern ein Anfang bevor. Was für Möglichkeiten! Nehmen wir sie dankbar und sorgsam wahr!

) interview mit ken adam

_____ VON PETER BEXTE

P.B.: Sie wurden 1921 in Berlin-Tiergarten geboren, 1934 musste Ihre Familie die Stadt unter dem Terror der Nazis verlassen. So wuchsen Sie in London auf, wo Sie der Royal Air Force beitraten. Deutsche Städte sahen Sie das nächste Mal durch das Fenster eines Kampfflugzeuges. Nachdem Sie später eine enorm erfolgreiche Karriere als Film-Designer durchlaufen haben, sind Sie nun in Ihre Geburtsstadt zurückgekehrt, um den zentralen Bereich der Berliner Millenniumsausstellung zu gestalten. – Was ist es für ein Gefühl, nach Berlin zurückzukehren? _____ KEN ADAM: Damit sind verschiedene Dinge angesprochen. Ich bin ja seit dem Ende des zweiten Weltkriegs immer wieder in Berlin gewesen. Das erste Mal 1945, noch als Mitglied der Royal Air Force. Damals sah ich die total zerstörte Stadt, wie sie unter russischer, amerikanischer, britischer und französischer Kontrolle stand. Es ist wahrhaftig eine unglaublich dramatische Erfahrung gewesen, vor diesem Trümmerhaufen namens Berlin zu stehen; und vor dem völligen Zusammenbruch jedweder Moral in Deutschland. 1958 kehrte ich zurück, um einen Film mit Robert Aldrich, Martine Carol und Jeff Chandler zu drehen. Später in den sechziger Jahren kam ich für die Aufnahmen von *Funeral in Berlin* wieder her. *Salon Kitty* war ein weiterer Film, der 1975 teilweise in Berlin entstand. Eine andere Produktion ist komplett in den Axel-Brauner-Studios entstanden; und so weiter. Kurz: Ich war hier, bevor die Mauer stand. Ich habe gesehen, wie die Mauer gebaut wurde und wie sie 1989 wieder gefallen ist. Und das war nochmals eine unglaublich emotionale Erfahrung, vielleicht eine der unglaublichsten überhaupt. _____ Eines Tages dann, als ich in Hollywood an einem Film arbeitete, meldeten sich aus heiterem Himmel die Berliner Festspiele: Ob ich mir vorstellen könne, die Berliner Millenniumsausstellung zu gestalten? Die Frage war sehr charmant vorgetragen, und es schien mir eine interessante Herausforderung, einmal vom normalen Film-Design wegzukommen. Zudem hatte ich das Gefühl – besonders wegen meiner Vergangenheit und weil ich Deutschland Hitlers wegen hatte verlassen müssen –, dass es in gewisser Weise eine Ehre für

❷

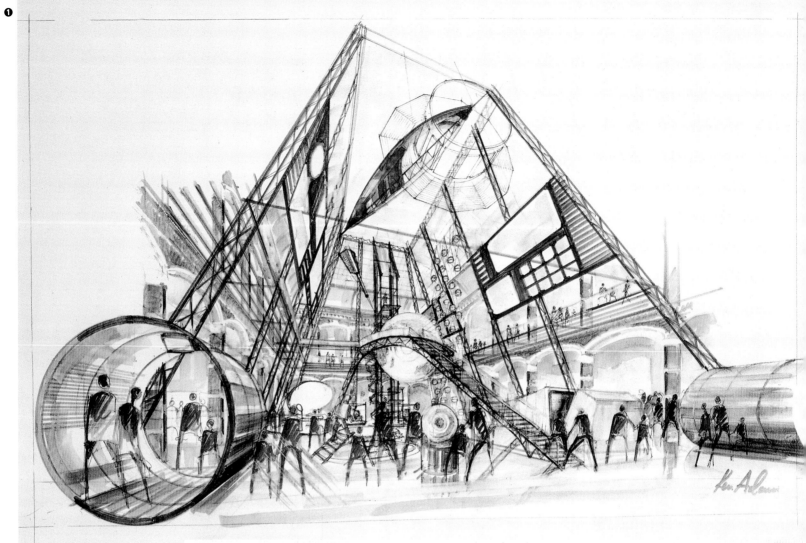

❶ 1/68 Ansicht des Lichthofes
im Martin-Gropius-Bau.
Entwurf von Ken Adam, 1999
❷ Akademie der Wissenschaften und der Schönen Künste.
Kupferstich von Sébastian Le-
clerc, 1698. Paris, Bibliothèque
National de France

mich darstellte, um die Gestaltung dieser Ausstellung gebeten zu werden. Ich habe diesen Punkt mit vielen meiner amerikanischen und britischen Freunde besprochen. Alle haben mir gesagt: »Das ist etwas, was du machen solltest!« Und also habe ich es gemacht. _____ P.B.: Den Lichthof im Martin-Gropius-Bau zu gestalten, ist eine ziemliche Herausforderung. Sie haben darauf mit einer pyramiden-artigen Struktur geantwortet. Welche Idee steckt dahinter? _____ KEN ADAM: Schon in Los Angeles habe ich angefangen, ein paar Skizzen zu machen. Damals war das Grundkonzept noch eine auf den Kopf gestellte Pyramide. Von dieser Idee bin ich jedoch abgekommen, weil wir damit zuviel Bodenfläche verloren hätten. Bei alledem hat der wissenschaftliche Aspekt der Ausstellung mich fasziniert und erschreckt zugleich. Wenn man auf das 20. Jahrhundert zurückschaut, sieht man enorm viel neue Maschinen, und die meisten waren riesig groß, was ich als Designer natürlich attraktiv finde. Computer waren riesig, Flugzeuge, Autos, Elektronik – alles war raumgreifend in großem Maßstab. Im 21. Jahrhundert dagegen wird alles miniaturisiert. Großrechner werden zu Labtops; Nano-Technologie wird wichtig. Wie aber zeigt man so etwas in einer Ausstellung? An dieser Stelle kam mir die Idee der Pyramide. Ich suchte ein Design, das auf den Himmel, auf das Weltall abzielte. Das gab mir die Chance, den Lichthof optisch zu erhöhen und zugleich die viktorianische Architektur im Blick zu behalten, die mir am Martin-Gropius-Bau sehr gut gefällt. So spielte ich mit dieser Idee; und am Ende wurde es fast kathedralenhaft, wie alle meine Linien auf einen Punkt zustrebten. _____ Zudem ist es ein äußerst praktisches Konzept. Es bietet Gelegenheit, eine Menge Projektionsflächen anzubringen, die nun in einem natürlichen Neigungswinkel zum Publikum stehen. Diese Projektionen sind mir sehr wichtig in der Ausstellung. _____ P.B.: Geometrische Grundstrukturen liegen Ihnen offenbar sehr nah: Pyramiden, Dreiecke, Kreise usw. Oder täuscht der Eindruck? _____ KEN ADAM: Ich glaube, das stimmt in gewissem Grade. Allerdings muss ich hinzufügen, dass ich mehr ein instinktiver Designer bin und solche Dinge einfach vorkommen – fragen Sie mich bloß nicht, warum. Von einigen dieser Formen fühle ich mich tatsächlich sehr angezogen. Und es ist ja auch ersichtlich, dass kreisförmige Öffnungen, Kugeln und ähnliches in meinen Filmen eine große Rolle gespielt haben. _____ P.B.: Auch hier befindet sich ein transparenter Globus von immerhin fünf Metern Durchmesser im Zentrum des Entwurfs. Was ist Ihnen wichtiger daran: die gestalterische Form oder die inhaltliche Aussage? _____ KEN ADAM: Es ist eine Kombination aus beidem! Nach meinem Gefühl sollte dieser Globus den größten Mittelpunkt in den Strukturen des Lichthofs ergeben. Gleichzeitig war ich fasziniert von der Idee, das Innere unseres Planeten, unserer Erde dreidimensional darzustellen, was nicht gerade einfach ist, aber hoffentlich erfolgreich. Für mich waren also beide Seiten gleich wichtig: der formale Wert und die inhaltliche Botschaft. _____ P.B.: Sie scheinen eine gewisse Vorliebe für Stahl zu hegen, vor allem für Stahl mit einer sogenannten Gun-metall-Oberfläche. _____ KEN ADAM: Ich bin da nicht so festgelegt. In der Kommandozentrale von *Dr. Strangelove* beispielsweise habe ich Stahlbeton verwendet, weil er genau richtig war, um das Gefühl eines unteriridischen Bunkers zu vermitteln. Für den Lichthof aber, und um die Architektur des Gropius-Baus zu erhalten, schien mir eine pyramidale Struktur am besten. Und die war nur mit einer Stahlkonstruktion zu machen. Also war es an dieser Stelle das richtige Material. Sie haben jedoch völlig recht, wenn Sie sagen, dass mich Gun-metall anzieht. Das fing schon in meinen frühesten James-Bond-Entwürfen an. In dem Film *Dr. No* entschied ich ich mich dafür, Bonds Zigarettenetui in Gun-metall anzufertigen, weil es eleganter aussah als Silber, Gold oder Edelstahl. Die Farbe von Gun-metall hat mich immer fasziniert, und darum versuche ich auch hier mit

023

Gun-metall-Finish zu arbeiten, wo ich es für richtig halte. ——— P.B.: Gun-metall hat auch einen sehr attraktiven Namen, nicht wahr? ——— KEN ADAM: Oh ja, er kommt von den alten Jagdgewehren her, die Läufe dieser Flinten waren aus Gun-metall. Natürlich hat man auch die ersten Revolver daraus gemacht und so weiter. Für mich ist es ein sehr attraktives Material. *lacht* ——— P.B.: Es gibt eine Menge wissenschaftlicher Exponate in dieser Ausstellung. Nun sind Sie stark von der düsteren Atmosphäre des deutschen Expressionismus beeinflusst. Lassen Sie mich daher fragen: Ist es ein neutraler Ausblick in die Zukunft, oder hatten Sie insgeheim etwas vom *Kabinett des Dr. Caligari* im Sinn? ——— KEN ADAM: Es sollte klar sein, dass ich das nicht so sehe. Wenn Sie es einen neutralen Ausblick nennen, so mag das richtig sein. Dabei hat mir der wissenschaftliche Ansatz der Ausstellung anfangs durchaus Sorgen gemacht. Ein bisschen Angst habe ich immer noch, aber mittlerweile etwas weniger. Ich musste einen Weg finden, um einige der wichtigsten wissenschaftlichen Dinge aus Gegenwart und Zukunft zur Darstellung zu verwenden: den Teilchendetektor beispielsweise, das Hirn-Kino (wie wir es genannt haben), die Photokugeln vom Neutrino-Teleskop und die Doppelhelix der DNA, die mir immer noch ein Rätsel ist. Aber da es eine Doppelhelix ist, verwende ich sie wie eine moderne Skulptur und versuche auf diese Weise, wissenschaftlichen Fortschritt in einigen zentralen Punkten visuell und verständlich zu machen. ——— P.B.: Weil dies eine Millenniumsausstellung ist: Gibt es einen Wunsch für das kommende Jahrtausend, den Sie gern aussprechen würden? ——— KEN ADAM: Oh, wissen Sie, das ist eine sehr schwierige Frage. Ich glaube, als allererstes erhoffe ich mir Heilungsmöglichkeiten für die vielen furchtbaren Leiden und Krankheiten wie Krebs, Alzheimer, Multiple Sklerose. Hier sind bereits große Fortschritte gemacht worden, und ich hoffe, dass es im nächsten Jahrtausend noch eine Menge mehr geben wird. Auch hoffe ich, erleben zu können, dass die Länder, die wir so obenhin als »Dritte Welt« bezeichnen, den wohlhabenden Nationen stärker gleichgestellt werden. Natürlich wünsche ich, dass weniger Kriege stattfinden. Auch dass die Rassenprobleme besser gelöst werden als in unserem Jahrhundert und Jahrtausend – wenn ich auch glaube, dass diese Fragen unglücklicherweise nie ganz zu lösen sein werden. Ferner dass die Welt zu einer Einheit zusammenwächst, so dass die Vereinten Nationen besser mit den verschiedenen Problemen umgehen können. – All das sind meine Hoffnungen.

)kern-fragen ——— PETER BEXTE

Die Zukunft ist eine Konstruktion. Sie reicht im Lichthof des Martin-Gropius-Baus bis hinauf zur gläsernen Kuppel. Der erste Blick schon gleitet an geneigten Stahlträgern empor, wie man sie niemals vorher in dem Bau erblickte. Entlang der Kanten eines offenen Pyramidenstumpfes geht die Perspektive aufwärts, vorbei an Säulengalerien bis zur weiten Glaskuppel, die alles hier Gezeigte überwölbt. ——— Der Gestalter, der englische Filmarchitekt Ken Adam hat eine Konstruktion in die lichte Weite dieses Raumes eingetragen, die das historische Gebäude ins Futuristische verlängert: in ein raumschiffartiges Gebilde voller Maschinen, Monitore und Kunstwerke. Darin wandern nicht allein die Blicke auf und nieder, sondern das Publikum selbst wird in die Höhe gebracht: Ein Aufzug entführt es auf Plattformen im Raum. Im Überblick und wie in einem Panorama eröffnet sich das Bild einer Wissenslandschaft der Zukunft. _____ Große Objekte fallen ins Auge. Als Kern der Inszenierung rotiert eine glühende Kugel. Hier ist das Wort »Globalisierung« wörtlich genommen: Der Globus steht im Zentrum. Aus Schalen aufgebaut und von Vulkanen übersät, zeigt er ein neues Bild unseres Planeten. Der Blick geht bis zum Erd-Kern hinunter, kehrt an Magmakanälen zurück zur Oberfläche und folgt damit einer sehr bezeichnenden Bahn. Seit den sechziger Jahren haben Satelliten uns die Welt von außen gezeigt und die ersten Bilder des Blauen Planeten im All waren atemberaubend. In Zukunft aber wird man immer häufiger einer Umkehrung des Blicks begegnen: nicht mehr von Außen nach Innen, sondern von Innen nach Außen. Die Bewegung führt vom Kern der Erde über das Magnetfeld weit ins All hinaus. Die Erde ist ein dynamisches System, aus kosmischen Teilchen entstanden, in das All zurückreichend und mit dem noch immer unerklärten Wunder intelligenten Lebens ausgezeichnet. Die damit verknüpften Fragen weisen in die Zukunft und führen auf das Ensemble der Exponate im weiten Rund um den Globus herum. _____ Auf halber Höhe gegenüber erblickt man ein achteckiges Objekt von 4-5 m Durchmesser. Vergleichbar einer gotischen Rosette gilt es geradeso wie diese als ein Fenster. So bezeichnen es die Wissenschaftler, welche die Mega-Maschine erdachten: ein Fenster in die Welt der kleinsten Teilchen. Es handelt sich um die riesige Stirnplatte eines Teilchendetektors, wie er in Beschleunigern zum Einsatz kommt: auf der Jagd nach den letzten Teilchen der Materie. _____ Gegenüber diesem »Fenster« fährt nicht nur der Aufzug auf und nieder, sondern ein paar Geister aus dem Universum fahren mit – kosmische Teilchen, die uns ständig, wenn auch unbemerkt, umschwirren. Wir sind Kinder des Weltalls. Und um dies erfahrbar zu machen, wurde das Gebäude direkt an den Kosmos angeschlossen. Ein funktionierender Teilchendetektor beweist diese rätselhafte Tatsache unseres materiellen Daseins. _____ Kein geringerer als der Bildhauer Henry Moore hat diesem Rätsel eine Plastik gewidmet: »Atom Piece«. Sie wurde 1964 in Berlin gegossen und steht nun hier als großes Kunstwerk den Maschinen gegenüber. Sie unterstreicht die erste von vier Fragen, die im Umkreis des Globus gestellt werden.

→ an den ufern des wissens Halten wir an dieser Stelle einen Moment inne, denn die Wissenslandschaft der Zukunft ist erstaunlich. »Je größer die Insel unseres Wissens, desto größer das Ufer unseres Nicht-Wissens«, hat der große Physiker John Wheeler gesagt und damit ein wunderbares Panorama-Bild entworfen. Genau an diesem Ufer ist der Ausstellungsteil Kern angesiedelt. Die Menge aller Informationen wird sich im 21. Jahrhundert zu einer derartigen Welle auftürmen, dass mancher verzagen mag. Andererseits wird es niemals bessere Chancen gegeben haben zum Schwimmen, Surfen, Segeln. Seien wir also heiter und lassen wir das Rauschen des Meeres zu. _____ Rauschen ist ein anderes Wort für Noch-Nicht-Wissen und hat nichts mit Dummheit zu tun. Im Gegenteil! Ob jemand Handwerker ist oder Nobel-Preisträgerin: jede/r wird wachsende Chancen haben, irgendetwas nicht zu wissen, weil der Out-Put einfach zu groß ist. Kurz: Die Wissensgesellschaft der Zukunft bietet ungeahnte Möglichkeiten für Jedermann und Jedefrau, irgendwo der/die Dumme zu sein. Genau dies wird die Form der menschlichen Komödie des 21. Jahrhunderts. _____ Es sei

THE ATOMIC ALPHABET

A for ATOMIC — 原子
B for BOMB — 爆弾
C for COMBAT — 戦闘
D for DUMB — 馬鹿
E for ENERGY — 原動力
F for FALLOUT — 原子灰
G for GUERRILLA — 奇襲隊
H for HOLOCAUST — 大焼尽
I for IGNITE — 発火
J for JUNGLE — 密林地帯
K for KILL — 殺害
L for LIFE — 生命
M for MUTANT — 突然変異体
N for NUCLEAR — 原子核
O for OBLITERATE — 抹殺
P for PANIC — 恐慌
Q for QUAKE — 地震
R for RUBBLE — 粉砕
S for STRIKE — 奇襲
T for TARGET — 標的
U for URANIUM — 重金属元素
V for VICTORY — 勝利
W for WAR — 戦争
X for RAY — 照射線
Y for YELLER — 腰抜け
Z for ZERO — 零

1/165 Materie wird Energie - Chris Burden: The Atomic Alphabet, 1980. San Francisco, Museum of Modern Art

denn... Es sei denn, man wäre so listig, mit Sokrates zu sagen: »Ich weiß, dass ich nicht weiß!« Vielleicht wird es genau darauf in Zukunft ankommen: zu wissen, was man nicht weiß. Die Computer mit ihren Datenbanken wissen nur, was sie wissen, das heißt was an fertigem Wissen in sie hineingesteckt wurde. Sony's fussballspielende Roboterhunde wurden für die Ausstellung so programmiert, dass sie das Publikum gar nicht wahrnehmen können. Andernfalls würde ihre Farbsensorik einen bunten Pullover für das Tor halten. Ihr System braucht eine möglichst enge Laufumgebung, dann funktioniert es erstaunlich. Denn sie vermissen nichts Weiteres. Eben darum lassen Roboter und Pferde sich durch Scheuklappen beruhigen: Sie sehen nicht, dass sie etwas nicht sehen. Menschen aber werden nervös davon. Sie merken, dass sie etwas nicht bemerken. Eben darin liegt der entscheidende Unterschied zwischen menschlicher und künstlicher Intelligenz. In Zukunft wird es weniger auf das Wissen ankommen (denn schlau sind wir alle) als vielmehr auf das Verhältnis zum Nicht-Wissen. Innerhalb der Naturwissenschaften gibt es eine ausgeprägte Kultur für eben diese Haltung, von der die Geisteswissenschaften nur mit Staunen lernen können und die in manchen Beiträgen dieses Kataloges mit großer Überzeugungskraft ausgesprochen wird. Es gehört zu den schönsten Erfahrungen eines Ausstellungsmachers, der selbst kein Naturwissenschaftler ist, auf diese Offenheit gestoßen zu sein, wo er große Widerstände befürchtet hatte. Allen wissenschaftlichen Instituten, die zu dieser Ausstellung beigetragen haben, sei herzlich gedankt für die Eröffnung weiter Horizonte: auf der Insel des Wissens am offenen Meer. →**bilder des geistes** So tauchen wir aufs Neue ein und überlassen uns dem Rauschen, wo Kunst und Technik sich überblenden. Wie ein Raumfahrer aus Sciencefictionfilmen erscheint freundlich winkend ein Zweibeiner am Horizont: Hondas P3-Roboter. Künstliche Intelligenz ist eine Sache der Elektronik. Doch warum hat schon der Künstler Max Ernst ein Portrait aus Stromisolatoren aufgebaut? Befremdlich steht die Skulptur da. Zu ihrer Linken erblickt man fußballspielende Roboterhunde und zur Rechten eine überdimensionale Schädelkalotte. Neuronale Erregungsmuster leuchten in dem Inneren auf. Besucher navigieren darin mit dem Joystick wie Astronauten in einer fremden Galaxie, die doch nichts anderes ist als unser eigenes Schädelinneres. _____ Nichts ist überraschender als radikale Nähe zum scheinbar Bekannten: die Körper von innen. Mit Überraschung blickt man in den wundersam überlieferten Schädel des Philosophen René Descartes, die Hardware des Cogito. Und wer einen kleinen IQ-Test besteht, kann ins Innere eines Zauberkreises treten. Dort ruht das Hirn Ernst Haeckels, als sei es das Urbild all der Sciencefictionfantasien von abgekoppelten Hirnen, welche die Macht ergreifen. _____ Innenansichten solcher Art werden unter technischen Bedingungen zunehmen. Darum sieht man im Lichthof nicht nur den Globus, sondern auch Atome, Hirne und Gene von innen (»Biology from inside out«). Aus dem Zellkern steigt die Doppelhelix als die Trägerin aller genetischen Information hervor. Das mit eigner Hand gebastelte Modell der Forscher Watson und Crick von 1953 steht dafür. Die Keimzelle der genetischen Revolution kam aus dem Stabilbaukasten, die Folgen aber haben ungeahnte Ausmaße angenommen. Dies verdeutlichen zwei avancierte Gen-Roboter, deren rastlose Arbeit nur einem gilt: dem Code des Lebens. Wir haben diesem Code eine stählerne Skulptur gewidmet, die sich in lichte Höhen aufschwingt. _____ Folgen wir der skulpturalen Doppelhelix in die höhere Etage. Dort tritt man buchstäblich ins Freie: die Geländer der Galerie wurden entfernt. Der Weg führt über die Kante hinaus auf vorgezogene Flächen, welche andere Blicke, andere Schritte möglich machen. Neutrino-Detektoren hängen wie ein Kugelvorhang von der Decke, gerade so wie sie am Südpol im Eis hängen und durch den Globus hindurch Richtung

❶

Nordpol nach kosmischen Neutrinos Ausschau halten. Daneben findet sich das meterhohe, archaisch wirkende Gebilde eines »Schwarzen Rauchers« aus vulkanischer Tiefsee. Es steht in reizvollster Konstellation mit Henry Moores »Atom Piece«. – Vorbei am Mittelglobus geht es noch einmal ins Innere des Lichthofs hinab. _____ Im Geiste geht der Weg sogar noch über das Parterre hinaus und weiter in die Tiefe: bis hinab zum Mittelpunkt der Erde. Darauf verweisen Bohrkerne aus 9000 m Tiefe, die hier in den Boden eingelassen wurden. Rechts und links davon werden Zellkern und Atomkern durchflogen: Lichtblitze rasen durch Beschleunigerröhren; ein 3-D-Kino lädt ein zur Fahrt durch die Zelle. Nebenbei wird damit eines klar: Im 21. Jahrhundert wird man sich auf neue Bildbegriffe besinnen müssen. _____ Am Rande des Lichthofs aber sieht man eine eigentümlich stille Statue: den »Kopf eines Denkers« von Wilhelm Lehmbruck. Sie mag daran erinnern, dass alles, was wir hier erblicken, Ausgeburten des menschlichen Geistes sind. Die Trennung der so genannten zwei Kulturen aus Wissenschaft und Kunst ist überwunden. Dies ist an sich selbst ein Bild und Zeichen des 21. Jahrhunderts.

❶ 1/175 Energie wird Materie – im ALEPH Detector. CERN, Genf
❷ Ansicht des Lichthofes. *Modell des Entwurfs von Ken Adam, 1999*

❷

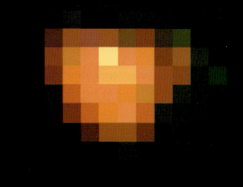

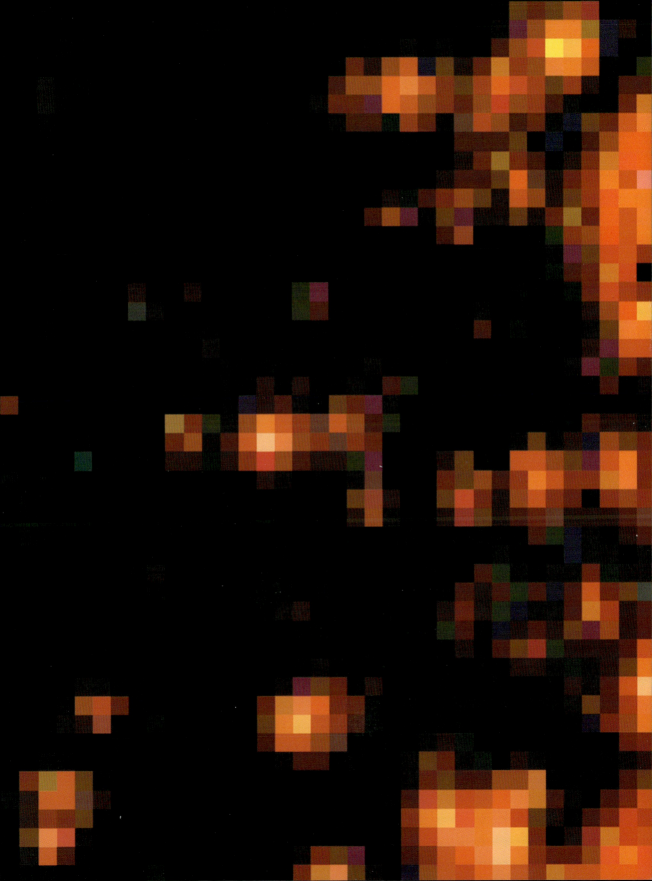

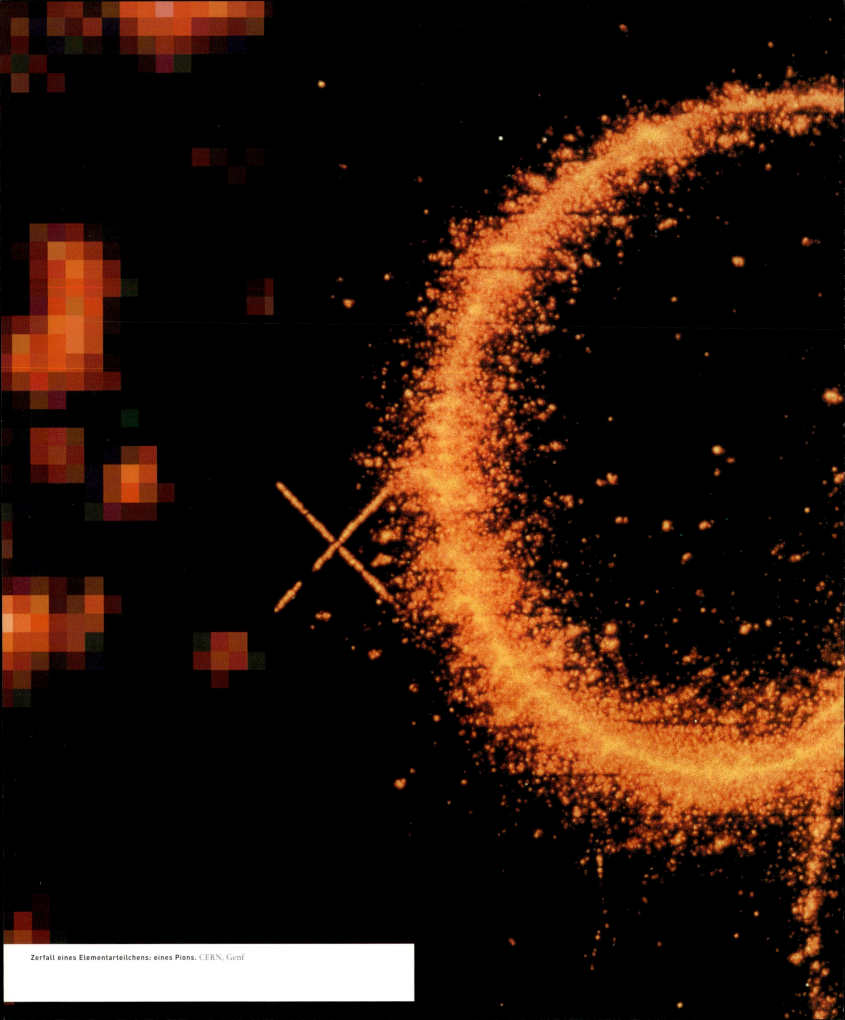

Zerfall eines Elementarteilchens: eines Pions. CERN, Genf

❶ 1/172 Henry Moore: Atom Piece. *(Working Model for Nuclear Energy) 1964–65.* Helsinki, Didrichsen Art Museum

❷ Giordano Bruno: De minimo, Frankfurt 1591. *Das Bild zeigt die sog. Area Democriti, eine der frühesten Darstellungen zur Wiederbelebung des antiken Atomismus.* Staatsbibliothek zu Berlin – Preußischer Kulturbesitz

»EIN WISSENSCHAFTLICHES EREIGNIS RÄUMTE EINS DER WICHTIGSTEN HINDERNISSE AUS DIESEM WEGE. DAS WAR DIE WEITERE TEILUNG DES ATOMS. DAS ZERFALLEN DES ATOMS WAR IN MEINER SEELE DEM ZERFALL DER GANZEN WELT GLEICH. PLÖTZLICH FIELEN DIE DICKSTEN MAUERN. ALLES WURDE UNSICHER, WACKELIG UND WEICH. ICH HÄTTE MICH NICHT GEWUNDERT, WENN EIN STEIN VOR MIR IN DER LUFT GESCHMOLZEN UND UNSICHTBAR GEWORDEN WÄRE.« Wassily Kandinsky: Rückblicke (1913)

01 _ flaschenpost
vom urknall)

01 _ 1) was die welt zusammenhält – die entdeckungsreise
in das innerste der materie___ PAUL SOEDING

Die Welt besteht aus Materie – einschließlich uns selbst. Vielleicht haben Sie sich schon einmal gefragt: Was ist das eigentlich, woraus wir bestehen? Was ist Materie? Was sind ihre kleinsten Teile? Was hält sie zusammen?_____ Schon im Altertum haben sich Menschen diese Fragen gestellt. Griechische Philosophen versuchten vor 2500 Jahren eine Antwort: Die Welt sei auf vier »Elemente« gegründet – Feuer, Wasser, Luft und Erde. _____ Die folgenden 2000 Jahre brachten wenige Fortschritte, bis man in der Neuzeit lernte, die Natur durch Beobachten, Experimentieren und Messen gezielt zu befragen. Fernrohr und Mikroskop wurden erfunden. Die systematische Erforschung der Elektrizität begann. Aus Alchemie wurde Chemie. Zu Anfang des vergangenen Jahrhunderts wurde klar, dass alle Stoffe aus Molekülen und diese wiederum aus Atomen aufgebaut sind. Die ganze Vielfalt der Materie wurde auf knapp 100 verschiedene Arten von Atomen zurückgeführt, eine für jedes chemische Element. _____ Heute ist man auf der Entdeckungsreise in den Mikrokosmos tief in das Innere der Atome vorgedrungen. Dort finden wir die Elementarteilchen mit bisweilen paradox anmutenden Eigenschaften. Ihre Erforschung hat in den vergangenen Jahrzehnten zu einer tiefgreifenden Umwälzung unserer Anschauungen über die Materie geführt. →atome, elektronen, quarks In den Atomen bewegen sich Elektronen um einen zentralen Kern. Nach heutigem Stand des Wissens ist das Elektron ein echtes Elementarteilchen. Es ist zugleich von großer praktischer Bedeutung, erzeugt doch seine Bewegung durch metallische Leiter dank seiner (negativen) elektrischen Ladung den elektrischen Strom. Die verschiedenen Arten der Atome unterscheiden sich durch das Gewicht des Atomkerns und durch die Anzahl der Elektronen, die ihn umgeben. 100 Millionen Atome aneinandergereiht ergeben eine Strecke von nur etwa 1 cm. _____ Das Gewicht der Materie steckt fast ganz in den Atomkernen. Diese bestehen, so steht in den Schulbüchern, aus Protonen und Neutronen. Seit 30 Jahren wissen wir, dass sich im Innern der Protonen und Neutronen noch kleinere Teilchen befinden, die sogenannten »Quarks«. Sie treten in zwei verschiedenen Sorten auf, den u- und d-Quarks, die sich durch ihre elektrische Ladung unterscheiden. Die Quarks sind so klein, dass ihre Größe bis heute nicht bestimmt werden konnte. Wir wissen nur, dass sie mindestens hundertmillionenfach kleiner als ein Atom sind. Deshalb meint man, dass auch die Quarks elementare Teilchen sind, nicht weiter zerlegbare Grundbausteine der Materie. _____ Zunächst schien es, dass jedes Proton und jedes Neutron aus drei Quarks besteht. Verfeinerte Messungen zeigen einen komplexeren Aufbau. Außer den Quarks sind zahlreiche Antiquarks und »Gluonen« beteiligt. Den Atomkern kann man sich als wirbelnde Wolke aus Dutzenden bis Hunderten von Quarks, Antiquarks und Gluonen denken, durch starke Kraftfelder eng zusammengehalten. Könnten wir hineinblicken – unser tiefstes Innere erschiene uns sehr chaotisch. _____ Was sind Antiquarks, was sind Gluonen? Wir treffen auf die erste paradox erscheinende Eigenschaft der Elementarteilchen, ihre Allgegenwärtigkeit. Selbst im absolut leeren, materiefreien Raum wirbeln ständig Teilchen umher – als Paare von jeweils einem Teilchen und einem Antiteilchen. Sie tauchen unvermittelt aus dem »Nichts« auf und verschwinden nach Bruchteilen von Sekunden ebenso spurlos, indem sie sich gegenseitig auslöschen. Dies kann geschehen, weil die Natur zu jeder Teilchenart die passenden Antiteilchen mit genau entgegengesetzten Eigenschaften vorgesehen hat. Das Antiteilchen zum Elektron, das Positron, ist wie ein Spiegelbild des Elektrons, doch von positiver elektrischer Ladung, während das Elektron negativ ist. Beim Aufeinandertreffen gibt es einen »Kurzschluss«, die Ladungen vernichten sich gegenseitig. Entsprechendes gilt für die Quarks und ihre zugehörigen Antiquarks. Sie entstehen und vergehen paarweise in überall stattfindenden unaufhörlichen Erzeugungs- und Vernichtungsprozessen. _____ Wieso spüren wir davon nichts? Dies liegt daran, dass die damit verbundenen Energien normalerweise zu klein und unsere Sinnesorgane zu grob sind, um darauf anzusprechen. Man nennt diese Vorgänge »virtuell«. An einzelnen Atomen lässt sich die Wirkung des unablässigen Erzeugungs- und Vernichtungsspiels der Teilchen-Antiteilchen-Paare allerdings deutlich als eine Zitterbewegung beobachten. Und im Innern der Atomkerne herrscht eine geradezu atemraubende Aktivität der Quarkpaare, wie die Beobachtungen zeigen, die wir später beschreiben. _____ Wenn nun Materie aus Quarks, Antiquarks und Elektronen in einem hektischen Gewimmel virtueller Paare besteht – wie können sich dann stabile Formen von Materie überhaupt halten? Offensichtlich muss es starke Bindungskräfte zwischen den Teilchen geben. Tatsächlich sind es die entgegengesetzten elektrischen Ladungen

❶

von Atomkern und Elektronen, die Anziehungskräfte erzeugen, welche die Elektronen mit dem Kern des Atoms zusammenhalten. Auch zwischen verschiedenen Atomen wirken solche Kräfte. Deshalb können sich die Atome zu Molekülen und zu makroskopischen Körpern verbinden und damit die ganze Vielfalt der Chemie und Biologie und überhaupt von allem, was uns im täglichen Leben begegnet, hervorbringen. _____ Untersucht man die Kräfte genauer, so zeigt sich, dass sie durch einen ständigen Austausch von »Kraftteilchen« zwischen zwei Materieteilchen zu Stande kommen. Im Fall der Atome und Moleküle sind die Kraftteilchen die Photonen – die gleichen Teilchen, die auch als Lichtquanten die elementaren Energiebündel des Lichts und der Radiowellen darstellen, wie zuerst Einstein vor fast 100 Jahren erkannte. _____ Um allerdings die Quarks im Innern des viel kleineren Atomkerns zusammenzuhalten, bedarf es einer etwa 100mal stärkeren Kraft. Die Natur dieser Kraft war lange rätselhaft; sie schien äußerst kompliziert und nicht in Formeln und Berechnungen zu fassen. Doch vor 25 Jahren begann man zu verstehen – der bekannte deutsche Physiker Harald Fritzsch war daran führend beteiligt – dass die Kräfte zwischen den Quarks im Grunde ähnlich wie die elektrischen Kräfte durch den Austausch von – noch unbekannten – Kraftteilchen verursacht sein könnten. Im Unterschied zu den Atomkräften, die schwächer werden, je mehr sich die Teilchen voneinander entfernen, sollte aber die gegenseitige Anziehung der Quarks mit größer werdendem Abstand eher zunehmen. Dies erschien paradox, bis man erkannte, dass die stets mitwirkenden virtuellen Paare von Materie- und Kraftteilchen ein solch merkwürdiges Verhalten geradezu erzwingen könnten. _____ Dies war ein kühner Gedanke. Seine Bestätigung im Experiment war ein Durchbruch auf dem Weg zu einer einheitlichen Beschreibung und vielleicht zur Aufdeckung der grundlegenden Ursache für die fundamentalen Naturkräfte. Sie gelang im Sommer 1979 am Beschleuniger des Deutschen Elektronen-Synchrotrons DESY, des Zentrums für Grundlagenforschung auf dem Gebiet der Struktur der Materie in Hamburg. Wir wenden uns nun der Frage zu, wie denn die Elementarteilchen und ihr Verhalten eigentlich untersucht werden können. →teilchenbeschleuniger, detektoren, experimente Ein Lichtmikroskop kann Gegenstände zeigen, die nicht kleiner sind als einige Hunderttausendstel Zentimeter. Für kleinere Objekte ist das

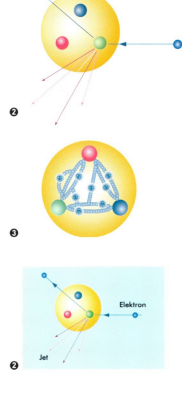

❶ Mit heutigen Beschleunigern lassen sich noch Elemente untersuchen, die ein Hundertmillionstel eines Atomdurchmessers betragen – von Molekülen über Atome sowie deren Kerne hin zu Protonen und Quarks. Ob die Quarks letzte Teilchen darstellen oder aber sich erneut in Strings aufteilen, ist eine offene Frage. WiTeC-PR, C. Ritschel, Leopoldshafen ❷ Ein Elekron schlägt ein Quark aus einem Proton. C. Ritschel, WiTeC-PR, Leopoldshafen ❸ Das Innenleben eines Protons: *3 Quarks sind durch Gluonen, die Träger der starken Kraft, verbunden.* C. Ritschel, WiTeC-PR, Leopoldshafen

Licht zu grob, seine Wellenlänge zu groß, um diese Objekte abbilden zu können. Ein Elektronenmikroskop verwendet statt Licht Bündel von Elektronen. Sie besitzen ebenfalls Welleneigenschaften. Elektronen kann man aber durch elektrische Felder beschleunigen und je höher ihre Energie, desto kürzer wird die Wellenlänge. Man kann so durch Energiezufuhr die Leistung von Lichtmikroskopen fast beliebig übertreffen. _____ Ein Hochenergie-Beschleuniger, das wichtigste Instrument der Elementarteilchen-Forscher, ist im Grunde genommen ein bis an die Grenze der technologischen Möglichkeiten getriebenes Elektronenmikroskop. Da Beschleunigung Energie kostet, nutzt man die einmal beschleunigten Teilchen – Elektronen, Positronen oder Protonen, gelegentlich auch Atomkerne – immer wieder neu, indem man sie auf einer geschlossenen Bahn in einer luftleer gepumpten ringförmigen Röhre stundenlang praktisch mit Lichtgeschwindigkeit kreisen lässt. Man nennt diese Anlagen deshalb

036

Vom Urknall bis zum Blauen Planeten. C. Ritschel, WiTeC-PR, Leopoldshafen

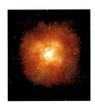

auch Speicherringe. Große Elektromagnete führen die Teilchen dabei auf der gewünschten Bahn.＿＿ Lässt man nun zwei Bündel von hochbeschleunigten Teilchen aufeinander zufliegen und kollidieren, so treffen einzelne Teilchen trotz ihrer Winzigkeit gelegentlich fast frontal zusammen. Genauer gesagt kommen sie sich sehr nahe und können dadurch aus der luftleeren Röhre hinausgeschleudert werden. Die Energie der Teilchen kann sich auch teilweise oder ganz auf eines oder mehrere der virtuellen Teilchen-Antiteilchenpaare übertragen, die sich zufällig gerade in der Nähe befinden. Diese können dann nach Einsteins Formel $e = mc^2$ Massen erhalten und als freie Teilchen davonfliegen, ohne gezwungen zu sein, unter gegenseitiger Vernichtung wieder in das »Nichts« zurückzukehren. Man untersucht also gleichzeitig die Wechselwirkungen und Strukturen der beschleunigten Teilchen selbst sowie ihre von den virtuellen Paaren »belebte« Umgebung.＿＿ Mit an den Kollisionsstellen aufgebauten Messanord-

nungen, den Detektoren, versucht man die herausfliegenden Teilchen aufzuspüren, ihre Identität und Herkunft festzustellen und die Flugbahnen aufzuzeichnen. Dazu stehen jeweils nur einige Milliardstel Sekunden Zeit zur Verfügung. Denn die Teilchen haben fast Lichtgeschwindigkeit, und die Stöße wiederholen sich in rascher Folge. Die Detektoren sind daher hochkomplizierte Anlagen, oft so groß wie ein Haus und mit Elektronik vollgepackt.＿＿ Während man die Elektronen im Detektor direkt verfolgen kann, erzeugen Quarks und Antiquarks, bevor sie eine messbare Strecke zurücklegen, aus ihrer Bewegungsenergie einen gan-

zen Schwarm von neuen Teilchen, die man als eine Art von Bündel oder Strahl (»Jet« im Jargon der Physiker) beobachtet. Auf einem Bildschirm kann man das sichtbar machen.＿＿ Nun zurück zu den Kräften, die die Quarks im Atomkern zusammenhalten. 1978 hatte DESY den PETRA-Ring fertiggestellt, den damals energiereichsten Beschleuniger für Elektronen und Positronen. Als diese gleichzeitig beschleunigt und zur Kollision gebracht wurden, beobachteten die Forscher in ihren Detektoren, dass aus den Frontalkollisionen entweder zwei einzelne Elementarteilchen, etwa wieder ein Elektron und ein Positron, oder aber zwei Jets auftauchten. Wo kamen die Jets, also Quarks oder Antiquarks, her? Natürlich aus dem leeren Raum, indem ein virtuelles Quark-Antiquark-Paar, das zum Zeitpunkt der Kollision gerade am richtigen Ort war, sich die Energie »griff«, die durch die gegenseitige Vernichtung je eines der hochenergetischen beschleunigten Elektronen und Positronen frei geworden war. In der Form der Jets sah man die Quarks direkt aus dem Vakuum heraus manifest in Erscheinung treten. Man konnte auch bestätigen, dass jeweils der eine Jet aus einem Quark, der andere aus einem Antiquark stammte.＿＿ Das

eigentlich Aufregende war aber, dass gelegentlich Kollisionen beobachtet wurden, in denen gleichzeitig drei Jets auftraten. Dies war nach der geläufigen Vorstellung unmöglich; allenfalls hätte man ein zweites Quark-Antiquark-Paar, also vier Jets, erwarten dürfen. Ein einzelnes Quark oder Antiquark hätte zusätzlich nicht entstehen können.＿＿ Des Rätsels Lösung war, dass der dritte Jet gar nicht von einem Quark oder Antiquark stammte, sondern von einem Gluon, dem Kraftteilchen der Quark-Kräfte, über dessen Existenz von Fritzsch und anderen Forschern Vermutungen angestellt worden waren. Die aus ihrer virtuellen Existenz

❶ Blick in den HERA-Beschleunigertunnel. Die hellen supraleitenden Ablenkmagnete des Protonenbeschleunigers sind deutlich zu erkennen. DESY ❷ Gewaltige Ausmaße nimmt der ZEUS-Detektor von HERA an. DESY
❸ Testaufbau des supraleitenden TESLA-Linearbeschleunigers. DESY ❹ Der Blick in das Innere des ZEUS-Detektors zeigt nur einen Ausschnitt. Die gesamte Apparatur hat die Größe eines Zweifamilienhauses. DESY
❺ Spektrometer des HERMES-Detektors während der Installation. Durch die kleinen Rohre oben rechts sollen beschleunigte Teilchen einfliegen. DESY ❻ HERA-Tunnel mit Elektron- und Protonbeschleuniger. DESY

❷

herausgerissenen, abrupt beschleunigten Quarks oder Antiquarks können Gluonen aussenden, ganz analog wie beschleunigte Elektronen in Atomen oder in Radioantennen Photonen aussenden. Man hatte in diesem Experiment mit Quarks und Gluonen nachvollzogen, was Heinrich Hertz bei seiner Entdeckung der elektromagnetischen Wellen fast 100 Jahre zuvor mit Elektronen und Photonen getan hatte – allerdings ohne von Elektronen und Photonen zu wissen. Der Name Gluon kommt übrigens von »glue« = Klebstoff; dieses Teilchen bildet gewissermaßen den Klebstoff, der die Kerne der Atome zusammenhält. In dem DESY-Experiment wurde es zum ersten Mal direkt erkennbar. Es wandelt sich außerhalb eines Atomkerns sehr rasch in ein Quark-Antiquark-Bündel um und tritt deshalb im Detektor als Jet in Erscheinung. _____ Damit war das Zusammenhalten der Atomkerne grundsätzlich erklärt, der Zusammenhang zwischen den Atom- und Molekularkräften einerseits und den Kernkräften andererseits bestätigt und der Weg zu einer einheitlichen Theorie geöffnet. Wenige Jahre später fand man am europäischen Forschungszentrum CERN in Genf mit den so genannten W- und Z-Bosonen die Träger einer weiteren fundamentalen Kraft der Quarks und Elektronen, der sogenannten schwachen Kraft. Diese ist für das Brennen der Sonne verantwortlich. Damit lassen sich alle bisher entdeckten Kräfte zwischen den Elementarteilchen auf den gleichen Mechanismus des Austauschs von Kraftteilchen zurückführen. Allen heute bekannten Phänomenen des Makro- und Mikrokosmos liegt offenbar das gleiche Prinzip zu Grunde – vielleicht mit Ausnahme der Schwerkraft, deren Verständnis gegenwärtig noch große Rätsel aufgibt. _____ Diese erfolgreichen Forschungen an Elektron-Positron-Kollisionen wurden in den Folgejahren mit noch höheren Energien am derzeit größten Beschleuniger, dem LEP-Speicherring des CERN in Genf, fortgesetzt. Bei DESY entschied man sich indessen, den Aufbau des Protons und der Atomkerne genauer zu untersuchen. Dabei möchte man Strukturen von

einigen Milliardstel der Atomgröße erkennen. Mit dem Elektron-Proton-Speicherring HERA (Hadron-Elektron-Ring-Anlage; Hadronen sind die aus Quarks aufgebauten Teilchen) verfügt man über das hierzu weltweit leistungsfähigste Instrument. Es befindet sich in einem 6,3 km langen, 15 m unter der Erde gelegenen ringförmigen Tunnel im Hamburger Stadtteil Bahrenfeld. Die Anlage wurde in über zehnjähriger Arbeit entwickelt und nach sechs Jahren Bauzeit 1990 fertiggestellt. Sie wird von etwa 1000 Wissenschaftlern und Studenten von Universitäten und Forschungsinstituten in Deutschland und anderen Ländern genutzt. _____ Dies hat bereits zu einer drastischen Modifizierung der Vorstellung vom Proton als eines Konglomerats von drei Quarks geführt. Tatsächlich findet man eine große, ständig schwankende Zahl von Quark- und Antiquark-Paaren, die wie Blitze in rascher Folge aus dichten Wolken von Gluonen heraus entstehen und vergehen und die man nur in Momentaufnahmen zu Gesicht bekommt. Die Gluonen tragen den überwiegenden Anteil zum Gewicht der Protonen

① Teilchenspuren auf dem Monitor eines Detektor. DESY
② Was die Welt der Atomkerne zusammenhält.
Gluonen-Spuren im Detektor. Es sind deutlich drei Jets zu erkennen. DESY
③ 1/178 Die Funkenkammer macht kosmische Teilchen sichtbar. *Fährt ein Partikel durch das Gerät, so ionisiert es das Gas zwischen den unter Hochspannung stehenden Platten. Dabei kommt es zu einem Funkenüberschlag, der die Spur des Teilchens verrät.* DESY
④ Werner Heisenberg: Weltformel in eigenhändiger Aufzeichnung, 1959. *Unter dem Titel »Vorschlag für die Materie-Gleichung« präsentierte Heisenberg die Formel in der Berliner Kongresshalle bei einem Festakt zum 100. Geburtstag von Max-Planck, 23. April 1958.* Foto: Bildarchiv Preußischer Kulturbesitz

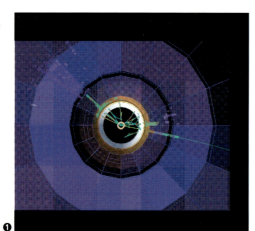

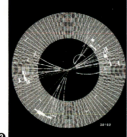

040

und Neutronen und daher aller Materie bei. Seit nicht einmal 25 Jahren wissen wir also überhaupt erst um die Teilchen, die den Hauptteil unseres Körpergewichts ausmachen. Bis wir verstehen, wie sie im einzelnen zusammenwirken und ob vielleicht weitere Bausteine mitspielen, wird es noch viel geduldiger Arbeit bedürfen. →erkenntnisse, rätsel, fragen Dass dabei weitere Überraschungen auf uns warten, dafür gibt es deutliche Hinweise. Wie zuvor erklärt, finden wir in den Atomkernen zwei Sorten von Quarks, die u- und d-Quarks. Die Materie besteht also aus zwei Arten von Quarks (mit den entsprechenden Antiquarks) und dem Elektron, zusammengehalten von den Kraftteilchen Photon und Gluon. _____ Das Elektron hat noch einen kleinen Bruder, das Neutrino – ein sehr leichtes, elektrisch nicht geladenes Teilchen. Aus der Sonne strömen Neutrinos ständig auf uns ein. Sie spielen eine wichtige Rolle bei der Energieerzeugung in der Sonne. _____ Insgesamt nur vier Arten von Materieteilchen benötigt also die Natur, um all unsere Materie aufzubauen und Sonne und Sterne erstrahlen zu lassen. Die 2500 Jahre alte Idee vom Aufbau der Welt aus vier Grundelementen scheint durch die Elementarteilchen-Forschung bestätigt – wenn auch mit anderen Elementen, als man sich damals vorstellen konnte. _____ Nun kommt etwas völlig Unerwartetes: Die vier verschiedenen Materieteilchen-Arten bilden nur die erste Familie der Elementarteilchen. Was heißt das, wenn doch alle Materie nur aus ihnen besteht? Mit unseren Beschleunigern können wir, genügend Energie vorausgesetzt, alle im leeren Raum vorhandenen virtuellen Teilchenpaare in die Realität herauskatapultieren. Man findet so zwei komplette zusätzliche Familien, die ebenfalls je zwei Arten von Quarks, ein Elektron und ein Neutrino umfassen. Die neuen Teilchen sind exakte Kopien der unseren, nur schwerer. _____ Welche Rolle spielen sie im Plan der Natur? Man weiß es nicht. Vermutlich koexistierten alle drei Familien in der ersten heißen Anfangsphase des Kosmos nach dem Urknall. Danach starben die schwereren Teilchen aus, indem sie sich unter Abgabe von Energie in leichtere umwandelten. Heute haben sie nur in den turbulenten kosmischen Prozessen beim Todeskampf großer Sterne, oder dank uns Menschen mit Beschleunigern, eine Chance zu einer vorübergehenden realen Existenz. Doch virtuell sind sie stets anwesend, ständige Beobachter und Begleiter allen Geschehens und immer bereit, in Aktion zu treten. _____ Unser gegenwärtiges Wissen über die fundamentalen Bausteine der Welt und was sie zusammenhält ist in einem einheitlichen mathematischen Schema, dem sogenannten »Standard-Modell« der Elementarteilchen, zusammengefasst. Es steht mit den bisher bekannten Eigenschaften der Materie in Einklang, von ihren tiefsten Schichten bis in die Weiten des Kosmos. Doch sind seiner Gültigkeit klare Grenzen gesetzt und es lässt viele Fragen unbeantwortet, vor allem solche der Art »warum«. Der Weg zu tieferer Einsicht mag noch weit sein. Gut überlegte Befragung der Natur durch Experimente muss die Richtung weisen. Sicher ist, dass die Entdeckungsreise uns und nachfolgenden Generationen noch viel Anlass zum Staunen über die – wie Einstein es ausdrückte – »Raffiniertheit des Herrgotts« geben dürfte.

im ewigen eis___ CHRISTIAN SPIERING

Im Januar 1995 packten drei Wissenschaftler aus dem desy-Institut in Zeuthen bei Berlin ihr persönliches Gepäck, ein Dutzend selbstentwickelter Elektronikmodule und zwei Personalcomputer zusammen und fuhren in den Süden. Genauer gesagt: zum Südpol. Zunächst mit Linienflugzeugen bis nach Neuseeland, wo sich das Zentrum der rückwärtigen Dienste der Antarktis-Unternehmungen der USA befindet. Hier wurden Hans Heukenkamp, Thorsten Thon und Ralf Wischnewski mit professioneller Polarbekleidung ausgestattet, von der Unterwäsche über Anoraks und Stiefel bis zur Sonnenbrille. Dann ging es mit einem Spezialflugzeug der NAVY zum amerikanischen Stützpunkt McMurdo am Rande der Antarktis – und von dort weiter zum Südpol selbst, in die Amundsen-Scott-Station. An dieser Stelle hatte im Jahre 1911 der Norweger Roald Amundsen, nachdem er als erster Mensch den Pol erreicht hatte, die norwegische Flagge gehisst. Drei Wochen später traf Robert Scott ein und musste enttäuscht erkennen, dass vor ihm schon ein anderer dort war. Er kam beim Rückmarsch um. →kosmische strahlen Die Geschichte, deretwegen meine Mitstreiter an den entlegensten Ort der Erde gefahren waren, begann – seltsames Zusammentreffen – im Todesjahr von Scott. An einem sonnigen Augusttag des Jahres 1912 stieg der österreichische Physiker Viktor Hess mit einem Heißluftballon in die Höhe. Er führte ein Elektrometer mit sich, um zu messen, wie schnell die radioaktive

$$ i \sigma^r \frac{\partial \chi}{\partial x^r} + \sigma^r \bar{\chi} (\chi^* \sigma_r \chi) = 0 $$

Strahlung des Erdgesteins abfällt, während er sich mit dem Ballon von der Erdoberfläche entfernte. Erstaunt stellte Hess fest, dass die Strahlung mit wachsender Höhe nicht abnahm, sondern, im Gegenteil, stärker wurde. ___Offenbar, so die naheliegende Erklärung, dringt nicht nur aus der Erdoberfläche, sondern auch aus dem Weltraum radioaktive Strahlung zu uns. Je höher Hess flog, umso dünner war die Luftschicht über ihm, und umso weniger an Strahlung wurde durch die schützende Atmosphäre abgeschirmt. ___Die kosmische Strahlung wurde in den folgenden Jahrzehnten intensiv untersucht. Man weiß inzwischen, dass sie zum größten Teil aus Protonen (den Kernen des Wasserstoffs) sowie, obgleich viel seltener, dem ganzen Spektrum schwererer Kerne besteht. Die Erdoberfläche ist einem permanenten Bombardement dieser Strahlung ausgesetzt. Durch jeden Menschen fliegen etwa zwanzig kosmische Teilchen pro Sekunde hindurch. Auf ihrem Weg durch den menschlichen Körper ionisieren sie Atome und Moleküle und zerstören damit »normale« biologische Strukturen. Im allgemeinen ist das

Ergebnis dieser Umwandlung schlechter als der ursprüngliche Zustand und kann womöglich zum Ausgangspunkt einer bösartigen Geschwulst werden. In einer verschwindend geringen Anzahl von Fällen ist das Resultat jedoch ein Fortschritt. Die Natur honoriert ihn manchmal mit einer besseren Überlebens- oder Fortpflanzungschance des betreffenden Individuums. Dieses Wechselspiel von Mutation und Selektion ist der wesentlichste Mechanismus, über den die Evolution der belebten Natur abgelaufen ist. So ist die kosmische Strahlung über Millionen von Jahren hinweg einer der Motoren der Evolution gewesen, die schließlich auch uns, die Menschen, hervorgebracht hat. _____ Die Energien der kosmischen Teilchen reichen bis in schwindelerregende Höhe. Gelegentlich übertreffen sie jene, die in Laboratorien auf der Erde erreicht werden, um das Hundertmillionenfache. Der Ursprung dieser »Geschosse« ist immer noch eines der ungelösten kosmischen Mysterien, denn diese elektrisch geladenen Teilchen werden beim Durchqueren der galaktischen Magnetfelder abgelenkt; darum kann man nicht mehr feststellen, von woher sie ursprünglich kamen. Eine Lokalisierung der kosmischen Beschleuniger ist also nur mit elektrisch neutralen Teilchen möglich – mit Photonen (Lichtteilchen) oder mit Neutrinos. →neutrinos Neutrinos sind winzige Elementarteilchen. Ihre bemerkenswerteste Eigenschaft besteht in ihrer geringen Neigung, mit ihrer Umgebung in irgendeine Wechselwirkung zu treten. Auf Grund dieser Eigenschaft können sie riesige Materieschichten ohne einen Zusammenstoß durchdringen. Von den sechzig Milliarden Neutrinos etwa, die von der Sonne kommend pro Sekunde auf jeden

**»GEORGE GAMOW WAR DER CHAMPION
UNTER ANDEREM SAGTE ER DIE
DIE KATHOLISCHE KIRCHE BEVORZUGTE
EINER PERMANENTEN SCHÖPFUNG
ERZÄHLTE, DASS ER SONDERDRUCKE MIT**

Quadratzentimeter der Erdoberfläche treffen und dann die Erde durchqueren, stoßen im Mittel kaum ein Dutzend mit einem Atom des Erdinneren zusammen. Noch »ätherischer« verhalten sich die Neutrinos, die im Urknall erzeugt wurden. Hundert Millionen Milliarden von ihnen durchqueren Sekunde für Sekunde unseren Körper, schießen in die Schulter hinein und durch die Fußsohlen hinaus, rasen durchs Herz, sausen durch die Lunge, huschen durchs Gehirn – ohne je den Schatten einer Spur zu hinterlassen. _____ Die Existenz von Neutrinos wurde 1930 »postuliert«. Der Physiker Wolfgang Pauli hatte in einem denkwürdigen Brief an die Frühjahrstagung der Atomphysiker in Tübingen vorgeschlagen, dass ein bis dahin unbekanntes Teilchen existieren und die Erklärung für einige Ungereimtheiten beim radioaktiven Beta-Zerfall liefern könnte. Ein ebenso kleines wie flüchtiges neutrales Phantom. Er nannte es zunächst Neutron, später wurde dann Neutrino, das »kleine Neutrale« daraus. _____ Bald gelang es, die Eigenschaften des hypothetischen Teilchens zu berechnen. Es stellte sich heraus, dass das Neutrino wirklich eher einem Geisterteilchen als einer realen Existenz gleicht, und Pauli bekannte zerknirscht:

Wolfgang Pauli (1900–1958) postulierte 1930 aus theoretischer Not das Neutrino. Erst 25 Jahre später wurde es nachgewiesen. CERN, Genf

»Ich habe etwas Schreckliches getan: Ich habe ein Teilchen vorausgesagt, das nicht nachgewiesen werden kann.« Zum Glück irrte er. In den vierziger Jahren entstanden die ersten Kernreaktoren, und sie erzeugten einen so großen Neutrinofluss, dass ein Nachweis in den Bereich der Möglichkeit rückte. 1956 gelang es Frederick Reines und Clyde Cowan, am Savannah River Reaktor in den USA Neutrinos nachzuweisen. Aus dem Fluss von Milliarden und Abermilliarden Neutrinos löste ein knappes Dutzend dieser Teilchen in ihrem Nachweisgerät ein Signal aus. Fast vierzig Jahre später, 1995, erhielt Frederick Reines dafür den Nobelpreis für Physik. »Mit dieser Großtat, die ans Unmögliche zu grenzen schien«, heißt es in der Nobelpreis-Begründung, sei es ihm gelungen, das Neutrino »aus einem Zustand als Fantasiefigur zu befreien und seine Existenz als real existierendes Teilchen zu beweisen«. ＿＿ Was macht das Neutrino so interessant für die Astronomie? Was soll uns ein Teilchen nützen, das nur sporadisch mit irgend etwas in Wechselwirkung tritt? Paradoxerweise ist es gerade die zuletzt erwähnte Eigenschaft, mit der sich das Neutrino als kosmischer Bote empfiehlt. Teilchen, die kaum aufspürbar sind, können nämlich ungehindert auch die dicksten Materieschichten durchfliegen. Sie erreichen uns von Regionen des Kosmos, aus denen nie ein Lichtstrahl zu uns dringen kann. Sie können uns Kunde vom Inneren der Sonne geben, von dort, wo die Kernreaktionen ablaufen, aus denen unser Zentralgestirn seine Energie bezieht. Sie fliegen Tausende von Lichtjahren durch das dichte Zentrum unserer Galaxis hindurch, so dass wir beispielsweise Supernovaexplosionen auf der anderen Seite der Galaxis sehen können. *In Neutrinos* sehen können, ver-

DER URKNALLTHEORIE VON DER ENTSTEHUNG DES UNIVERSUM
KOSMISCHE HINTERGRUNDSTRAHLUNG VORAUS.
SEINE LEHRE GEGENÜBER DER RIVALISIERENDEN THEORIE
TROTZDEM WAR ICH LEICHT ÜBERRASCHT, ALS GAMOW MIR
DEM PAPST AUSTAUSCHE.« Francis Crick: What mad Pursuit.

A personal View of scientific discovery

steht sich. Das »normale« Licht von dort wird ja im galaktischen Zentrum absorbiert. Und sie entweichen sogar aus den kosmischen Höllen, die sich im Inneren von so genannten aktiven Galaxien befinden, denjenigen Orten im Universum, an denen es zu den gewaltigsten Energieausbrüchen kommt, die es überhaupt geben mag. Neutrinos sind also ideale kosmische Boten aus Regionen, die uns mittels Licht nicht zugänglich sind. Vereinfacht könnte man sagen: was der Röntgenstrahl für den Mediziner, das ist das Neutrino für den Astrophysiker. ＿＿ Will man kosmische Neutrinos nachweisen, dann muss sich das Gerät tief unter der Erde oder unter Wasser befinden, damit die »gewöhnliche« kosmische Strahlung weitgehend abgeschirmt wird. An der Erdoberfläche, unter dem permanenten Bombardement durch die normale kosmische Strahlung, würde der Nachweis der seltenen Neutrinoreaktionen der Suche nach der Nadel im Heuhaufen gleichen. Der eigentliche Nachweis von Hochenergie-Neutrinos gelingt dann, wenn es auf seinem Weg durch die Materie gegen einen Atomkern stößt. Dabei verwandelt es sich häufig in ein Myon, eine Art schweres Elektron. Dieses Myon übernimmt den größten Teil der Energie des Neutrinos und rast in die annähernd gleiche Richtung wie dieses weiter. Dabei macht es sich durch seine Lichtabstrahlung bemerkbar. Da die Richtung des Myons nur etwa ein Grad von jener des Neutrinos abweicht, aus dem es selbst hervorgegangen ist, weiß man nun auch die Richtung, aus der das Neutrino gekommen ist. Damit hat man ein Teleskop gebaut – in diesem Falle nicht für Licht, sondern für Neutrinos: Ein Neutrinoteleskop. _____ Neutrinoteleskope, die nach diesem Prinzip funktionieren, sind schon seit vielen Jahren in Betrieb. Sie haben nach Myonen gesucht, die das Teleskop von unten, aus der Erde kommend durchqueren. Solche Myonen können nur aus Neutrinoreaktionen stammen, denn kein anderes Teilchen außer dem Neutrino könnte den ganzen Globus durchqueren. Tatsächlich hat man auch viele hundert Myonen aus Neutrino-Stößen aufgezeichnet. Ihre Anzahl und ihre Richtungsverteilung deuten jedoch darauf hin, dass es sich dabei um Neutrinos handelt, die durch die normale kosmische Strahlung beim Auftreffen auf die Erdatmosphäre erzeugt worden sind; in diesem Fall auf die Atmosphäre auf der anderen Seite der Erdkugel (denn man schaut ja nur auf Myonen, die von unten kommen). _____ Der Grund dafür, dass bisher keine extraterrestrischen Hochenergie-Neutrinos nachgewiesen wurden, liegt in den gewaltigen Entfernungen der potentiellen Quellen: Doppelsternsysteme, das Zentrum unserer Galaxis, schwarze Löcher oder aktive Galaxien, die gewaltige »Jets« von Materie in den Raum feuern. Von den Riesenschleudern, die das Universum hervorgebracht hat, trennen uns (zum Glück) gewaltige Zwischenräume: Die kosmischen Höllen sind ungefährlich weit. Doch genau darum sind auch die Flüsse der von dort bei uns eintreffenden Neutrinos viel geringer als der Fluss der Sonnenneutrinos, die man ja schon lange nachgewiesen hat. Trotz der hohen Energien reichen die bisherigen kleinen unterirdischen Geräte in Tunneln oder Minen nicht aus, um die hochenergetischen Neutrinos nachzuweisen. _____ Deshalb also muss man um ein Vielfaches größere Teilchenfallen bauen. Man geht dazu tief ins Wasser oder ins Eis, dorthin, wo es keine begrenzenden Wände gibt. Auch dort versucht man, Myonen aus Neutrinostößen nachzuweisen. Wenn ein Myon durch Wasser oder Eis fliegt, zieht es einen Lichtkegel hinter sich her, vergleichbar mit dem Überschallkegel eines Düsenflugzeugs. Dieses schwache bläuliche Leuchten, nach seinem Entdecker *Cherenkov-Licht* genannt, muss man aufzeichnen. Unterwasser-Neutrinoteleskope bestehen deshalb aus einer Vielzahl von Lichtsensoren, die auch noch winzigste Lichtblitze in elektrische Signale umwandeln können. Man nennt solche Sensoren *Photomultiplier*, zu deutsch Fotovervielfacher. Die Photomultiplier sitzen in druckfesten Glaskugeln, die gitterförmig ein großes Volumen überspannen. Sie registrieren Stärke und Ankunftszeit des Lichtblitzes. Besonders die Zeitdaten, die auf wenige Milliardstel Sekunden (»Nanosekunden«) genau gemessen werden, sind für die Richtungsbestimmung wichtig. Ein Computer vergleicht die Ankunftszeiten der Lichtblitze an den verschiedenen Photomultipliern und berechnet daraus die Lage des Lichtkegels im Raum. Aus der Lage des Lichtkegels erhält man die Bahn des

❶ Nur Neutrinos können die Erdkugel durchqueren und im Sensor einen Lichtblitz auslösen. *Photomultiplier-Kugeln, die wie Perlen an Schnüren im Eis hängen, beobachten den Kosmos durch die Erde hindurch.* C. Ritschel, WiTeC-PR, Leopoldshafen

❷ Das Neutrinoteleskop AMANDA schaut vom Südpol in Richtung Norden. *Es nutzt den Globus als Filter.* C. Ritschel, WiTeC-PR, Leopoldshafen

❸ Die Sonne, wie sie nicht in sichtbarem Licht, sondern in Neutrinos erscheint. *Das Bild fasst eine Belichtungszeit von 500 Tagen zusammen. (Super-Kamiokande Kollaboration)*

❹ Kurze Geschichte des Universums. CERN, Genf

❺ Ein Neutrino-Myon-Ereigniss. *300 Photosensoren hängen an 10 Trossen im Eis. Die Linie gibt die rekonstruierte Bahn des Myons an.* DESY

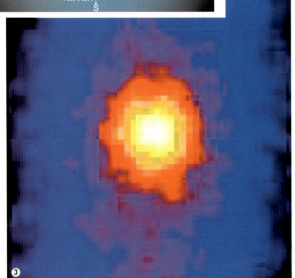

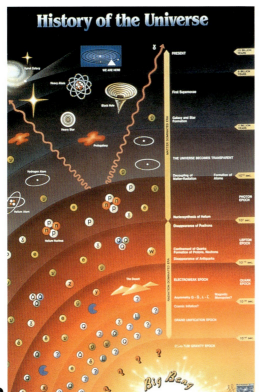

4

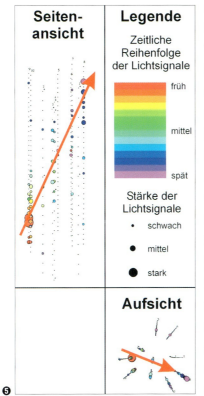

Seiten-ansicht	Legende
	Zeitliche Reihenfolge der Lichtsignale
	früh
	mittel
	spät
	Stärke der Lichtsignale
	• schwach
	● mittel
	⬤ stark
	Aufsicht

5

Myons, und aus dieser die Richtung des Neutrinos. →**vom baikalsee zum südpol** Meine fachliche Heimat, das Institut für Hochenergiephysik in Zeuthen bei Berlin, hatte sich 1986 mehr als zwei Jahrzehnte ausschließlich mit der Erforschung von Elementarteilchen an Partikel-Beschleunigern beschäftigt. In diesem Jahr begannen wir ernsthaft, uns über die Teilnahme an Experimenten *ohne* Zuhilfenahme von Beschleunigern den Kopf zu zerbrechen. Geografisch kam damals in Zeuthen für ein neues Tätigkeitsfeld nur »der Osten«, also die Sowjetunion, in Frage. Das Institut konnte froh sein, an Projekten im CERN (Genf) und DESY (Hamburg) teilnehmen zu dürfen. Die Genehmigung, am DESY experimentieren zu dürfen, war noch nicht alt, und sie war der Wissenschafts- und Politbürokratie der DDR unter großen Schwierigkeiten abgerungen worden. *Noch* etwas Neues im Westen verbot sich also, insbesondere wenn es sich außerhalb der durch vielfältige Beziehungen und Erfahrungen abgesicherten Beschleuniger-Community abspielen sollte. _____ Die Russen, die in der Beschleunigerphysik hoffnungslos ins Hintertreffen geraten waren, hatten in der Teilchenphysik ohne Beschleuniger nicht nur eine gute Tradition, sondern auch eine Anzahl konkurrenzfähiger Projekte vorzuweisen. Die meisten dieser Projekte griffen grundlegende Fragen der Teilchenphysik und der Teilchen-Astrophysik auf, die an Beschleunigern nicht oder nur schwer zu beantworten waren. _____ Wir entschieden uns schließlich für ein Experiment, das unseren bisherigen technischen Erfahrungen am besten zu entsprechen schien. Es handelte sich um den Plan, im sibirischen Baikalsee ein Neutrinoteleskop zu errichten. Unter Leitung von Grigorij Domogatsky vom Moskauer Institut für Kernphysik hatten Physiker aus mehreren russischen Instituten Anfang der achtziger Jahre begonnen, die Realisierungschancen für ein solches Gerät auszutesten. Das kristallklare Wasser des sibirischen Sees bot optisch gute Möglichkeiten. Die Tiefe des Sees (bis zu 1.65 km) war wichtig, um die von oben kommenden Teilchen weitgehend abzuschirmen. Der größte Vorteil war jedoch das Eis, das den See in jedem Jahr von Februar bis Anfang April mit einer Dicke bis zu einem Meter überzieht. Es bietet eine ideale Plattform, von der aus man die Kugeln in die Tiefe lassen kann. _____ Trotz der unglaublichen Schwierigkeiten, unter denen heutzutage Grundlagenforschung in Russland durchgeführt werden muss, gelang es uns im April 1993, das weltweit erste Unterwasserteleskop zum Laufen zu bringen. Diese kleine Prototyp-Anlage bestand aus sechsunddreißig medizinball-großen Photomultipliern, die an drei Trossen (»strings«) in etwa 1 km Wassertiefe angeordnet waren. Die Strings wurden durch Gewichte am Boden des Sees verankert und durch ein System von Bojen senkrecht gehalten. Kabel, die am Boden des Sees verlegt waren, verbanden den Detektor mit dem Ufer. So konnten die Daten, auch nachdem das Eis geschmolzen war, ausgelesen werden – das ganze Jahr über. Inzwischen haben wir den Detektor auf 192 Kugeln ausgebaut – nachdem wir 1995 die ersten eindeutigen Neutrino-Reaktionen dingfest gemacht hatten, d. h. Myonen, die den Detektor von unten kommend durchqueren. Fünfunddreißig Jahre nachdem der russische Physiker Moisej Markov das Prinzip der Unterwasser-Neutrino-detektoren vorgeschlagen hatte, war es nun soweit: die Methode verließ ihr embryonales Stadium und trat ins Leben; das Prinzip funktionierte auch praktisch. Nun muss man nur noch die Detektoren so groß bauen, dass man statt der in der Erdatmosphäre erzeugten Neutrinos auch die mit Sicherheit viel selteneren Neutrinos von entfernten kosmischen Beschleunigern nachweisen kann. Und genau da liegt der Haken!

—— Das Baikalexperiment hat eine Pionierrolle gespielt. Wir haben als erste mit einem Unterwasserdetektor Neutrinos registriert und unsere amerikanischen Kollegen, die das Gleiche seit 1975 im Pazifik vor Hawaii versuchten, abgehängt. Aber wie der nächste Schritt zu einem zehn- oder hundertmal so großen Detektor im Baikalsee getan werden sollte, ist unklar. Nicht physikalisch, sondern ökonomisch und politisch. Russland ist zerrüttet. Jeder Transport von Moskau zum Baikalsee ist ein Katz- und Mausspiel mit Dunkelmännern, die selbst die leeren Euter der Akademie der Wis-

❶ Bohrtürme des AMANDA-Experimentes am Südpol. DESY **❷** Ein Argusauge sinkt ins Eis: Photomultiplier für das Neutrino-Teleskop. DESY, Foto: Torsten Schmidt **❸** 1/176 Photosensoren für ein Neutrinoteleskop. DESY

senschaften noch melken wollen. Die russische Industrie liefert kaum noch hochwertige Materialien, die wir benötigen. Viele Dinge, vom hochspannungsfesten Widerstand bis zum integrierten Schaltkreis, vom temperaturregulierten Lötkolben bis zur Lichtfaser, müssen in Deutschland besorgt und nach Russland geschafft werden. Gelegentlich umwehte diese Beschaffungsaktionen der Hauch des Abenteuers: Etwa als wir 1992 ausrangierte Jeeps der NVA durch Polen nach Moskau steuerten, um sie später am Baikal als Transportmittel einzusetzen. Das Geld und die staatliche Unterstützung, um die Infrastruktur am Ufer des Baikalsees zu verbessern, fehlen in Russland ebenso wie die Mittel, um unseren russischen Kollegen ein halbwegs erträgliches Gehalt zu zahlen. Zwar unterstützt Deutschland das Experiment sogar mit Personalmitteln für russische Wissenschaftler, aber solche Maßnahmen können immer nur überbrückend wirken und die Inlandprobleme nicht auf Dauer fernhalten. Zu allen »sicheren« Misslichkeiten kommt die Ungewissheit über die Zukunft. Niemand kann garantieren, wer morgen die Geschicke Russlands bestimmt und wie sich das auf die ohnehin schon nahezu ausgeblutete russische Forschungslandschaft auswirken wird. —— Das waren die Überlegungen, die uns 1994 dazu bewogen, ein neues Projekt auf seine Machbarkeit hin zu untersuchen. Es trägt den verlockenden Namen AMANDA = Antarctic Muon And Neutrino Detector Array.

→ amanda Wasser ist kein sehr verlässliches Element. Schiffe, von denen aus man Geräte herablassen will, schwanken. Instrumentengehäuse werden gelegentlich undicht.

Strömungen verändern die Ausrichtung eines Neutrinoteleskops. Manchmal ziehen Wolken leuchtender Bakterien vorbei, lösen die Photomultiplier einige hundertmillionenmal pro Sekunde aus und lassen das Teleskop verrückt spielen. Anders Eis. Es ist fest. Die Glaskugeln mit Photomultipliern, einmal eingefroren, behalten ihre Position bei, und störende Lichtblitze gibt es auch nicht. _____ Nun braucht man nur noch Eis, mehrere Kilometer dick, und eine exzellente Infrastruktur! Diese Kombination gibt es nur an einer Stelle auf der Erde: am geografischen Südpol. Dort haben die USA 1957 eine ganzjährig besetzte Station gebaut, die sich seitdem zu einem beeindruckenden Wissenschaftszentrum entwickelt hat (neben Radio- und Infrarot-Teleskopen betreibt man eine Vielzahl von Experimenten, die etwa der Klimaforschung und der Glaziologie gewidmet sind). Der Eispanzer unter der Amundsen Scott Station ist knapp 3 km dick; man kann also Photomultiplier in eine Tiefe bringen, in der sie vor der von oben kommenden kosmischen Strahlung weitgehend abgeschirmt sind. _____ Wie bringt man die Glaskugeln in 2 km tiefes Eis? Die Methode ist so genial wie einfach. Zunächst schmilzt man mit einem Strahl 80°C heißen Wassers ein Loch. Eine gigantische Düse frisst sich mit einem Zentimeter pro Sekunde in die Tiefe. Das geschmolzene Wasser bleibt dabei im Loch als Wassersäule stehen. Ist man auf der gewünschten Tiefe angelangt, wird der Schlauch, an dessen Ende sich die Wasserdüse befindet, herausgezogen und die Kugeln an einem langen Kabel in das Wasser hinabgelassen. Dort frieren sie im Verlaufe einiger Tage ein. Über das Kabel kann man die Photomultiplier ganzjährig auslesen. _____ Bereits im Januar 1994 hatten unsere schwedischen und amerikanischen Kollegen achtzig Kugeln in 800-1000 Metern Tiefe installiert. Hier beeinträchtigten jedoch Luftbläschen die Durchsichtigkeit des Eises, und einige unserer Konkurrenten werteten das Projekt schon lauthals als Misserfolg. Genau

in dieser Phase schlossen wir vom DESY-Institut uns AMANDA an, denn wir waren davon überzeugt, dass die Luftbläschen in größeren Tiefen verschwinden würden. Die Hoffnung trog uns nicht. Nachdem Anfang 1996 sechsundachtzig Kugeln in eine Tiefe von 1520-2000 Metern herabgelassen worden waren, stand fest, dass die störenden Luftbläschen durch den wachsenden Druck buchstäblich aufgelöst waren. Inzwischen ist das Teleskop auf über 400 Kugeln erweitert worden, denen im antarktischen Sommer 1999/2000 weitere 250 folgen sollen. →**amandas erste neutrinos** Im Herbst 1999 haben wir aus einer Milliarde Teilchen, die unseren Detektor in hundertsiebzig Tagen durchquert haben und deren Signale auf Magnetbändern festgehalten wurden, etwas über hundert aufwärtslaufende Myonen herausgesiebt. Das Bild ❺ (s. 45) zeigt die Darstellung eines dieser Ereignisse.

❸

Zu diesem Zeitpunkt (1997) bestand das Teleskop aus 300 Kugeln, die an zehn senkrechten Trossen angebracht waren. Die Punkte in der Grafik deuten die Lage der Kugeln an. Die Farbkodierung der getroffenen Photomultiplier indiziert die Ansprechzeit, von rot (früh) über grün, gelb und blau zu violett (spät). Die gemessene Stärke des Lichtsignals wird durch die Größe der Kreise symbolisiert. Die Linie gibt die mit großem Rechenaufwand rekonstruierte Bahn des nach oben laufenden Myons an. _____ Zwar sind auch unsere hundert Neutrinos nach Anzahl und Richtungsverteilung verträglich mit der Annahme, dass sie aus der Erdatmosphäre und nicht aus den weit entfernten »kosmischen

Höllen« stammen. Der Nachweis eines Neutrino-Überschusses aus einer bestimmten Richtung – sicheres Anzeichen für eine extraterrestrische Quelle – wäre bei der vorläufigen Größe des Teleskops aber auch ein ausgesprochener Glückstreffer. Immerhin: AMANDA unterbietet schon jetzt, mit den Daten eines Jahres, mühelos die Ausschlussgrenzen für viele potentielle Quellen, welche die Untergrundteleskope mühsam über Jahre hinweg aufgestellt haben. →was kann amanda sonst noch? Neutrinoteleskope wie AMANDA sind Mehrzweckinstrumente. Neben der Erforschung extraterrestrischer Neutrino-Quellen dienen sie etwa der Suche nach magnetischen Einzelladungen, so genannten Mono-Polen. Das sind gigantische Schwergewichte, fast eine Milliarde-Milliardenmal so schwer wie Protonen, im Urknall erzeugt, die möglicherweise noch heute in geringer Zahl durch den Kosmos fliegen. Nachdem es in den letzten zwei Jahrzehnten mehrere Fehlmeldungen zu Monopolentdeckungen gab, wagt heute eigentlich niemand mehr so recht zu hoffen, dass ihm ein Monopol ins Netz geht. Umso sensationeller wäre der zweifelsfreie Nachweis – ein klarer Fall für das Nobelkomitee! Neutrinoteleskope werden auch für die Suche nach Zerfallsprodukten von Dunkelmaterie eingesetzt – dem unsichtbaren Stoff, in dem wahrscheinlich die Welt, die wir sehen, schwimmt. Darüber hinaus kann AMANDA wegen des Fehlens optischer Störsignale im Eis auch kleine Änderungen der Photomultiplier-Rauschraten registrieren. Erhöhungen der Rauschraten über einige Sekunden könnten durch viele niederenergetische Neutrinoreaktionen infolge einer Supernova-Explosion in unserer Galaxis hervorgerufen werden. Selbst ein kurzer Sprung in der Rauschrate bliebe nicht unbemerkt und würde zu einem Alarmsignal führen. AMANDA ist daher ein Supernova-Monitor, der mit der gegenwärtigen Sensitivität etwas mehr als die Hälfte unserer Galaxis beobachtet. Und, last not least, ist AMANDA ein glaziologisches Labor. Zum Beispiel sagen uns die Lichtsignale, die die Photomultiplier aufzeichnen, auch etwas über die Staubkonzentrationen im Eis, und wir sind die ersten, die durch Auswertung dieser Daten sagen können, welche Eistiefe am Südpol zu welchem Entstehungsalter gehört. →ausblick Trotz der großen Unsicherheit der Vorhersagen für kosmische Neutrinosignale sind sich doch die meisten Astrophysiker einig, dass ein zukünftiges Neutrinoteleskop eine Fläche von etwa einem Quadratkilometer haben sollte. Darum soll AMANDA vom Jahre 2002 ab zu einem »ICECUBE« getauften Teleskop ausgebaut werden, bei dem etwa ein Kubikkilometer Eis mit Photomultipliern bestückt werden würde. Sowohl in den USA wie in Europa muss dieses 50-Millionen-Dollar-Projekt noch einige Genehmigungshürden nehmen, und vor allen Dingen müssen wir klar demonstrieren, dass das Teleskop in seiner gegenwärtigen Ausbaustufe in allen Punkten so funktioniert, wie wir es erwarten. Die USA sind am weiteren Ausbau der Südpol-Station als einem Wissenschaftszentrum interessiert, so dass das Projekt von dieser Seite her durch einen klaren politischen Willen Rückenwind hat. Fünftausend Photomultiplier wollen wir über sechs Jahre verteilt in die Tiefe bringen – bis zu tausend pro Saison. Dieses Ziel stellt eine enorme Herausforderung an Technologie, Organisation und Ausdauer dar. Wenn alles gut geht, wird ICECUBE in seiner vollen Ausbaustufe ab 2008 den Neutrinohimmel erforschen. —— Was werden wir entdecken? Vielleicht das, was wir bis jetzt berechnen und erwarten. Vielleicht aber auch nicht – vielleicht ist es etwas ganz anderes. Die aufregendsten Resultate könnten von bisher gänzlich unbekannten Phänomenen kommen. Die meisten unerwarteten astrophysikalischen Entdeckungen – Quasare, Röntgensterne, die kosmische Hintergrundstrahlung, Pulsare oder kosmische Gamma-

❶ – ❸ Photomultiplier zum Nachweis von Neutrinos werden ins Eis des Südpols gesenkt.
DESY, Foto: Torsten Schmidt

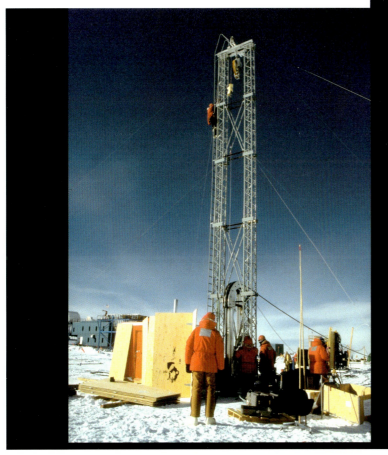

Blitze – wurden ja durch die Inbetriebnahme neuer empfindlicher Nachweisgeräte wie Radiodetektoren, Röntgensatelliten usw. eingeläutet, die in der Regel ein völlig neues Beobachtungsfenster ins Universum öffneten. Die ersten Erfolge der Neutrino-Astronomie bei niedrigen Energien sind mit schon bekannten Objekten verknüpft: der Sonne und einer Supernova-Explosion. Denkt man an die erwähnten Entdeckungen mit elektromagnetischer Strahlung, kann man jedoch kaum umhin, auch an die Neutrino-Astronomie ähnliche Erwartungen zu knüpfen. Die Natur ist traditionell fantasievoller als die Physiker, und gerade das macht dieses neue Gebiet so spannend!

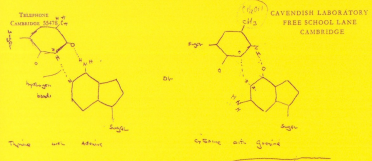

UNIVERSITY OF CAMBRIDGE   DEPARTMENT OF PHYSICS

TELEPHONE
CAMBRIDGE 55478

CAVENDISH LABORATORY
FREE SCHOOL LANE
CAMBRIDGE

Thymine   with   Adenine   Cytosine   with   Guanine

hydrogen bonds   Sugar   Sugar   Or   Sugar

While my diagram is crude, in fact these pairs form 2 very nice hydrogen bonds in which all of the angles are exactly right. This pairing is based on the effective existence of only one out of the two possible tautomeric forms - in all cases we prefer the keto form over the enol, and the amino over the imino. This is a definitely an assumption but Jerry Donohue and Bill Cochran tell us that, for all organic molecules so far examined, the keto and amino forms are present in preference to the enol and imino possibilities.

The model has been derived almost entirely from stereochemical considerations with the only x-ray consideration being the spacing between of the pair of bases 3.4Å which was originally found by Astbury. It tries to build itself with approximately 10 residues per turn in 34Å. The screw is right handed.

The x-ray pattern approximately agrees with the model, but since the photographs available to us are poor and ne... this agreement s... than proving its... College London wh... rather good pho... the crystalline...

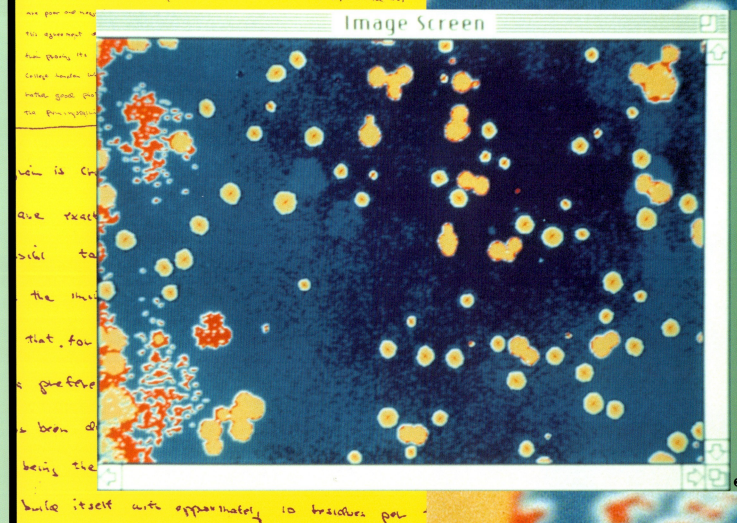

Image Screen

...ein is cr...
...are exact...
...sibel ta...
...the imi...
...that for...
...s prefere...
...s been d...
...being the...

build itself with approximately 10 residues per ...

pattern approximately agrees with the model but si...

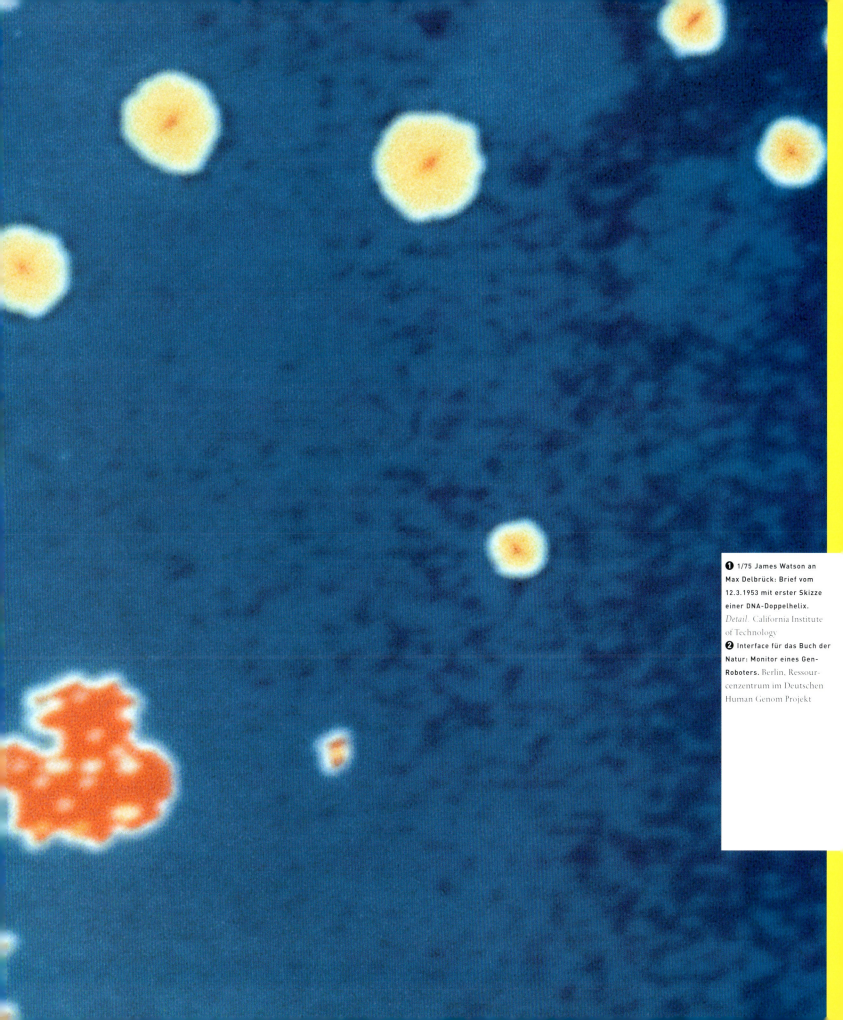

❶ 1/75 James Watson an
Max Delbrück: Brief vom
12.3.1953 mit erster Skizze
einer DNA-Doppelhelix.
Detail. California Institute
of Technology
❷ Interface für das Buch der
Natur: Monitor eines Gen-
Roboters. Berlin, Ressourcenzentrum im Deutschen
Human Genom Projekt

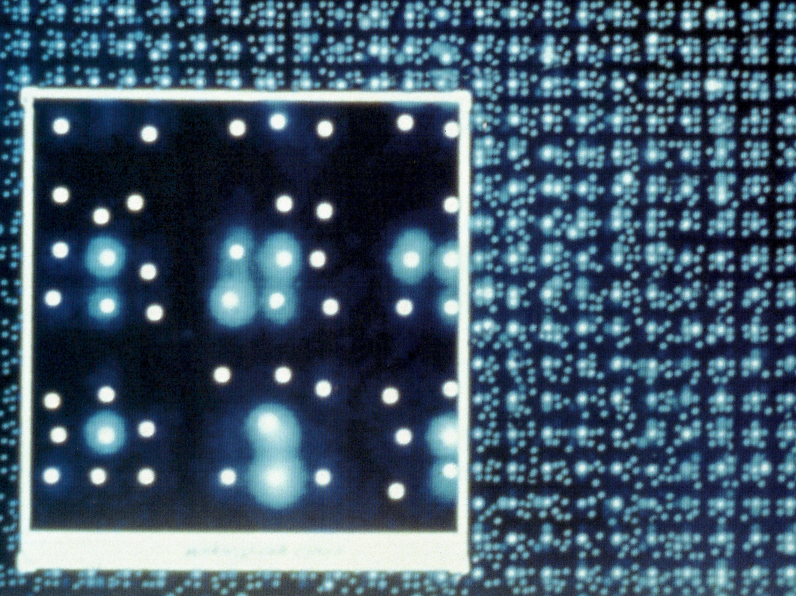

❶ Monitore im Genlabor:
*Bildschirm eines Spotting-
Robot.* Berlin, Ressourcenzentrum im Deutschen
Human Genom Projekt
❷ 1/75 James Watson
an Max Delbrück: Brief vom
12.3.1953 mit erster Skizze
einer DNA-Doppelhelix.
Detail. California Institute
of Technology

»DIE MODERNE GESELLSCHAFT IST VON DER WISSENSCHAFT DURCHWOBEN; SIE LEBT VON DEREN PRODUKTEN UND IST DAVON SO ABHÄNGIG GEWORDEN WIE EIN SÜCHTIGER VON DER DROGE.«

Jacques Monod: Zufall und Notwendigkeit. Philosophische Fragen der modernen Biologie

02_ code des lebens)

02_1) roboter entschlüsseln

den code des lebens——HANS LEHRACH

Die Entzifferung der verschlüsselten Information lebender Zellen sowie deren Nutzbarmachung ist eine große Herausforderung der gegenwärtigen biologischen und medizinischen Forschung. Dabei sind Roboter von entscheidender Bedeutung. Und dies hat einen systematischen Grund. —— Jede Zelle eines lebenden Organismus enthält die genetische Erbinformation in Form der DNA (Desoxyribonucleinsäure) gespeichert, die beim Ablesen zunächst in RNA (Ribonucleinsäure) umgeschrieben und dann in Eiweißstoffe übersetzt wird. James D. Watson und Francis H. C. Crick haben die Struktur der DNA-Doppelhelix als erste entdeckt und bereits 1953 veröffentlicht. Damit war die Schwelle zu einer rasanten Entwicklung überschritten. Wir wissen seitdem: Der genetische Bauplan besteht aus einer »Strickleiter«-ähnlichen Doppelhelix, die vier verschiedene Bausteine enthält, so genannte Nucleotide. Diese bestehen wiederum aus drei Teilen: einer Base, einem Zucker und einem Phosphorsäurerest. Über den Phosphorsäurerest und den Zucker sind die einzelnen Nucleotide miteinander verbunden und bilden das sogenannte »Phosphat-Rückgrat«. Der Zuckerrest, an den auch die Basen gebunden sind, heißt bei der RNA die Ribose,

Der Biologiesaal der Zukunft: Roboter arbeiten am Code des Lebens. Berlin, Ressourcenzentrum im Deutschen Human Genom Projekt

bei der DNA die Desoxyribose. Als Basen kommen in der DNA Adenin (A), Cytosin (C), Guanin (G) und Thymin (T) vor. Eine Basenpaarung kann normalerweise nur zwischen den genetischen Buchstaben G und C sowie zwischen A und T stattfinden. ——— Die präzise Reihenfolge dieser Buchstaben reguliert jeden Aspekt des Lebenszyklus eines Organismus, von der Befruchtung bis zum Tod. Es ist der Text des Lebens, das aufgeschlagene Buch der Natur. Die Entschlüsselung dieser Information von den als »Informationsspeicher« agierenden Makromolekülen wie DNA und RNA ist in den letzten 20 Jahren aus dem Stadium eines anspruchsvollen Laborversuches in einen vollautomatisierten Routineprozess übergegangen. Hier kommen die Roboter ins Spiel. ——— In den heute etablierten Verfahren wird die DNA aus den verschiedenen Organismen isoliert und in kleine Stücke geschreddert, da beispielsweise die Gesamtinformation des humanen Genoms mit 3,5 Milliarden Buchstaben nicht an einem Stück ausgelesen werden kann. Für eine nachfolgende Analyse ist eine einzelne Kopie dieser kleingehackten Teile zu wenig, und so werden diese Stückchen millionenfach kopiert, um sie in eine maschinenlesbare Form zu bringen. Dies geschieht durch das Einschleusen der kleinen Stücke in Bakterien, die durch ihre rasante Vermehrung als hocheffiziente lebende Kopierwerke arbeiten. Damit sind wir am Übergang zur Informationstechnik. Von nun an lesen Maschinen im Buch der Natur. ——— Dies geschieht folgendermaßen: Die kopierte DNA wird entnommen und in Reih und Glied gebracht, um ihre Sequenz ablesen zu können. Zu dieser Sequenzierung markiert man das Material mit vier für die einzelnen Buchstaben C, G, A, T typischen Farbstoffen, die bei der Einstrahlung eines Lasers zu leuchten anfangen, so dass sie sichtbar werden. Die so vorbereiteten Lösungen werden in kleine Glasröhrchen oder Kapillaren eingebracht, an denen eine elektrische Spannung anliegt. Weil DNA elektrisch negativ geladen ist, wird sie durch die Kapillare hindurch zu einer positiven Elektrode gezogen. Dabei wandern die farbstoffmarkierten DNA-Stücke an einem Laserstrahl vorbei, leuchten auf und werden so von einer Kamera detektiert. Das Zusammensetzen der Information aus den vielen Einzelstückchen zu einem großen Stück geschieht durch die Identifizierung überlappender Enden und deren Aneinanderreihung mit Hilfe von Hochleistungscomputern. Auf andere Weise wäre dieses gigantische Puzzle gar nicht zu bewerkstelligen. Das ultimative Ziel hierbei ist Rückkombination der einzelnen Fragmente zu einer kompletten genomischen Sequenz. ——— Die in den Experimenten gewonnene DNA-Sequenz stellt aus molekulargenetischer Sicht die Basis für alle weiteren Untersuchungen dar und erfasst lediglich den ersten Level genetischer Variabilität. Derzeit sind bereits über 20 Mikroorganismen und die Fruchtfliege Drosophila Melanogaster vollständig sequenziert, also auf Basis des genetischen Codes, Buchstabe für Buchstabe, entschlüsselt. Das humane Genom wird bis zum Jahr 2003 entschlüsselt sein und gegenwärtig gibt es Millionen sequenzierter DNA-Abschnitte (http://www.ncbi.nlm.nih.gov/UniGene/Hs.stats.shtml) mit größtenteils unbekannter Funktion. Bereits jetzt ist es eine große Herausforderung zu klären, wie diese Sequenzabschnitte reguliert werden und in welchem Zusammenhang sie mit allen anderen, an komplexen biologischen Vorgängen beteiligten Biomolekülen stehen. Aus diesem Grund bilden die in einem DNA-Sequenzierungsprozess gewonnenen Daten die Grundlage des Verständnisses über alle möglichen Interaktionen von DNA, RNA und Proteinen untereinander. _____ Wie die einzelnen Gene auf dem DNA-Doppelstrang reguliert oder exprimiert werden, ist durch mindestens drei Faktoren bedingt. Der erste Faktor ist der Ort der Expression (Organ, Gewebe, Zelltyp). Der zweite Faktor ist der Zeitpunkt der Expression (Entwicklungsstadium, Zelldifferenzierung, Zellzyklus), während der dritte Faktor den Einfluss äußerer Signale wie Hitzeschock oder hormonelle Stimulation darstellt. Die Expression eines Genes ist ein komplexer und nur partiell für einige wenige Gene verstandener Vorgang, an dem viele regulatorische Elemente von unbekannter Natur mitwirken. _____ Der fortschreitende Prozess in der Vollsequenzierung von Genomen ist die Ausgangsvoraussetzung für die Erstellung von DNA-Chips, die eine genomweite Analyse verschiedener Interaktionen erlauben. Für die Herstellung von DNA-Chips werden DNA-Ködersequenzen durch Nadel- oder Tintenstrahldrucktechnik matrixartig auf einer planen Oberfläche aufgebracht. Werden nun Populationen von farbstoffmarkierten Erbinformationsmolekülen in einer Lösung auf einen solchen Chip aufgebracht, fischen sich die Ködermoleküle ihre passenden Gegenstücke aus der Lösung heraus. Dadurch wird es möglich, einen bestimmten Zellzustand für eine Vielzahl von Genen genetisch exakt zu beschreiben. Genau wie in der Sequenzierung auch geschieht das Auslesen der DNA-Chips mit Lasern, die farbstoffmarkierte DNA-Stückchen sicher detektieren können. _____ DNA-Chips sind eine Schlüsseltechnologie in der modernen molekularen Biotechnologie. Sie gestatten einen tiefen Einblick in Prozesse wie Zellentwicklung, Wachstum und Differenzierung. Der ihnen eigene hohe Parallelisierungsgrad erlaubt Visualisierung und simultane Analyse von komplexen genetischen Veränderungen. Die einzelnen Chipelemente liefern unter genau definierten experimentellen Bedingungen genaue Aussagen über die verschieden starken Expressionen von Genpopulationen. Dabei kann auf dem genetischen Level klar erkannt werden, was einen gesunden Zellzustand von einer Tumorzelle unterscheidet. DNA-Chips sind in der Zukunft essentiell, um die zellulären Strategien zur biologisch sinnvollen Umsetzung der jeweiligen Erbinformation aufzuklären. Die Komplexität dieses Systems wird beim Betrachten der Vielzahl unterschiedlich differenzierter Zelltypen eines Organismus besonders deutlich. _____ Für die Erstellung dieser Dinge sind automatisierte Methoden in der Genomanalyse unerlässlich. Die roboterunterstützte Übertragung von Ködermolekülen auf Trägermaterialien in einem industriellen Maßstab ist ein notwendiges Requisit für die Herstellung und die Verwendung von DNA-Chips. Die Analyse der Experimente erfordert neue Instrumente und Techniken, um die entstehende Informationsflut richtig beurteilen zu können. Bereits jetzt ist ein genomorientiertes Labor in der Lage, an jedem Tag mindestens 10 Gigabyte an relevanten Daten zu erzeugen. Damit keine Arbeiten dupliziert werden, spielt das Ressourcenzentrum im Deutschen Humangenomprojekt eine weltweite Vorreiterrolle, da hier schon seit Jahren geordnete Klonbibliotheken in Form

1/81–82 Genroboter bei der Arbeit. Berlin - Ressourcenzentrum im Deutschen Human Genom Projekt

von Hybridisierungsfiltern und deren Primärdaten wie DNA-Sequenzen für die Forschergemeinschaft zum Selbstkostenpreis bereitgestellt werden. ▬▬ Eine ständig aktualisierte Liste der verfügbaren DNA-Sequenzen ist im Internet unter http://www.rzpd.de abrufbar. Auf der Internetseite http://www.rzpd.de/cgi-bin/db/getGene.pl.cgi findet sich beispielsweise schon jetzt eine komplette Auflistung der Sequenzen von 35 000 verschiedenen humanen Genen, die momentan über das Ressourcenzentrum zugänglich und erhältlich sind. Ziel ist es, in den nächsten zwei Jahren eine möglichst repräsentative Abdeckung der ca. 80 000 Gene des humanen Genoms zu erreichen und auch diese Daten den Benutzern über das Internet schnell und komfortabel zugänglich zu machen. ▬▬ Bereits jetzt, nach etwa zehn Jahren automatischer DNA-Sequenzierung, sind die Maschinen zur DNA-Analyse robust und einfach zu bedienen. Dies hat dazu geführt, dass neben dem humanen Genom auch die Genome von beispielsweise Maus, Ratte, Mais, Reis und dem Unkraut Ackerschmalwand entschlüsselt werden sollen. Dabei findet ein reger Wettbewerb zwischen der Industrie und der akademischen Forschung statt, wer als erster ein bestimmtes Genom mit der Hilfe von Sequenzierautomaten vollständig entschlüsselt hat. In den nächsten drei Jahren wird sich zeigen, welche dieser Forschungsgruppen zuerst im Ziel sind. ▬▬ Zusammenfassend lässt sich sagen, dass sich Robotertechniken in der Genomanalyse als unverzichtbare und notwendige Bestandteile zur Aufklärung von Zusammenhängen im orchestralen Zusammenspiel der Gene und deren Genprodukte erwiesen haben. Die Biowissenschaft der Zukunft wird eine Informationswissenschaft sein.

02_2) triumph

der genomforschung ▬▬ EVELYN FOX KELLER

Auf Grund der spektakulären Fortschritte der Molekulargenetik hat das *Human Genome Project* (HGP) Einblick in die genetischen Baupläne versprochen, die uns verraten, wer wir sind. In der Tat lässt sich kaum ein spannenderer Abschluss der Bemühungen dieses Jahrhunderts denken als die jüngste Ankündigung, dass ein vollständiger Entwurf der DNA-Sequenz des menschlichen Genoms in den nächsten Monaten zu erwarten sei. Wie James Watson es 1992 ausdrückte: *Mit der Doppelhelix beginnen und mit dem menschlichen Genom enden.* ▬▬ Als man Mitte der achtziger Jahre erstmals über ein solches *Human Genome Project* nachzudenken begann, reagierten viele mit Skepsis. Heute jedoch, angesichts der alle Erwartungen übertreffenden Fortschritte des Projekts, melden sich kaum noch Skeptiker zu Wort. So sind bislang die vollständigen Genom-Sequenzen von mehr als 25 Mikroorganismen ermittelt worden, darunter das des prominenten Darmbakteriums E. coli, das bereits seit der Anfangszeit der Molekularbiologie eine wichtige Rolle spielt. Auch die Genome komplizierterer Modellorganismen konnten mittlerweile entschlüsselt werden: Als erstes wurde die DNA-Sequenz von Hefe bekanntgegeben; im letzten Jahr folgte der erste höhere Organismus, der Fadenwurm *C. elegans,* und in Kürze dürfte die DNA-Sequenz der Fruchtfliege Drosophila vorliegen. Mit der Sequenz-Analyse des menschli-

1/73 Rosalind Franklin (1921-1958) trug entscheidend zur Entdeckung der DNA-Struktur bei. London, King's College Archives

chen Genoms selbst hat man zwar erst vor kurzem begonnen, doch die dabei erzielten Fortschritte sind atemberaubend. Weniger als 3 Prozent des menschlichen Genoms waren bis Ende 1997 sequenziert worden. Bis zum 30. November 1998 hatte sich diese Zahl auf 7,1 Prozent erhöht, bis zum 5. September 1999 auf 22 Prozent, und heute geht man davon aus, dass ein vollständiger Entwurf im Jahr 2000 zu erwarten ist. _____ Ich muss gestehen, dass ich anfangs zu den Kritikern des Projekts gehörte. Doch selbst mir fällt es schwer, mich der allgemeinen Begeisterung zu entziehen, und so bin auch ich bereit, die Erfolge des Projekts zu würdigen, wenngleich aus einer etwas ungewöhnlichen Perspektive. Was mich am meisten beeindruckt, ist weniger der Umstand, dass das Genom-Projekt unsere Erwartungen erfüllt, als vielmehr die Art und Weise, in der es unsere Erwartungen verändert. Besonders hervorheben möchte ich neben den überraschenden Auswirkungen, die die Erfolge des Projekts auf biologische Lehrmeinungen ausgeübt haben, die Schwierigkeiten, die diese Erfolge für die allgemein verbreitete Vorstellung eines genetischen Determinismus aufwerfen – besonders, wenn man die hohe Anziehungskraft bedenkt, die diese Vorstellung in der Öffentlichkeit genießt. Heute, im ausgehenden zwanzigsten Jahrhundert, lässt die Bedeutung, die den Genen in der allgemeinen wie auch der wissenschaftlichen Presse beigemessen wird, vermuten, dass die Genetik in der neuen Genomforschung ihren Höhepunkt erreicht hat. Gleichzeitig haben genau die Erfolge, die unsere Fantasie so nachhaltig beflügeln, das grundlegende Konzept des Gens selbst tiefgreifend verändert und es vielleicht sogar unwiderruflich unterhöhlt. _____ Es ist ein seltener und wunderbarer Augenblick, wenn Erfolg den Menschen Bescheidenheit lehrt, und genau einen solchen Zeitpunkt erleben wir heute am Ende des zwanzigsten Jahrhunderts. Es ist

**MEPHISTO: »WAS GIBT ES DENN?«
WAGNER: »ES WIRD EIN MENSCH GEMACHT«.
MEPHISTO: »EIN MENSCH? UND WELCH VERLIEBTES PAAR
HABT IHR INS RAUCHLOCH EINGESCHLOSSEN?«
WAGNER: »BEHÜTE GOTT! WIE SONST DAS ZEUGEN MODE WAR
ERKLÄREN WIR FÜR EITEL POSSEN.«**

Goethe: Faust II (Verse 6834ff.): Klonen auf eigenen Faust

durchaus möglich, dass sich von dem vielfältigen Nutzen, den wir der Genomforschung zu verdanken haben, ausgerechnet diese Bescheidenheit langfristig als der größte Gewinn erweisen wird. _____ Fast 50 Jahre lang wiegten wir uns in dem Glauben, dass mit der Entdeckung der molekularen Grundlage der genetischen Information der Schlüssel zum »Geheimnis des Lebens« gefunden worden sei. Zuversichtlich gingen wir davon aus, dass wir nur noch die Botschaft der DNA zu entschlüsseln bräuchten, um das »Programm« zu verstehen, das einen Organismus zu dem macht, was er ist; dass wir also in der Reihenfolge (Sequenz) der Nucleotide die Erklärung des Lebens finden würden. Und wir staunten darüber, wie einfach die Antwort zu sein schien. _____ Noch vor einem Jahrzehnt erwarteten viele Biologen, dass die Kenntnis der DNA-Sequenz von selbst Aufschluß über ihre biologische Bedeutung geben würde. Walter Gilbert formulierte 1992 die provokative Meinung: »Drei Milliarden Sequenzbasen können auf einer einzigen Compact Disc

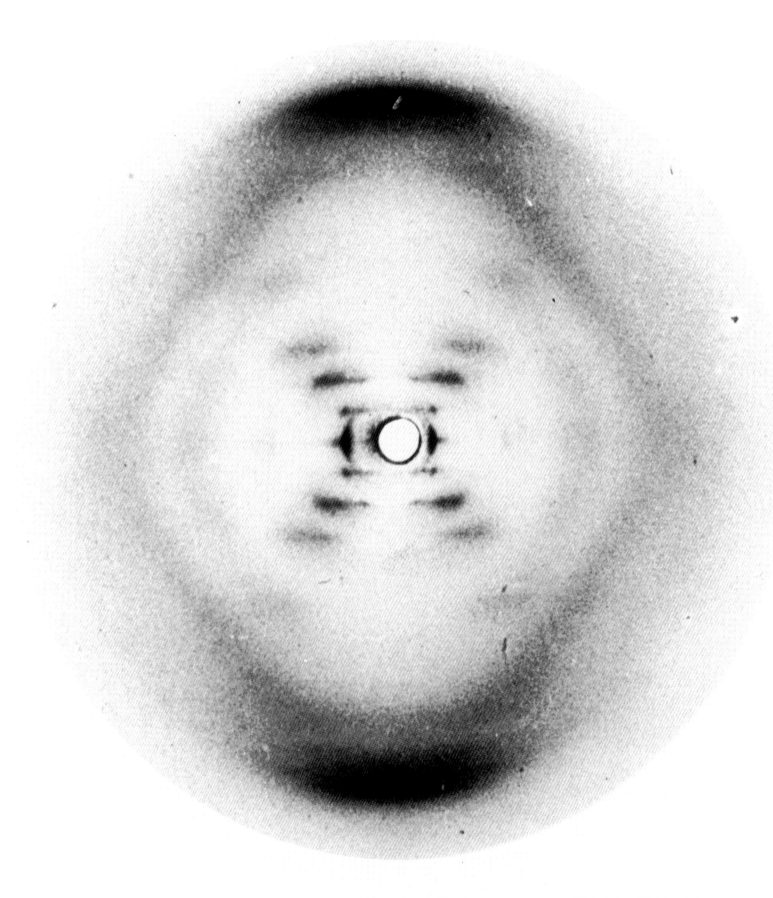

❶ 1/74 Rosalind Franklin: Röntgenaufnahme der kristallinen DNS in ihrer A-Form. London, King's College Archives ❷ 1/72 Rosalind Franklin: Röntgenbild kristallisierter DNS in ihrer B-Form, Ende 1952. *James Watson erkannte darin die Spiralstruktur: »In dem Augenblick, als ich das Bild sah, klappte mir der Unterkiefer herunter, und mein Puls flatterte«.* London, King's College Archives

gespeichert werden. Man wird also eines Tages eine CD aus der Tasche ziehen und sagen können, 'Dies ist ein menschliches Wesen; das bin ich'«. _____ Nun, da es gelungen ist, die Genome verschiedener niedriger Organismen vollständig zu sequenzieren, wird zunehmend der Ruf nach einer neuen Phase der Genomanalyse laut – eine Phase, die eher funktional als strukturell ausgerichtet ist. Dabei stellt die Kenntnis der DNA-Sequenz nicht das Endziel an sich, sondern nur ein Werkzeug dar; sie liefert das »Rohmaterial«, mit dessen Hilfe wir beginnen können, biologische Funktion und biologische Bedeutung zu erforschen. Die Forderung nach einer »funktionalen Genomforschung« lässt das zumindest stillschweigende Eingeständnis erkennen, dass zwischen genetischer »Information« und biologischer Bedeutung eine Lücke klafft. Natürlich hatte man dies längst geahnt, und nicht selten waren Stimmen laut geworden, die uns zur Vorsicht mahnten. Doch erst heute sind wir in der Lage, diese Kluft in ihrer ganzen Weite zu ermessen, ja sogar ihre Tiefe auszuloten. Heute staunen wir also nicht über die Einfachheit der »Geheimnisse« des Lebens, sondern vielmehr über ihre Komplexität. Man könnte sagen, dass die strukturelle Genomforschung das nötige Werkzeug geliefert hat, um uns mit unserem eigenen Hochmut auseinanderzusetzen und uns die Grenzen der Zukunftsvision vor Augen zu führen, mit der wir einst begannen. →**die bedeutung genetischer stabilität** Lange bevor man wusste, was ein Gen eigentlich ist, wurde die Existenz eines solchen Gebildes vermutet, um die bemerkenswerte Zuverlässigkeit zu erklären, mit der einzelne Merkmale von Generation zu Generation unverändert weitergegeben werden können. Doch erst durch Watson/Cricks dramatische Entdeckung der DNA-Struktur und durch die rasch folgende Anerkennung der DNA als der Erbsubstanz zeichnete sich eine außergewöhnlich einfache Erklärung der genetischen Stabilität ab: Die paarweise Bindung komplementärer Basen leistete alles, was zur Bewahrung der Erbinformation erforderlich war. _____ Die Wissenschaftsgeschichte ist jedoch reich an ironischen Wen-

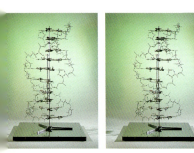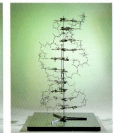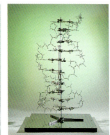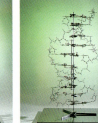

dungen, und auch die Entwicklung in der Folge der großen Entdeckung von Watson und Crick bildet hierin keine Ausnahme. Gewiß wird die DNA in lebenden Zellen mit einer Genauigkeit kopiert, die ans Wunderbare grenzt, doch entgegen der Erwartung liegt diese hohe Wiedergabegenauigkeit nach neuesten Erkenntnissen nicht in der DNA-Struktur begründet. Vielmehr ist die DNA, wenn sie sich selbst überlassen bleibt, überhaupt nicht in der Lage, sich zu kopieren. Ohne die für diesen Vorgang erforderlichen Enzyme kann die DNA-Replikation nicht stattfinden, und ohne ein kompliziertes Prüf- und Korrektursystem würden sich so viele Fehler einschleichen, dass die beobachtete Stabilität von Vererbungs- und Entwicklungsphänomenen nicht zu erklären wäre. _____ Die ersten Hinweise darauf, dass es in den Zellen Prozesse gab, die bei der Erhaltung genetischer Stabilität eine Rolle spielen, zeigten sich zwar schon Anfang der sechziger Jahre, doch angesichts der langjährigen, tiefverwurzelten Überzeugung, genetische Stabilität sei eine dem Gen innewohnende Eigenschaft, dauerte es sehr lange, bis man die Bedeutung dieser Ergebnisse erkannte. Mit dem im vergangenen Jahrzehnt entwickelten Handwerkszeug hat die Gentechnik jedoch einen explosionsartigen Aufschwung erlebt, und das heutige Wissen um die komplexen Mechanismen beim »Korrekturlesen«, »Redigieren« und »Reparieren« schadhafter oder falsch kopierter DNA ist wahrhaft verblüffend. Genetische Stabilität folgt nicht aus der Struktur des Gens, sondern ist vielmehr das Ergebnis eines wohlgeordneten dynamischen Prozesses, der auf dem Zusammenwirken einer Vielzahl von Enzymen beruht, die zu komplexen Stoffwechselwegen zusammengefasst sind und sowohl die Stabilität der DNA als auch die Genauigkeit ihrer Replikation steuern und gewährleisten. Darüber hinaus kennen wir mittlerweile noch andere Enzyme, die die Vorgänge der Transkription und Translation, ja sogar die Proteinstruktur selbst auf Fehler überprüfen und auf diese Weise für ein Maß an Stabilität der biologischen Organisation sorgen, das das der rein genetischen Stabilität weit übertrifft.——Die Bedeutung dieser Ergebnisse muss noch im einzelnen erforscht werden, doch so viel steht schon heute fest: Für die Stabilität biologischer Merkmale über Generationen hinweg ist nicht die molekulare Struktur der Gene verantwortlich, sondern die Mechanismen, die ihrerseits die Stabilität der Genstruktur garantieren. Diese Mechanismen sind dynamischer und nicht statischer Natur, so dass eine Erklärung ihrer Funktionsweise in den komplexen Systemen der Zelldynamik zu suchen ist, die gleichzeitig ein Produkt der genetischen Information sind und sie gewährleisten. Natürlich ist die Stabilität dieser Information eine unumgängliche Voraussetzung für die natürliche Auslese, aber auch das ihr zu Grunde liegende System biologischer Organisation ist eine Leistung der Evolution. Heute scheint es sogar, dass sich dieses System schon ausgeprägt haben muss, bevor die natürliche Auslese überhaupt daran gehen konnte, ihr Wunderwerk zu vollbringen. **➤die bedeutung der genfunktion** Welche Beziehung besteht zwischen der Struktur eines Gens und seiner Funktion? Ein Großteil der gegenwärtigen Forschung widmet

1/76 Modell der Doppelhelix, wie Watson und Crick es 1953 bastelten.
Nachbau 1998. London, Science Museum

sich dieser Frage, und die unerwarteten und beunruhigenden Ergebnisse werfen ebenso viele Fragen auf, wie sie beantworten. Ja, wir sehen uns sogar gezwungen, zu der elementarsten aller Fragen zurückzukehren: »Was ist ein Gen«?—— Es braucht wohl nicht erwähnt zu werden, dass sich die Sachlage inzwischen etwas komplizierter darstellt als zu Zeiten der Prägung des Begriffs »Gen«. Durch die überwältigenden Erfolge, die bei der Identifizierung, Kartierung und Sequenzierung bestimmter Gene erzielt wurden, haben wir eine Fülle von Erkenntnissen über die Struktur und Funktion der Erbsubstanz gewonnen, die nicht mehr in das ursprüngliche Bild passen und die sogar die Vorstellung vom »Gen« als einer strukturellen oder funktionalen Einheit zu erschüttern drohen. So hat man mit Techniken und Daten aus der Sequenzanalyse neben repetitiven Genen, gestückelten Genen, überlappenden Genen und kryptischer DNA solche Phänomene wie Anti-Sinn-Transkription, Transposition und multiple Promotoren gefunden, welche die DNA-Transkription an verschiedenen Stellen und unter verschiedenen Bedingungen auslösen können. All diese Entdeckungen erschweren die Aufgabe, das Gen als eine strukturelle Einheit zu definieren, erheblich. _____ In der Vergangenheit wurde die Identität von Genstruktur und Genfunktion stets als gegeben angenommen. Die moderne Forschung hat diese Annahme jedoch offensichtlich ins Wanken gebracht. Wir haben herausgefunden, dass die Funktion eines Gens nicht nur von seinem Platz in der DNA-Sequenz abhängt, sondern ebenso von seinen Nachbargenen, von der Chromosomenstruktur, in die es eingebettet ist (und die ihrerseits entwicklungsbedingten Regulationsmechanismen unterworfen ist) sowie von den spezifischen entwicklungsabhängigen Bedingungen im Cytoplasma und im Zellkern. →was ist ein »genetisches programm«? Die folgende Überlegung befasst sich ebenfalls mit der Frage der Funktion, doch ist in diesem Fall die Funktion des Genoms insgesamt gemeint und nicht die Funk-

> **»DASS EIN EINZELNES ATOM ODER MEINETWEGEN EIN PAAR ATOME EINEN WAHRNEHMBAREN EINDRUCK AUF UNSERE SINNESORGANE MACHEN KÖNNTEN – DU LIEBER HIMMEL, WIE SÄHE DAS LEBEN DANN AUS!«**
> Erwin Schrödinger: Was ist Leben?

tion einzelner Gene. Mit anderen Worten, hier geht es weniger um die Herstellung eines Enzyms als vielmehr um die Erzeugung eines ganzen Organismus. Denn selbst wenn wir die einfache Gleichung »ein Gen erzeugt ein Protein« aufrechterhalten könnten, erhebt sich dennoch die Frage: Wie kann aus einer reinen Anhäufung verschiedener Proteine ein Organismus entstehen? _____ In den 60er Jahren führten Jacob und Monod eine neue Metapher zur Beschreibung biologischer Entwicklung ein, eine Metapher, die dem früheren Begriff der »Genaktivität« weit überlegen war und die sich bald als das beherrschende Paradigma zur Erklärung biologischer Entwicklung durchsetzte: die Metapher des »genetischen Progamms«. Ohne den Begriff präzise zu definieren, verwies Jacob darauf, dass das »Programm« ein den elektronischen Rechenmaschinen entliehenes Modell sei: »Es stellt das genetische Material in einem Ei dem magnetischen Band eines Computers gleich«. _____ Wieder einmal ist seit jenen Jahren eine Menge geschehen, nicht nur in der Molekularbiologie, sondern auch in der Computerwissenschaft. Obwohl wir noch immer von »Programmen« sprechen, hat sich die Bedeutung dieses Begriffs tiefgreifend gewandelt – sowohl in der Biologie als auch in der Computerwissenschaft. So stellt man sich heute in beiden Disziplinen unter »Programmen« vielschichtige und verteilte Gebilde vor. Zwar ist der Informationsgehalt der DNA zweifellos von wesentlicher Bedeutung – ohne ihn könnte sich Entwicklung, ja Leben selbst, nicht vollziehen. Die moderne Forschung zwingt uns jedoch dazu, unsere Vorstellung vom Entwicklungsprogramm als einem »im Alphabet der Nucleotiden« codierten Satz von »Vorschriften« dahingehend zu modifizieren, dass diese Vorschriften überall im befruchteten Ei vorliegen. Wenn wir heute fragen wollten, woraus das Programm besteht und wo es angesiedelt ist, müssten wir antworten, dass es aus dem komplexen Wechselspiel zwischen den Strukturen des Genoms und dem ausgedehnten Netzwerk zellulärer Mechanismen besteht, in die es eingebettet ist. _____ Wenn wir also die Computer-Metapher beibehalten möchten, könnten wir das befruchtete Ei als einen vielschichtigen Rechner mit extrem parallelisierter

Rechenleistung beschreiben, in dem sowohl die »Programme« (oder Netzwerke) als auch die Daten in der gesamten Zelle angelegt sind. Die Rolle von »Daten« und »Programmen« ist hier relativ zu sehen, denn die Ausgabedaten eines »Programms« sind häufig die Eingabedaten für ein anderes, dessen Ausgabedaten wiederum als Eingabe für ein anderes Programm oder sogar für jenes Ur-Programm dienen können, das die ursprünglichen Ausgangsdaten zur Verfügung stellte. In manchen Stadien der Entwicklung kann man sich vorstellen, dass die DNA »Programme« oder Schalter codiert, welche die von den Gradienten der Transkriptionsfaktoren bereitgestellten Informationen verarbeiten. Alternativ könnte man auch sagen, dass die DNA-Sequenzen als Eingabedaten für die Mechanismen der Transkriptionsaktivierung dienen (von denen manche direkt aus dem Cytoplasma des Eis stammen). In späteren Stadien der Entwicklung werden die Produkte der Transkription als Eingabedaten für Spleiß- und Translationsmaschinen etc. benutzt. Die Produkte dieser Prozesse wiederum erzeugen genau die Mechanismen oder Programme, die nötig sind, um die Daten überhaupt erst verarbeiten zu können. →**schlussfolgerung** Spektakuläre neue Werkzeuge, die durch die Fortschritte der molekularen Genetik und der Genomforschung ermöglicht wurden, haben dazu beigetragen, viele der wesentlichen Annahmen zu unterhöhlen, auf denen diese Forschungsbemühungen ursprünglich basierten. Die jüngst laut gewordenen Rufe nach einer »funktionalen Genomforschung« zeigen, dass man sich mittlerweile der Grenzen bewusst geworden ist, die den extremeren Formen des früher herrschenden Reduktionismus innewohnen. Meiner Ansicht nach können wir heute beginnen darüber nachzudenken, welche Richtung die biologische Forschung in der »post-genomischen« Ära einschlagen soll. Natürlich werden die Biologen nicht schlagartig aufhören, über Gene zu reden. Die »kleine Welt«, die der dänische Botaniker Wilhelm Johannsen zu Beginn dieses Jahrhunderts mit dem Begriff des Gens einführte, ist viel zu tief in unserer Vorstellung verwurzelt, als dass sie einfach verschwinden könnte. Trotzdem zeichnet es sich ab, dass das Gen nicht länger das vorherrschende Konzept zur Erklärung biologischer Struktur und Funktion darstellt.
Übersetzung von Doris Gerstner

02_3)die patentierte zukunft

der natur—— BENEDIKT HAERLIN

Wer die älteste und größte amerikanische Privat-Detektei Pinkerton bisher nur als Schießgesellschaft aus Western und Gangsterfilmen kannte, wird sich fragen, was Pinkertons real existierende Detektive heutzutage wohl in Mais- und Sojafeldern des mittleren Westens suchen. Die Antwort lautet: Geistiges Eigentum. Geheuert wurden die unauffälligen Herren von der Gentechnik-Firma »Monsanto« und ihr Auftrag besteht darin, heimliche Anpflanzungen von patentgeschütztem Saatgut der Firma aufzuspüren. —— Beim Verkauf ihres Saatgutes lässt sich Monsanto von den Farmern ein »technology license agreement« unterschreiben, das bei Strafe jeden Wiederanbau der Bohnen, die gegen Monsantos Totalherbizid »Roundup« resistent sind, aus selbst gewonnenem Saatgut untersagt. Denn die Monsanto-Bohnen und -Maiskörner sind patentiert. Nicht allein das Verfahren zu ihrer ursprünglichen genetischen Manipulation und Herstellung, sondern auch sämtliche Nachkommen sind nach amerikanischem Patentrecht geistiges Eigentum der Firma. Um Bauern, die an derartige Praktiken noch nicht gewöhnt sind, klar zu machen, wie ernst sie es meint, behauptet die Firma sogar, sie sei in der Lage, per Satelliten-Aufklärung illegale Sojafelder aufzuspüren. Ertappte Pflanzer werden per Anzeige im örtlichen Radiosender an den Pranger gestellt, eine Monsanto-Hotline lädt dazu ein, Nachbarn zu denunzieren. Exempel werden statuiert: Einige Farmer wurden exemplarisch vor Gericht gebracht, die meisten der über 600 Fälle wurden außergerichtlich geregelt, gegen Zahlung von 10 000 bis 40 000 Dollar und eine Unterwerfungserklärung, die Monsanto jederzeit das Recht gibt, die Felder seiner Opfer zu inspizieren. ____ In dem kanadischen Örtchen Bruno, Saskatchewan, kamen die Detektive allerdings an den Falschen: Als sie den 68-jährigen Bürgermeister und Raps-Bauern, Percy Schmeiser, wegen illegaler Nutzung von Monsantos Roundup-ready-Raps verklagten, klagte der zurück: Die Samen seien vermutlich vom Winde auf seine Felder verweht, keinesfalls aber von ihm dort ausgesät worden. Die Firma habe mit ihrem geistigen Eigentum seine gentechnik-freie Raps-Ernte versaut, seinen Ruf geschädigt und zudem illegal sein Land betreten. Schmeiser verlangt von Monsanto nun zehn Millionen kanadische Dollar und ist zu einem modernen Volkshelden avanciert. Ein »Terror-Regime«, sagt er, werde da von Monsanto über die Farmer gebracht: »Sie säen Misstrauen, bedrohen und belästigen die Farmer, sie vergiften unsere Nachbarschaft.« Monsanto verfolge ihn in Wirklichkeit wohl deshalb, weil er nach wie vor sein eigenes Saatgut verwende. Der Monsanto-Raps gilt in verschiedenen Gegenden Kanadas übrigens mittlerweile als ein lästiges Unkraut, dem mit Roundup nicht mehr beizukommen ist. ____ Dass geistiges Eigentum ein flüchtiges Gut ist, illustrieren diese ersten Gehversuche einer ländlichen brave new world auf ihre Art. Dahinter steht eine der großen Herausforderungen an die Entwicklung von Wissenschaft und Technik in den kommenden Jahrzehnten, nicht nur (aber ganz besonders) auf dem Gebiet der Molekularbiologie. Denn was Monsanto hier auf nordamerikanischen Feldern durchzusetzen versucht, ist nicht nur eine neue Form der totalen Kontrolle von Ackerbau und Viehzucht, sondern von Wissen und Wissenschaft an sich. Es geht dabei um Milliarden, um die Vorherrschaft in den wichtigsten Wachstumsbereichen der Weltwirtschaft, Life Sciences und Computertechnologie, und es geht um die Zukunft und Freiheit der Wissenschaft. ____ Ein globales Wettrennen um die Grundlagen der Gen- und Biotechnologie, die genetischen Informationen von Lebewesen, die allgemein als der »Rohstoff« des Bio-Zeitalters gelten, ist ausgebrochen, seit im Sommer 1980 neun Richter des Supreme Court of the United States in einer äußerst knappen Entscheidung (5:4!) verkündeten, »alles unter der Sonne, das von Menschenhand gemacht wurde«, sei grundsätzlich patentierbar und einem Herrn Chakrabaty von der Firma General Electric das Patent auf eine Mikrobe zusprach, die gentechnisch so verändert worden war, dass sie Ölteppiche aufzulösen vermochte. Sie kam übrigens nie zum Einsatz, unter anderem aus Sorge, sie könne sich auch über die Ölfelder selbst hermachen. ____ Wenig später wurden erstmals Patente auf einzelne, künstlich isolierte DNA-Sequenzen, denen eine bestimmte Funktion zugeschrieben werden kann, erteilt, danach auf höhere Pflanzen und Tiere sowie menschliche Gensequenzen. Der Damm war gebrochen und die Übertragung des industriellen Patentrechtes auf alles »lebende Material«, wie es im Patentjargon heißt, scheint unaufhaltsam. Im Rahmen der World Trade Organisation WTO bemühen sich die USA, ihre neuen geistigen Eigentumsvorstellungen in einem Abkommen über »trade related intellectual property rights« (TRIPS) weltweit zum einklagbaren Standard zu erheben. _____ Ein Patent ist, kurz gesagt, das exklusive, meist auf zwanzig Jahre begrenzte, Eigentumsrecht seines Inhabers, an der kommerziellen Verwertung seiner Erfindung. Dafür muss er seine Erfindung in einer Weise beschreiben, die ihren Nachbau ermöglicht, und nachweisen, dass diese Erfindung neu, nicht offensichtlich und von wirtschaftlichem Nutzen ist. Schließlich muss es sich um einen kreativen menschlichen Akt handeln, eine *Erfindung* also, und nicht um die reine Entdeckung, etwa eines Naturgesetzes, einer neuen Tierart, eines chemischen Elements oder eines logischen Zusammenhangs. Historisch ist das Patentwesen eng verbunden mit der Entwicklung der Mechanisierung, des Maschinenbaus und der chemischen Industrie. Patentierbar sind sowohl bestimmte Verfahren, als auch deren unmittelbare Produkte. _____ Lebende Kreaturen begreift das Patentrecht der USA und zunehmend auch Europas als komplizierte Mechanismen, die von einer Art Schaltplan, der DNA, gesteuert werden. »Menschenhand« war freilich an der Entwicklung dieser

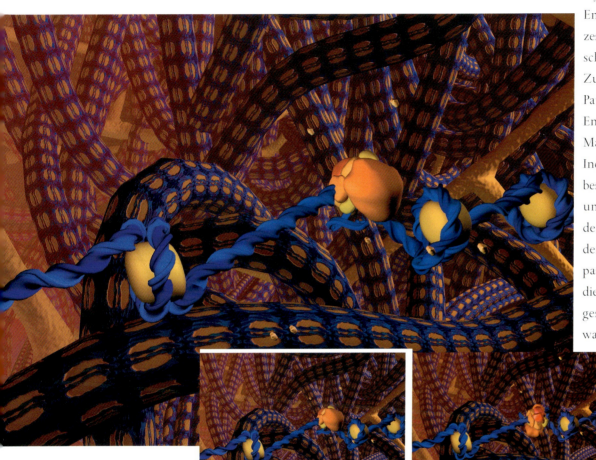

1/180 Aus dem 3D-Film »Voyage inside the cell«. Digital Studio-Paris

Mechanismen im Laufe der vergangenen drei Milliarden Jahre nachweislich nicht beteiligt. Erst durch die Kunst der Züchtung haben Menschen darauf in den vergangenen Jahrtausenden einen gewissen Einfluss genommen. Die Ergebnisse wurden ohne weitere Gebühren von Generation zu Generation weitergegeben. Erst mit der Entwicklung der kommerziellen Züchtung entwickelte sich im Laufe des 20. Jahrhunderts auch ein vom Patentrecht verschiedenes Züchtungsrecht, das den Urhebern einer neuen Sorte gewisse Rechte am Verkauf dieses Saatgutes gab. _____ Im Bereich der Medizin dagegen galt der Grundsatz, dass Heilmethoden nicht patentierbar, sondern öffentlich zugänglich und jederzeit anwendbar sein sollten. Je enger freilich die Heilmethoden mit dem Einsatz bestimmter, patentierbarer Substanzen und Apparate verbunden sind, desto nachhaltiger hat sich auch hier das Patentrecht etabliert. Viele Medikamente und Impfstoffe erreichen heute deshalb nicht die Menschen, deren Leben sie retten könnten, weil Lizenzgebühren sie zu unerschwinglichen Luxusgütern machen. _____ Keine Frage, dass chemische

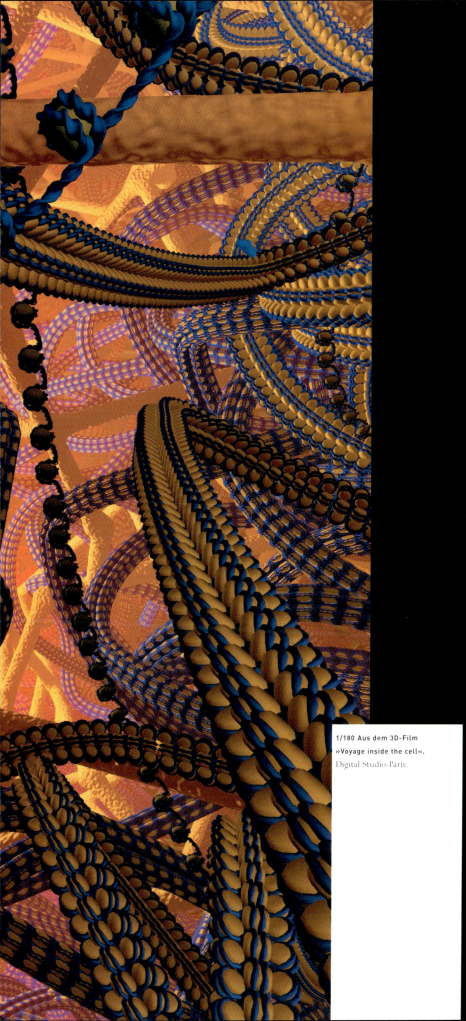

1/180 Aus dem 3D-Film
»Voyage inside the cell«.
Digital Studio-Paris

Rezepturen und technische Geräte den klassischen Anforderungen eines Patents genügen. Aber Gene? Bestenfalls wurden sie und ihre Eigenschaften von Molekularbiologen entdeckt. Die berühmte Entschlüsselung des genetischen Codes durch Watson und Crick 1953 setzt ja notwendig voraus, dass dieser Code ganz ohne menschliches Zutun bereits vorhanden ist und funktioniert. Die meisten bisher zur Patentierung angemeldeten Gene wurden allerdings nicht einmal im eigentlichen Sinne »entdeckt«, sondern lediglich sequenziert, das heißt ihr Code wurde erfasst und sie wurden mit klassischen Methoden der Gentechnik isoliert und reproduziert. Über die Funktion dieser Gensequenzen, patentrechtlich gesprochen ihren Nutzen, können ihre Patentanmelder nur in einigen Fällen präzise Angaben machen. Ersetzt wird dies in den Patentschriften oft durch vage Vermutungen und weitestgehende Formulierungen. Doch auch da, wo über die Wirkungsweise eines Gens genauere Angaben gemacht werden können, wurde dieser Nutzen keineswegs erfunden. Nur die Tatsache, dass dieser Nutzen bereits vorhanden ist, erlaubte ja seine Entdeckung. _____ Dennoch meldete allein die Firma Celera des Humangenom-Forschers Craig Venter im zweiten Halbjahr 1999 nicht weniger als 6500 Patentanträge auf menschliche Gensequenzen ein. Die Sequenzen wurden buchstäblich aus dem Drucker gerissen und an das Patentamt weitergeleitet. Hunderte von anderen Firmen verfolgen derzeit die gleiche Strategie, jede Gensequenz, deren Code aus Adenin und Thymidin und Guanin und Cytostin erfasst wurde, sofort zu ihrem »geistigen Eigentum« zu erklären. Eine Goldgräberstimmung ist ausgebrochen, in der alle Beteiligten versuchen, möglichst große Claims für die eigenen genetischen Schürfungen abzustecken und zu verteidigen. Die schiere Beschreibung des »Neulandes« begründet dabei den Besitzanspruch. _____ Das erinnert fatal an die mittelalterliche Rechtsauffassung kolonialer Conquistadoren, die jegliches Land, das nicht von Christen bewohnt war, durch dessen schieres Betreten zum Eigentum ihrer allerkatholischsten Majestäten und Königshäuser erklärten - und all ihre Bewohner zugleich zu deren Untertanen. Und tatsächlich regt sich der massivste Widerstand gegen den »genetischen Neo-Kolonialismus« auch in Südostasien, Südamerika und Afrika. Nicht zu Unrecht befürchten die Regierungen vor allem jener Regionen, die reich an genetischer Vielfalt sind, dass ihnen dieser Reichtum auf dem Umweg durch die Hochleistungs-Gensequenziermaschinen der Industrieländer und deren Vorstellung von »Geistigem Eigentum« gestohlen werden soll. Sie bezeichnen die nach genetischen Neuigkeiten ausschwärmenden Jäger und Sammler multinationaler Pharma- und Agrarunternehmen, aber auch Universitäten, schlicht als »Bio-Piraten«. Freilich beginnen sie dabei selbst, diese Vielfalt als eine Art Handelsgut zu betrachten, an dessen Profitlichkeit sie nur ihren »gerechten« Anteil fordern. An den Bauern, die das in Frage stehende Saatgut über Generationen entwickelt haben oder den Medizinmänner und Schamanen, die den medizinischen Nutzen bestimmter Pflanzen und Tiere seit jeher kennen und nutzen, geht dieser Goldrausch weitestgehend vorbei. Traditionelle und moderne Glasperlen sind nach wie vor das Trinkgeld, mit dem sich die Bio-Prospektoren deren Kooperation erkaufen, solange sie diese benötigen. Ein ganz besonderes Kapitel in diesem Zusammenhang ist dabei das »Human Genome Diversity Project«, bei dem es um die Gene seltener, oft vom Aussterben bedrohter Volksgruppen geht, denen smarte Pharma-Forscher zuvor für ihre Genbanken noch ein wenig Blut abzapfen. _____ Wie auch immer die Verteilung der meist noch lange nicht erlegten Beute ausfällt, der Effekt ist der nämliche: Eine bis zu diesem Zivilisationsschritt der Menschheit gänzlich freie

Ressource, der Code des Lebens, die Vielfalt der natürlichen Welt, wird zum handelbaren Gut und privaten Eigentum. _____ Eine ebenso absurde wie bedrohliche Perspektive, die beginnt ihre Spuren zu hinterlassen. Da streiten sich Unternehmen in Mammutprozessen um gentechnische Urheberrechte, deren Wert in dreistelligen Millionenbeträgen gehandelt wird. Für kleine und mittlere Unternehmen und Gründer sind solche Prozesse, die sich meist über Jahre hinziehen, ein unkalkulierbares Risiko. Sie gehen meist schon vor dem schieren Drohpotenzial der feindlichen Anwaltsbüros in die Knie. Für größere Firmen sind derartige Patentstreitigkeiten nicht selten ein Grund für die komplette Übernahme des feindlichen Unternehmens. Auch damit ist Geschäft zu machen . _____ Einen ganz neuen Dreh entwickelte die US-Firma HGS, die Patentansprüche nicht auf Heilmittel, sondern im Gegenteil auf gefährliche Krankheitserreger anmeldet, etwa auf ein Bakterium, das Gehirnhautentzündung hervorruft. Das Unternehmen hofft, für Methoden zur Bekämpfung des Erregers oder die Entwicklung von Impfstoffen künftig eine Gebühr zu erheben – schließlich kommt dabei kein moderner Wissenschaftler mehr ohne die Gensequenz des Erregers aus. _____ Gewiss, solche offensichtlichen Perversionen werden nur von wenigen Wissenschaftlern gutgeheißen. Dennoch hinterlässt auch an den Universitäten die Goldgräber-Stimmung immer tiefere Spuren. »Sprich nicht mit deinem Kollegen, bevor du nicht mit deinem Anwalt gesprochen hast«, beschreibt ein Molekularbiologe die Stimmung in manchen Labors. »Die Informations- und Diskussions-Kultur geht mehr und mehr vor die Hunde. Da geht es nicht mehr um den edlen Wettstreit der Erkenntnis«. Wissenschaftliche Veröffentlichungen werden nicht selten so lange verzögert, bis alle patentrechtlichen Aspekte geregelt sind. Dies war übrigens der Grund für die halbjährige Verspätung bei der Bekanntgabe des ersten Klon-Schafes Dolly. Bevor er den zweifelhaften Durchbruch verkündete, meldete sein geistiger Vater sein Verfahren für sämtliche Säugetiere, einschließlich des Menschen, zum Patent an. Eine Gene-

GACAGCACC AACATGGCCT TAACTCCCAA GCCATTCCCC TGCCTCTAAC
CCACCCAAC ACCTCCTCCC CAGCTTCAGG CGCTAGGCAG AGACCTTGGC
CTACCTTCC CCCCAGATCC CTCCCAGAGC CGCTAGGCAG CGGGCCTACC
CTCTGTAGA CATCGCACCC CCCAAACCCC CAGACCTGCC CAATGCCTCC
GCCAGACCT GGGGGTGTTG GGGAGTCTGG AGGGCCGGGG TGGGGGCTGA
TGGGCCCGG GGGACCCGGA GGGGCGGGGG CCTGGCCACT CGGGCCTTGG
GCCCTCCCT TCTGCTTCCT CTCCCGAGGG Text aus dem menschlichen Chromosom 7

ration von jungen Wissenschaftlern wächst folgerichtig mit der Frage auf, welche Erkenntnisse und Forschungszweige wohl die besten Aussichten auf akkumulierbares »geistiges Eigentum« eröffnen. Risiko-Forschung, um nur ein Beispiel zu nennen, oder die Erforschung ökologischer Zusammenhänge hat patentrechtlich erheblich weniger zu bieten als die Sequenzierung von Genen und deren gentechnischer Einbau in andere Organismen. _____ Dass solche Verwertungserwägungen bei der Ausrichtung der Forschung eine entscheidende Rolle spielen, wird zwar jeder Professor weit von sich weisen, die Abhängigkeit seines Institutes von sogenannten Drittmitteln, also von Kooperationen mit Unternehmen, wird er dagegen in den wenigsten Fällen bestreiten. Der Kern derartiger Kooperationen besteht selbstverständlich in der Abtretung von Erstverwertungsrechten und Patenten. _____ Die Beispiele häufen sich, in denen Forschungsvorhaben,

1/180 Aus dem 3D-Film »Voyage inside the cell«. Digital Studio-Paris

besonders im medizinischen Bereich, aufgegeben oder gar nicht erst angegangen wurden, weil konkurrierende Firmen oder Institute bereits zentrale Patente in dem Bereich angemeldet hatten und so die Verwertungschancen eines möglichen Erfolges zumindest zweifelhaft erscheinen lassen. Diese schleichende Veränderung des akademischen Klimas, von Achtundsechzigern einst als die »reale Subsumption der Wissenschaft unter das Kapital« gegeißelt, beschäftigt mittlerweile die UNESCO und Regierungen, aber auch die Unternehmen selbst. Denn sie droht an die Substanz wissenschaftlicher Kreativität und Freiheit zu gehen, den Fortschritt der Forschung eher zu hemmen als zu fördern. _____ Im Zusammenhang mit der Erforschung des menschlichen Genoms haben deshalb unlängst die Fortschrittsfreunde Bill Clinton und Tony Blair eine denkwürdige Initiative zur Verhinderung der Patentierung menschlicher Gene gestartet: Die beiden Länder und ihre öffentlichen Forschungseinrichtungen verpflichten sich dieser Vereinbarung zufolge, sämtliche Gene, die sie entdecken, innerhalb von 24 Stunden so zu veröffentlichen, dass kein anderes Unternehmen darauf mehr Patentansprüche erheben kann. Ein ebenso einfaches wie probates Mittel: Ist eine Entdeckung erst einmal veröffentlicht, so ist deren Patentanmeldung als Erfindung nicht mehr möglich, weil nicht mehr neu. Bleiben freilich immer noch die Anwaltskosten, um diese Erkenntnis auch durchzusetzen. _____ Die Firma Monsanto, die sich gerne als »Microsoft der Gentechnik« bezeichnet, rückte unlängst von einem patentierten Verfahren ab, das ihr künftig den Umstand mit den Pinkerton-Detektiven im Maisfeld ersparen sollte. Durch eine raffinierte genetische Manipulation könnten mit dieser sogenannten »Terminator-Technologie« die Erträge von Samen in der zweiten Generation unfruchtbar, das heißt für ihre Wiederverwendung als Saatgut unbrauchbar gemacht werden. Doch ein weltweiter Aufschrei der Empörung gegen die gentechnische Sterilisierung des Saatgutes nebst einer Ermahnung der Rockefeller Foundation, durch dieses Patent nicht auch noch die letzte Reputation der Gentechnik in Entwicklungsländern zu verspielen, veranlassten Monsanto dazu, öffentlich dem Einsatz der Terminator-Technologie abzuschwören. _____ Postindustrielle Formen des Patentrechtes, das ganz offensichtlich den modernen Herausforderungen des Informations- und Bio-Zeitalters nicht mehr gewachsen ist, müssen nicht unbedingt völlig neu sein: Das ursprüngliche Recht zum Schutze von Pflanzenzüchtern (UPOV) gewährt zwar dem Züchter Lizenzrechte an der von ihm entwickelten neuen Sorte, gibt gleichzeitig aber allen anderen Züchtern das Recht, die Sorte weiterzuentwickeln. Auf ähnliche Art könnten auch echte Erfindungen (nicht schiere Entdeckungen) im Bereich der Molekularbiologie, also Verfahren und nicht Lebewesen, geschützt werden, ohne deshalb zu einer Verödung des Wissenschaftsbetriebes und zu einem neuen Gen-Kolonialismus zu führen. Die Grundlage solcher Weiterentwicklungen könnte zudem auf einem universeller Respekt vor dem Leben und seinen genetischen Grundlagen gegründet sein: Kein Gen, kein Tier, keine Pflanze und schon gar nicht Menschen selbst sind das Produkt menschlicher »Erfindungen«. Sie sind Teil einer Evolution, die zu begreifen und deren Vielfalt zu entdecken die vielleicht großartigste Herausforderung an die Wissenschaft des neuen Jahrhunderts ist, die aber kein Tummelplatz für Advokaten, genetische Goldgräber und die Allmachtsfantasien von multinationalen Life Science Unternehmen sein sollte. Weder Lebewesen noch die Wissenschaft können letztlich besessen werden. Und unsere natürlichen Grundlagen sollten wir nicht als »geistiges Eigentum«, sondern vielmehr als universelles Erbe der Menschheit respektieren.

02_4)patente und deren katalytische bedeutung für den fortschritt der humangenom-forschung

ANDREAS GRAF VON STOSCH ———— ROLF ZETTL

→das humangenomprojekt – die idee Jeder Mensch besteht aus Milliarden von Zellen, die – in Geweben und Organen zusammengefasst – die Struktur des menschlichen Körpers bilden. Diese geordneten Gewebe mit spezialisierten Strukturen und Funktionen entstehen während der embryonalen Entwicklung des Individuums. Jede dieser Zellen besitzt einen Zellkern, der das genetische Material – die Desoxyribonukleinsäure (DNA) – enthält. Die DNA ist aus vier verschiedenen Komponenten aufgebaut, die als Nukleotidbasen bzw. auf Grund der doppelsträngigen Struktur der DNA als Basenpaare bezeichnet werden. Das menschliche Genom besteht aus etwa drei Milliarden einzelnen Basenpaaren, die in einer festen Abfolge auf 24 verschiedene Chromosomen verteilt sind. Auf der DNA sind etwa 100 000 verschiedene Informationseinheiten, genannt Gene, angeordnet, die zusammen allerdings nur 10 Prozent des gesamten DNA-Inhalts einer menschlichen Zelle ausmachen. Die Funktion der restlichen 90 Prozent der Erbsubstanz ist weitgehend unbekannt. Die genetische Information in der DNA-Abfolge eines Gens wird für die biochemischen Prozesse der Zelle zur Synthese von Eiweißstoffen genutzt. Viele dieser Eiweißstoffe werden letztlich zu Funktionseinheiten der Zelle, wie z. B. Strukturkomponenten, Signalmoleküle, Rezeptoren, Enzyme usw. Ein erklärtes Ziel der Molekularbiologen ist die Entschlüsselung des gesamten menschlichen Genoms, also der Gesamtheit aller genetischen Informationen des Menschen. Die damit verbundene Identifizierung aller Gene innerhalb dieses Genoms ist der Schlüssel für das Verständnis der Funktion und Interaktion der von diesen Genen kodierten Eiweißstoffe. Dieses Wissen über die Funktion und Interaktion aller Gene wird einen großen Beitrag zum globalen Verständnis der Biologie des Menschen und anderer Organismen leisten. **→die entwicklung des humangenomprojekts** Anfang der achtziger Jahre begannen in den USA auf Initiative des Nobelpreisträgers Renato Dulbecco erste ernsthafte Diskussionen über ein mögliches Humangenom-Sequenzierprogramm. Ziel dieses Programms sollte die komplette Aufklärung der Reihenfolge (Sequenz) der ca. drei Billionen Basenpaare des menschlichen Genoms sein. Bis 1986/87 hat das Ministerium für Energie (Department of Energy, DOE) daraufhin viele Millionen Dollar in diese Aktivitäten investiert, dicht gefolgt von den National Institutes of Health (NIH). Im Oktober 1990 wurde dann ein von DOE und NIH gefördertes Genomprojekt gestartet, das auf der Grundlage realistischer wissenschaftlicher Möglichkeiten klare Etappenziele für die folgenden fünf Jahre enthielt (erster Fünf-Jahresplan). Die Zielgebiete dabei waren: genetische und physikalische Kartierung des menschlichen Genoms, DNA-Sequenzierung, Genomanalyse verschiedener wichtiger Modellorganismen, Informatik, Ressourcen- und Technologieentwicklung, ethische und soziale Implikationen (ELSI). ———— Andere Staaten folgten dem Beispiel der

❶ Gregor Mendel (1822-1884): Notizblatt mit Familiennamen. *Was bei Mendel nur Gedankenspiel war, sollte im 20. Jahrhundert zur Obsession werden: der Übergang von Pflanzenzüchtung zur menschlichen Genealogie. Brünn, Mendelianum*

❷ Gregor Mendel (1822-1884): »Notizblatt 1«. *Die Anwendung statistischer Methoden auf das Erbsenzählen ermöglichte die Formulierung der Mendelschen Vererbungsgesetze. Brünn, Mendelianum*

USA bald darauf, insbesondere Japan und Großbritannien (mit einem integrierten Humangenom-Kartierungsprojekt). Auch Frankreich war in diesem Bereich mit einem offiziellen Genomprogramm sowie mit einem sehr erfolgreichen, von nicht-staatlichen Organisationen (CEPH, AFM und Genethon) durchgeführten Projekt vertreten. Recht früh wurde deutlich, dass es sich beim Humangenomprojekt um das bislang größte biomedizinische Projekt überhaupt handelt, wobei allgemein davon ausgegangen wird, dass es ca. drei Milliarden Dollar kosten wird, das menschliche Genom zu sequenzieren. Neben den hohen Kosten wurde auch ein klarer Bedarf für eine internationale Koordination erkennbar. →die wirtschaftliche bedeutung des humangenomprojekts Neben dem großen Engagement öffentlicher Forschungseinrichtungen und Forschungsförderinstitutionen etablierten sich auch relativ schnell erste kommerzielle Unternehmen in einem sich rasch entwickelnden »Genomics-Markt«. Beflügelt von einem Höchstmaß an Erwartungen auf die kommerzielle Verwertung der aus dem Genomprojekt entstehenden Informationen machte sich zunächst in den USA, kurz darauf auch in Großbritannien und Frankreich eine Art Goldgräberstimmung breit. Private Investoren (Venture Kapital) und Pharmaunternehmen investierten bis dahin nie erreichte Summen in Kooperationen mit Biotechnologieunternehmen bzw. Ausgründungen, um sich einen Teil des »Kuchens« zu sichern. Als Ergebnis einer ersten Welle von Firmengründungen und großen Partnerschaften zwischen Pharmaunternehmen und Biotechunternehmen ist ein komplexes Netzwerk entstanden, in welchem insbesondere Informationen und intellektuelles Eigentum transportiert werden. _____ Im Juni 1995 wurde dann auch in Deutschland eine Genomforschungsinitiative gestartet, was ganz wesentlich auf das Engagement der Deutschen Forschungsgemeinschaft (DFG) und ihres damaligen Präsidenten, Prof. Dr. Wolfgang Frühwald, zurückzuführen ist. Das Deutsche Humangenomprojekt (DHGP) verfolgte von Anfang an das Ziel, durch einen organisierten Technologietransfer die gewonnenen Erkenntnisse in die Anwendung zu überführen, um so neue Produkte und Dienstleistungen und letztendlich neue Arbeitsplätze zu schaffen. Aus diesem Grunde wurde eine industriell geförderte Patent- und Lizenzagentur aufgebaut, die projektzentral und in Zusammenarbeit mit der Verwertungsagentur der Max-Planck-Gesellschaft (Garching Innovations GMBH) Fragen der Patentierung neuer Erkenntnisse und der Verwertung z. B. durch Lizensierung bearbeiten sollte. _____ Parallel zu diesen neuartigen Projektstrukturen veränderte sich auch das Innovationsklima in Deutschland spürbar. Die Verfügbarkeit von zunehmenden Mengen von Risikokapital, die Erzeugung von durch Patente geschütztem Wissen sowie insbesondere die Bereitschaft vieler Wissenschaftler, sich kommerziellen Überlegungen zu öffnen und über Firmengründungen nachzudenken, führte dazu, dass bereits kurze Zeit nach Start des Deutschen Humangenomprojekts erste Firmenausgründungen registriert werden konnten. Dies wiederum hat zur Folge, dass Forschungs- und Entwicklungsaufträge der großen Pharmaunternehmen in zwei- bis dreistelliger Millionenhöhe nun nicht mehr automatisch an »US biotech companies« fließen, sondern auch deutsche Biotechnologieunternehmen derartige Aufträge bearbeiten können und somit sich eine Veränderung des in den letzten Jahren zu beobachtenden großen Kapitalflusses von Deutschland nach den USA abzuzeichnen beginnt. _____ Insgesamt kann also festgestellt werden, dass die Förderung der Humangenomforschung, der Aufbau einer auf Patentierung und Verwertung ausgerichteten Forschungsinfrastruktur sowie die Veränderung der Interessen vieler ausgezeichneter Wissenschaftler hin zu mehr Kommerzialisierung dazu geführt haben, dass sich die Humangenomforschung zu einem starken wirtschaftlichen Faktor innerhalb der Biotechnologie entwickelt hat. Diese Entwicklung wäre nicht möglich gewesen ohne die Patentierung der Forschungsergebnisse aus dem Humangenomprojekt, sind diese Patente doch Basis für Existenzgründungen und gewährleisten gleichzeitig Schutz vor Wettbewerbern. Die Stärke der intellectual property Situation ist für viele Risikoinvestoren ein entscheidender Punkt bei der Bewertung von Businessplänen. Eine schwache, nicht durch Patente abgesicherte intellectual property Situation führt in aller Regel dazu, dass ein Investor trotz möglicherweise guter Geschäftsidee von einer Investition absieht. →**zur patentierbarkeit von naturstoffen** Für Substanzen, die erstmals durch chemische Synthese bereitgestellt wurden und in der belebten Natur nicht auftreten (also z. B. für Kunststoffe, wie etwa Polyurethane), kann Patentschutz erlangt werden. Von daher stellt sich zwangsläufig die Frage, ob dies auch für die »Entdeckung« von Naturstoffen gelten kann. Zu denken wäre etwa an die erstmalige Identifizierung von Antibiotika aus Schimmelpilzextrakten (bei denen beispielsweise Antibiotika physiologisch auftreten können), wobei derartige Antibiotika in der Human- oder Veterinärmedizin zur Bekämpfung bakterieller Infektionskrankheiten einsetzbar sind. Da es sich auch in diesem Fall um chemische Verbindungen handelt, die unter Patentschutz gestellt werden sollen, böte sich in einer entsprechenden Patentanmeldung gleichfalls die Kategorie des »Erzeugnis- bzw. Stoffschutzes« an. Allerdings erhebt sich die Frage, ob eine derartige, in der Natur von jeher vorhandene Substanz, die nur bisher von der Wissenschaft aus der unübersehbaren Vielzahl der Naturstoffe weder isoliert noch charakterisiert worden ist, gleichwohl das patentrechtliche Kriterium der »Neuheit« erfüllen kann. Denn, so ließe sich argumentieren, die Identifizierung des Antibiotikums stelle allenfalls die Entdeckung einer bisher unentdeckten Verbindung dar, die aber – anders als der erstmals syntheti-

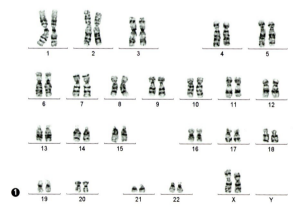

❶ Normaler menschlicher Karyotyp. *Alle 23 Chromosomen sind paarweise vorhanden. Sie weisen auf Grund einer spezifischen Vorbehandlung ein Bandenmuster auf, bei dem sich helle und dunkle Streifen abwechseln. Auf Grund dieses Bandenmusters sind sie zu identifizieren und einander zuzuordnen. Dr. Ilse Chudoba, Meta Systems GmbH* **❷ Karyotyp einer maligne entarteten Knochenmarkzelle (akute myeloische Leukämie).** *Es werden Chromosomenveränderungen erkennbar. Die Chromosomen weisen teilweise veränderte Bandenmuster auf und sind damit auch nicht mehr paarweise einander zuzuordnen. Dr. Ilse Chudoba, Meta Systems GmbH*

sierte Polyurethan-Kunststoff – stets in der Natur anzutreffen war und daher auch nicht mehr als im patentrechtlichen Sinne neu gegenüber dem von der Natur vorgegebenen Stand der Technik sein könne. ——— Diese umstrittene Frage ist von der Rechtsprechung bereits in den siebziger Jahren zugunsten eines Patentschutzes für Naturstoffe beantwortet worden. Ohne an dieser Stelle näher auf die Gründe, die für den Naturstoffschutz sprechen, eingehen zu können, bleibt aber anzumerken, dass die Isolierung und/oder Analyse eines wirksamen Antibiotikums aus der Vielfalt der Naturstoffe, eine ganz erhebliche Leistung des Erfinders darstellt/en, die auch im Sinne der »Belohnungstheorie«

durch entsprechenden Patentschutz gewürdigt werden muss. Der Vollständigkeit halber soll hier nur angeführt werden, dass die »Entdeckung« des Naturstoffs allerdings nur dann eine Erfindung darstellt, wenn durch die Bereitstellung des Naturstoffs auch eine wiederholbare Lehre zum technischen Handeln gegeben ist. →**patentierung von genen** Parallel mit der Entwicklung gentechnologischer Verfahren ist seit etwa zwanzig Jahren ein stetiger Zuwachs von Patentanmeldungen zu verzeichnen, deren Gegenstände auf biologischen Erfindungen beruhen. In diesem Zusammenhang wurden insbesondere Probleme, die mit der Patentierbarkeit von genetisch veränderten Säugetieren (»Harvard-Krebs-Maus«) oder der Patentierbarkeit von Abschnitten der biologischen Erbsubstanz einhergehen, auch in der Öffentlichkeit kontrovers diskutiert. Da durch diverse nationale oder internationale Genomprojekte die Erforschung des Erbgutes von Pflanzen, Tieren oder Menschen in schnellen Schritten voranschreitet, ist die Rechtslage in Bezug auf die Patentfähigkeit und damit auf die Monopolisierung von DNA-Abschnitten von besonderem Interesse und soll im Folgenden daher auch näher behandelt werden. Insbesondere soll hierbei die Meinungsbildung beim Europäischen Patentamt, dessen Entscheidungspraxis für die Mitgliedsländer des Europäischen Patentübereinkommens maßgeblich ist, berücksichtigt werden. _____ Es liegt nahe zu vermuten, dass die für Naturstoffe gefundene und oben dargestellte Antwort auf die Frage, ob ein Naturstoff als solcher als neu bezeichnet werden kann, wenn er doch schon immer in der Natur vorhanden war, auch auf Sequenzabschnitte von langen DNA-Molekülen des Erbguts übertragbar ist. Tatsächlich nämlich wird die Leistung eines Wissenschaftlers, der beispielsweise einen funktionellen, für ein Genprodukt codierenden Abschnitt auf der menschlichen DNA, ein sogenanntes Gen, identifizieren möchte, nicht dadurch begründet, erstmals eine bis dato niemals existente chemische Verbindung bereitgestellt zu haben (wie etwa den zuvor beispielhaft zitierten Kunststoff), sondern dessen Leistung ist vielmehr in der Isolierung oder Zuordnung eines spezifischen, in der Natur vorhandenen Gens unter den mehr als 3 Milliarden Nukleotid-Bausteinen des menschlichen Erbgutes zu sehen. _____ Daher präsentiert sich in Hinblick auf die Patentfähigkeit von zum Beispiel humanen Genen eine Situation, die zumindest dahingehend jener bei den Naturstoffen analog ist. _____ Das Europäische Patentamt (EPA) hat es allerdings bei seiner Entscheidungspraxis in der Vergangenheit stets als Voraussetzung für den Patentschutz von DNA-Sequenzen angesehen, dass sich in der Patentanmeldung nicht nur die chemische Struktur (Abfolge der Nukleotid-Bausteine) beschrieben findet, sondern es hat dem Anmelder einer solchen Patentanmeldung auch auferlegt, die Funktion des Gens, (also zum Beispiel die Eigenschaft des Gens als Codierung für ein Protein, das proteolytisch aktiv ist, zu dienen) in seiner Patentanmeldung zu offenbaren. Um es mit anderen Worten zu sagen: Es wurde vom EPA dann kein Patent für eine DNA-Sequenz erteilt, wenn in der Patentanmeldung lediglich eine Abfolge von Nukleotiden, die sich gegebenenfalls bereits durch automatisiertes Sequenzieren eines bestimmten Abschnitts des Erbguts ergeben hatte, ohne jede Funktionszuordnung beansprucht worden war, und zwar selbst dann, wenn sie möglicherweise einer für ein Protein codierenden Region entsprach. Eine neue DNA-Sequenz als Gegenstand einer Patentanmeldung setzte somit eine Funktionsanalyse der beanspruchten DNA-Sequenz

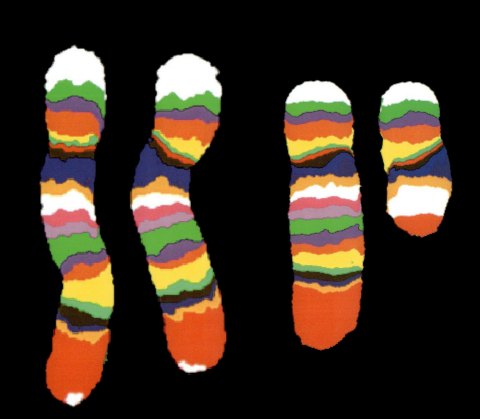

❶ Darstellung von Chromosomen, die einer akuten myeloischen Leukämie entstammen. *Chromosomen oder Chromosomenfragmente, die zur selben Chromosomenklasse gehören, sind in derselben Farbe gezeigt. Austausche von Chromosomenstücken können zweifelsfrei bestimmt werden.* Dr. Ilse Chudoba, Meta Systems GmbH

❷ Chromosomen werden mit einem speziellen Darstellungsverfahren farblich gebändert gezeigt. *So können Bruchpunkte genauer bestimmt werden und einem definierten Ort auf einem bestimmten Chromosom zugeordnet werden. Diese Information ist für die Krebsforschung von Bedeutung, da sich an diesen Bruchpunkten oftmals Gene befinden, die für die Tumorentwicklung verantwortlich sind.* Dr. Ilse Chudoba, Meta Systems GmbH

voraus. _____ Seit 1. September 1999 ist nunmehr jedoch eine neue Ausführungsordnung zum Europäischen Patentübereinkommen in Kraft, die sich an eine 1998 vom Europäischen Parlament verabschiedete Richtlinie über den Schutz biotechnologischer Erfindungen anschließt. Die novellierte Ausführungsordnung besagt unter anderem, dass die gewerbliche Anwendbarkeit einer DNA-Sequenz, zum Beispiel eines Gens, in der Patentanmeldung konkret beschrieben sein muss. Damit ist es zwar auch weiterhin nicht ausreichend, in einer Patentanmeldung ausschließlich die Nukleotidsequenz eines Gens niederzulegen, allerdings wird durch den Wortlaut der Ausführungsordnung nun nicht mehr konkret auf die Darlegung der biologischen Funktion eines Gens abgestellt, wie noch in der Richtlinie vorgesehen. Dem Anmelder einer DNA-Sequenz ist jedoch trotz des Wortlauts der Verordnung dringend anzuraten, sich in seiner Patentanmeldung nicht mit allgemeinen unspezifischen Verwendungstermini für die Sequenz (zum Beispiel Gen, Genmarker etc.) zu begnügen, sondern weiterhin nach Funktionsanalyse spezifische Verwendungsmöglichkeiten der Sequenz in seiner Patentanmeldung zu offenbaren. Es bleibt nämlich abzuwarten, ob die diesbezügliche Novellierung der Ausführungsordnung tatsächlich Unterschiede zur bisherigen vor dem 1. September 1999 geübten Amtspraxis beim Europäischen Patentamt wird erkennen lassen. _____ Interessanterweise scheint sich abzuzeichnen, dass die Prüfungsabteilungen beim Europäischen Patentamt den Patentschutz für DNA-Sequenzen an die Beschreibung einer konkreten biologischen Funktion unter Art. 56 EPÜ, also »erfinderische Tätigkeit«, knüpfen werden. _____ Schließlich soll auch erwähnt werden, dass möglicherweise das Patent- und Warenzeichenamt der USA (USPTO) dazu neigt, dem Anmelder geringere Anforderungen hinsichtlich der Offenbarung der biologischen Funktion oder gewerblichen Anwendbarkeit einer beanspruchten DNA-Sequenz aufzuerlegen, als vor dem Europäischen und im übrigen auch vor dem Deutschen Patent- und Markenamt üblich. Ob allerdings unspezifische Angaben für etwaige Verwendungszwecke, wie z.B. der ohne Beschreibung von Krankheiten ganz allgemein gefasste Hinweis auf die Verwendung einer »DNA-Sequenz zur Diagnose einer (beliebigen, weil nicht offenbarten) Erkrankung« in einer Patentanmeldung in der Zukunft in den USA als ausreichend angesehen wird, ist fraglich. In diesem Zusammenhang wird mit Interesse zukünftigen Entscheidungen entsprechender US-Gerichte entgegengesehen. _____ Das Patentwesen stellt, wie sich aus dieser kurzen Einführung bereits ergibt, ein Rechtsgebiet dar, das flexibel auf jede technische Neuerung reagieren können muss. Gerade im Bereich der Informations- und der Biotechnologie sieht sich das Patentrecht heute fortlaufend neuen Fragestellungen ausgesetzt, die sich aus der Beanspruchung von Erfindungsgegenständen ergeben, die als Gattung Präzedenzfälle darstellen und damit nicht auf der Basis des bestehenden Regelwerks oder gesicherter Rechtsprechung beurteilt werden können. In der Molekularbiologie wäre in diesem Zusammenhang beispielsweise an das Problem der Patentfähigkeit einerseits von DNA-Sequenzen, die als sogenannte »Single Nucleotide Polymorphisms« (SNPs) in der Forschung bekannt sind, zu denken. Auch die als »Expressed Sequence Tags« (ESTs) geläufigen DNA-Sequenzen werfen ähnliche patentrechtliche Fragen auf. _____ Die heftigen Diskussionen über die ethische Vertretbarkeit der kommerziellen Nutzung gewisser biotechnologischer Erfindungen zeigen zudem, dass die öffentliche Meinung vom Patentwesen offenbar auch die Erfüllung von Aufgaben erwartet, die nicht typischerweise diesem Rechtsgebiet zuzuordnen sind und bisher an anderer Stelle ihre rechtliche Würdigung gefunden haben.

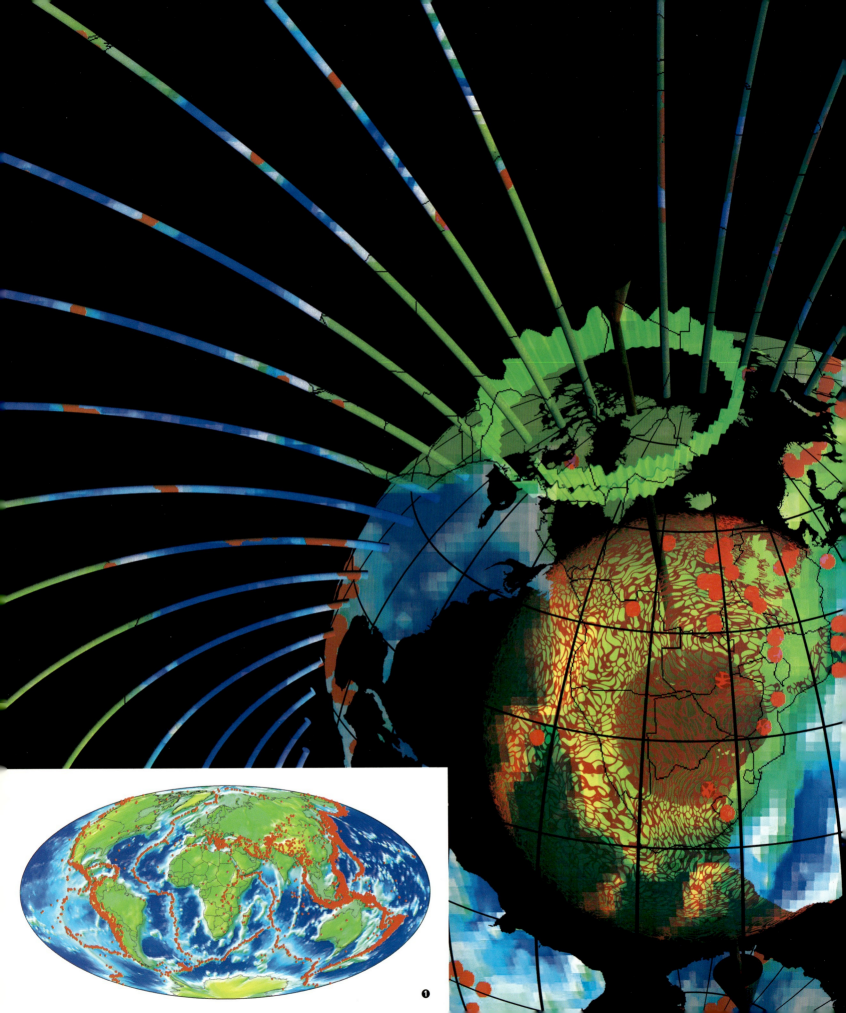

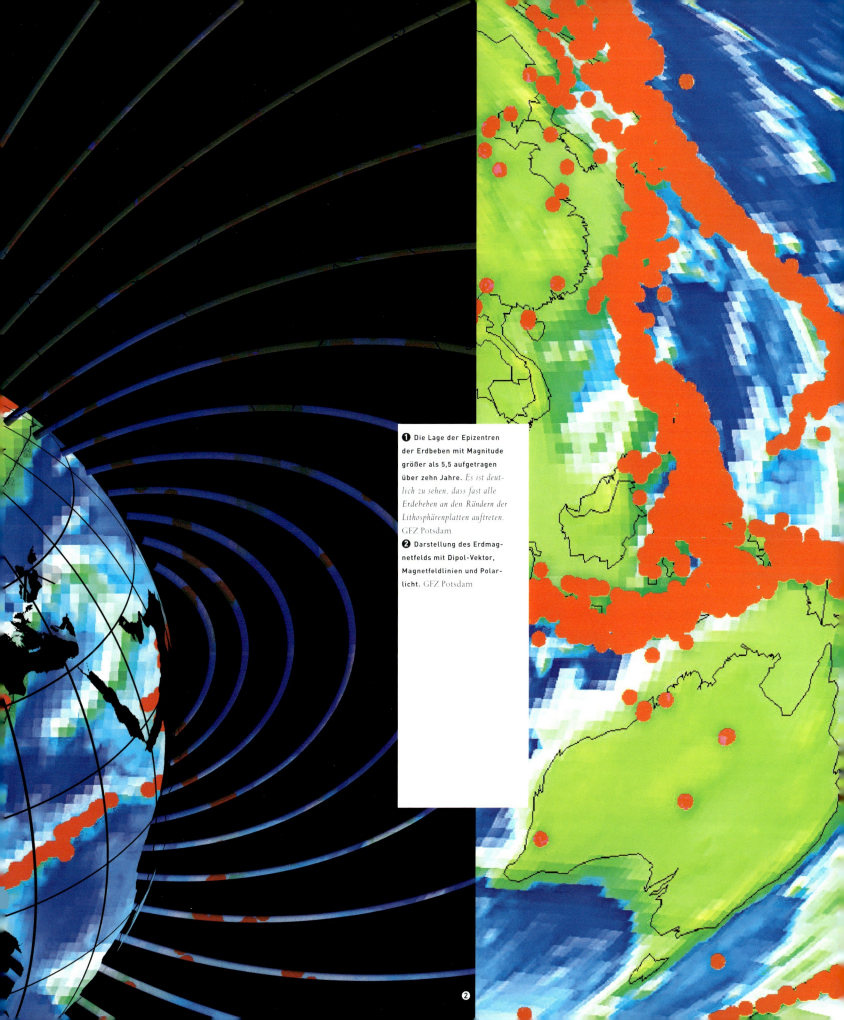

❶ Die Lage der Epizentren der Erdbeben mit Magnitude größer als 5,5 aufgetragen über zehn Jahre. *Es ist deutlich zu sehen, dass fast alle Erdebeben an den Rändern der Lithosphärenplatten auftreten.* GFZ Potsdam

❷ Darstellung des Erdmagnetfelds mit Dipol-Vektor, Magnetfeldlinien und Polarlicht. GFZ Potsdam

❷

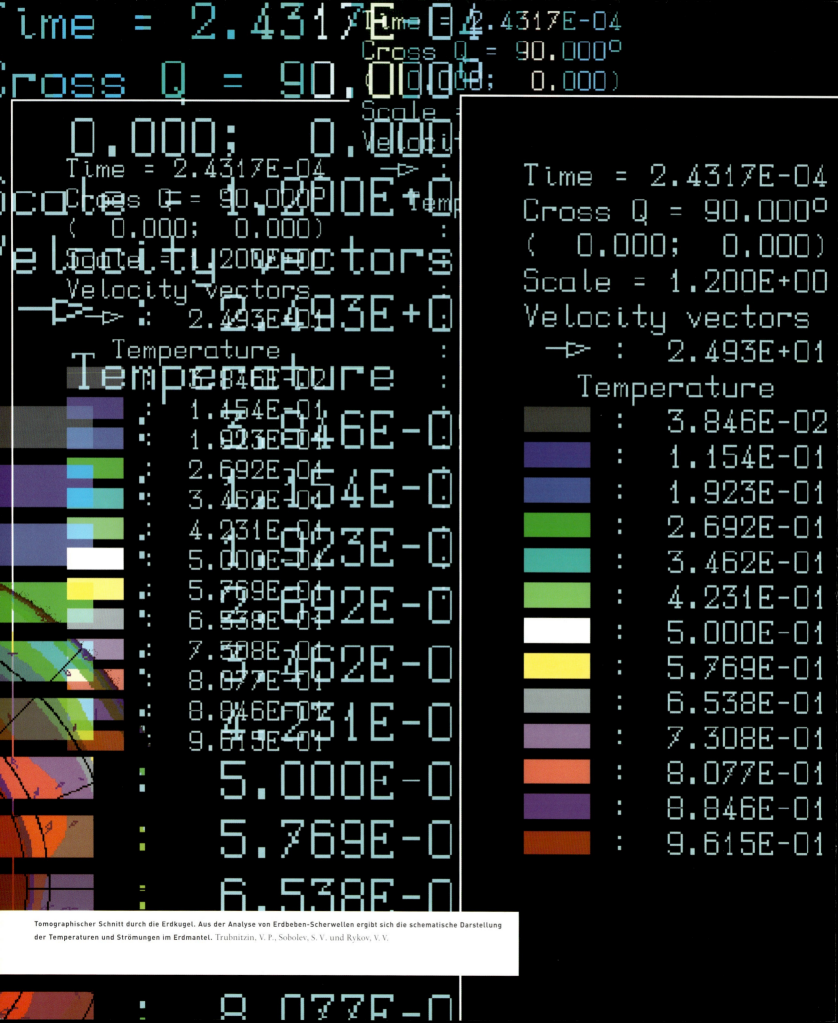

Tomographischer Schnitt durch die Erdkugel. Aus der Analyse von Erdbeben-Scherwellen ergibt sich die schematische Darstellung der Temperaturen und Strömungen im Erdmantel. Trubnitzin, V. P., Sobolev, S. V. und Rykov, V. V.

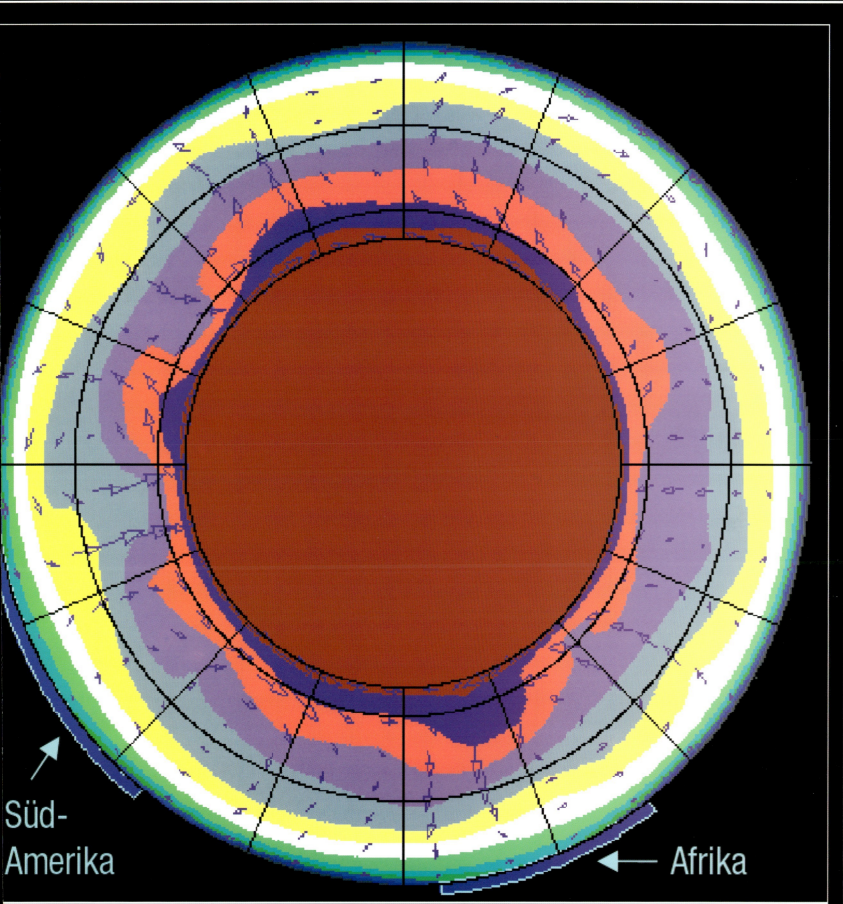

Süd-
Amerika

Afrika

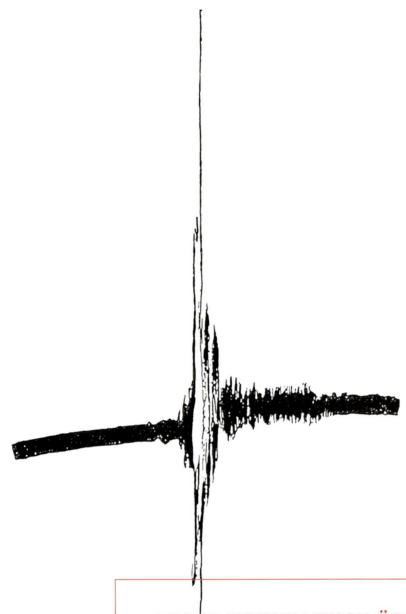

>>AUßER MEINEM BUCH ÜBER KORALLENRIFFE SCHRIEB ICH WÄHREND MEINER LONDONER JAHRE VORTRÄGE ÜBER DIE ERRATISCHEN FINDLINGSBLÖCKE SÜDAMERIKAS, ÜBER ERDBEBEN UND ÜBER DIE TÄTIGKEIT DER REGENWÜRMER BEI DER BILDUNG VON ACKERERDE UND HIELT SIE VOR DER GEOLOGICAL SOCIETY.<< Charles Darwin: Mein Leben

Weltweit erste Fernauf-
zeichnung eines Erdbebens
durch Ernst v. Rebeur-Pasch-
witz in Potsdam. *Das Beben
fand am 17. 4. 1889 in Japan
statt.* GFZ Potsdam

03_ dynamik der erde)

) 03_1)das neue bild

vom inneren der erde___JÖRN LAUTERJUNG

Unsere Vorstellungen über die äußere Form und den Aufbau der Erde haben sich im Laufe der Jahrhunderte dramatisch geändert und weiterentwickelt. So war die Kugelform der Erde zwar bereits Erathostenes von Kyrene (ca. 282-202 v. Chr.) bekannt; dennoch herrschte von der Antike bis ins Mittelalter die offizielle Lehrmeinung vor, dass die Erde eine runde Scheibe sei und im Mittelpunkt des Universums stehe. Gegen den vehementen Widerstand der Kirche setze sich mit Kepler und Galilei erneut die Erkenntnis durch, dass die Erde eine Kugelform hat und nicht im Mittelpunkt des Universums steht, sondern als ein Teil des Sonnensystems anzusehen ist. Diese umwälzende Erkenntnis beruhte nicht zuletzt auf verfeinerten Beobachtungstechniken wie Fernrohren und hochentwickelter Mathematik.___Im Gegensatz zur Astronomie und Kosmologie blieben die Vorstellungen über das Bild der Erde in ihrem Innern aber weiterhin von abenteuerlichen Spekulationen und Mythen beherrscht, da noch keine Technologien verfügbar waren, um ins Innere zu schauen. Dies änderte sich erst um die Jahrhundertwende, als mehr durch Zufall die ersten Registrierungen von Erdbebenwellen mit einem Horizontal-

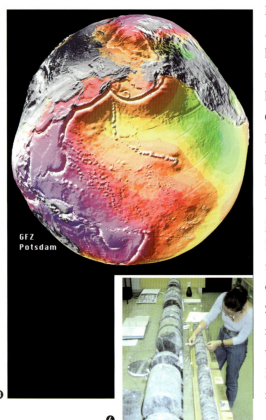

Labels in figure 1 (Schalenaufbau):
Erdkruste
Erdmantel
Äußerer Kern
Innerer Kern
Konvektions- ströme
Ausbreitungs- zone
Subduktions- zone
Ausbreitungs- zone

Labels in figure 2 (Schnitt durch Lithosphäre):
Inselbogen
Graben
Bruch- zonen
Tiefseegraben
Schild- vulkan
ozeanische Lithosphäre
kontinentale Lithosphäre
Subduktionszone
Hot Spot
mittel-ozeanischer Rücken
Subduktionszone
kontinentaler Grabenbruch
Astenosphäre
Astenosphäre

GFZ Potsdam

❶ Der Schalenaufbau der Erdkugel GEO, Hamburg **❷** Schnitt durch Lithosphäre mit tektonischen Prozessen wie Entstehung mittelozeanischer Rücken, Subduktion etc. GFZ Potsdam **❸** Das unregelmäßige Schwerefeld der Erde, stark überhöht dargestellt GFZ Potsdam **❹** 1/89 KTB-Bohrkernlager in Windischeschenbach GFZ Potsdam **❺** Bohrkern aus dem Toten Meer. *Die Ablagerungen geben Aufschluß über das Klima vor 2000 Jahren. Der Pfeil weist auf eine Sedimentlage aus der Zeit um Christi Geburt, 268 v. Chr. – 75 n. Chr. GFZ Potsdam*

pendel gelangen. _____ Zu dieser Zeit war die Erforschung des Erdschwerefelds bzw. der Erdanziehungskraft mit Hilfe von Pendelapparaturen ein sehr weit entwickelter Wissenschaftszweig. Ein internationales Zentrum dieser Forschungsaktivitäten befand sich mit dem Königlich-Preussischen Geodätischen Institut bereits Ende des letzten Jahrhunderts auf dem Telegrafenberg in Potsdam. Hier wurden in der Folge auch die ersten systematischen Untersuchungen zur Interpretation der »Erdschwingungen« angestellt. Aus dieser neuen Anwendung der Pendelregistrierungen entwickelte sich die Seismologie als erste Wissenschaft, die Erdbebenwellen als Fenster in die Tiefe nutzt. Mit weiterer Verfeinerung der Aufnahmetechniken verbesserte sich auch das Bild des Erdinnern. Aus den Beobachtungen resultierte schließlich die Erkenntnis über den Schalenaufbau unserer Erde mit einem festen inneren Kern, einem äußeren flüssigen Kern, dem Erdmantel und der ca. 30 bis 50 km dicken Erdkruste. _____ Einen weiteren revolutionären Schritt tat Alfred Wegener, als er die sogenannte Kontinentaldrift postulierte. Durch das Studium der äusseren Form der Kontinente gelangte er zu der Überzeugung, dass die heutigen Kontinente in früheren Zeiten zu einem großen »Superkontinent« gehört haben und dann auf irgendeine Weise auseinandergebrochen und auseinandergedriftet sein müssen. Allerdings hatte er noch sehr unklare Vorstellungen von dem Mechanismus dieses Prozesses. Dies lag nicht zuletzt an der damals vorherrschenden Ansicht, dass die Ozeanböden erdgeschichtlich sehr alt, die Kontinente dagegen deutlich jünger seien. Bis weit in die sechziger Jahre war die Wegenersche Vorstellung umstritten, bis die Amerikaner ihr Deep Sea Drilling Program (DSDP) starteten. Das Projekt mündete in den siebziger Jahren in das noch heute laufende internationale Ocean Drilling Program (ODP), an dem auch Deutschland maßgeblich beteiligt ist. Dieses breit angelegte Ozeanbohrprogramm erbrachte eine Reihe von grundlegenden Erkenntnissen über den Aufbau der Erde und die geodynamischen Prozesse, die zum heutigen Aussehen der Erde geführt haben. So zeigte sich, dass der Ozeanboden im Vergleich zu den Kontinenten mit ihrem Alter von etwa 4 Milliarden Jahren rund 20mal jünger ist und vor allem, dass ständig neuer Ozeanboden an den mittelozeanischen Rücken produziert wird. Wie auf einem Fließband wird er beidseits der Rücken wegtransportiert. Nach einer Verweildauer von ca. 200 Millionen Jahren verschwindet der Ozeanboden in einem riesigen Recycling-Prozess schließlich wieder in sogenannten Subduktionszonen unter den Kontinenten und gelangt so zur Kern-Mantel-Grenze zurück. Die Geschwindigkeiten dieser Prozesse betragen 5 bis 10 cm pro Jahr, so schnell wie ein Daumennagel wächst. _____ Ausgehend von diesen Befunden fügten sich viele Einzelbeobachtungen und zunächst widersprüchlich erscheinende Phänomene relativ zwanglos in ein neues Bild unserer Erde. Die grundlegende Wirkungsweise unseres

Planeten wurde klarer: Die Erde funktioniert wie eine riesige Wiederaufbereitungsanlage. Dabei wird sie durch einen Temperaturgradienten mit hohen Temperaturen im Erdkern (4000 bis 5000 °C) angetrieben. _____ Die effektivste und schnellste Möglichkeit der physikalischen Maschine »Erde« zu einem Temperaturausgleich mit dem umgebenden Weltraum zu kommen, ist Wärmeableitung über den Transport heißer Materie. Der Transport von Wärme über die Wärmeleitung in statischem Gestein wäre viel zu langsam. Es steigt also heißes Material von der Grenze des Erdkerns in 2900 km Tiefe durch den Erdmantel nach oben, getrieben durch die Gravitation (denn heißes Material ist spezifisch leichter als kaltes). Dieses Material kühlt an der Oberfläche ab und sinkt wieder nach unten. Auf diese Weise entstehen riesige Walzen (Konvektionswalzen) im Erdmantel, die Material und Energie transportieren und gleichzeitig als Antriebsmotor für die Bewegung der Kontinentalplatten sorgen. Die Kontinente als leichteste Gesteine schwimmen sozusagen auf dem schwereren, laufend neu produzierten Ozeanboden. Erste Hinweise, dass dieser Prozess wenigstens im Prinzip so abläuft, ergaben sich erst kürzlich durch zwei unabhängige Methoden: _____ (1) Globale seismologische Untersuchungen von Scherwellen, die von Erdbeben ausgelöst werden, ergaben, dass es vertikale Strukturen im Erdmantel gibt, die von der Oberfläche bis zur Kern-Mantel-Grenze reichen, und die als absinkendes kaltes Material gedeutet werden können. _____ (2) Hawaii ist das größte Vulkangebäude der Erde; es wird von einem sogenannten Hot-Spot an der Kern-Mantel-Grenze gespeist. Auf Hawaii wurde eine Bohrung in die Abfolge von Ablagerungen der verschiedenen Vulkanausbrüche des Vulkans Mauna Kea niedergebracht, wobei sich interessante Hinweise ergaben: Die Verteilungen der Isotope bestimmter Elemente in den vulkanischen Gesteinen scheinen eine Entsprechung in den Erdkrustengesteinen zu finden; sie unterscheiden sich jedoch grundsätzlich von typischen Mantelgesteinen. Dies bedeutet, dass Relikte ehemaliger Krustengesteine bis zur Kern-Mantel-Grenze hinunter transportiert und mit dem Material des Hot-Spots wieder an die Erdoberfläche gebracht wurden. Damit hat dieses Material den Recycling Prozess einmal durchlaufen. →**das system erde** Wir bewohnen einen dynamischen Planeten, der sich – angetrieben durch großräumige konvektive Stoff- und Energieumlagerungsvorgänge in seinem Inneren und durch vielfältige Einwirkungen von außen – in einem ständigen Wandel befindet. Es hat sich deshalb in den letzten Jahren die Erkenntnis durchgesetzt, dass wir den Lebensraum Erde nur verstehen, wenn wir die Erde als System, d.h. im Zusammenwirken aller ihrer Komponenten betrachten (Geosphäre, Kryosphäre, Hydrosphäre, Atmosphäre, Biosphäre). Dieses »System Erde« zeichnet sich durch eine hohe Komplexität aus. Prozesse, die in und auf der Erde ablaufen, sind miteinander gekoppelt und bilden verzweigte Ursache-Wirkung-Ketten, die durch den Eingriff des Menschen in die natürlichen Gleichgewichte und Kreisläufe zusätzlich beeinflusst werden können. _____ Die rasche Entwicklung der Messtechnik und die inzwischen verfügbaren Computertechnologien haben den Geowissenschaften in den letzten Jahren völlig neue Möglichkeiten an die Hand gegeben, Prozesse in allen zeitlichen und räumlichen Skalenbereichen hochaufgelöst zu erfassen, zu quantifizieren und zu modellieren. Hierzu wird ein breites Spektrum an Methoden und Techniken eingesetzt. Dieses geowissenschaftliche Instrumentarium reicht von speziellen Satelliten und raumgestützten Messsystemen über die verschiedenen Verfahren der geophysi-

oben

DS 7 · 1 SC
0 - 0.55 m

DS 7 · 1 SC
2.0 - 3.2 m

unten

Salz →

❺

❶ Ein passiver Kontinental-
rand: Die Küste von Namibia
mit dem Brandberg-Komplex.
GFZ Potsdam

❷ 1/183 Kleinsatellit CHAMP
des GFZ Potsdam. GFZ
Potsdam, Foto: NASA und
L. Hannemann

❸ Bohrung in den aktiven
Vulkan Mauna Kea, Hawai,
im Frühjahr 1999. *Ein Bohrkern
ist eingeblendet.* Foto: International Continental Scientific Drilling Program ICDP

❷

❸

kalischen Tiefensondierung und Forschungsbohrungen bis hin zu Laborexperimenten unter simulierten Insitu-Bedingungen sowie mathematischen Ansätzen zur Systemtheorie und Modellierung von Geoprozessen. **→ kontinentalränder: lebensraum des menschen** Etwa 80 Prozent der Weltbevölkerung konzentrieren sich in einem 200 km breiten Streifen entlang der Ränder der heutigen Kontinente, wobei diese Regionen, wie zum Beispiel der zirkumpazifische Raum, durch besonders große Bevölkerungs-Wachstumsraten gekennzeichnet sind. Vor diesem Hintergrund und angesichts ihres enormen Nutzungs- und Gefährdungspotenzials kommt den Kontinentalrändern in der geowissenschaftlichen Forschung eine herausragende Bedeutung mit einer erheblichen sozio-ökonomischen Relevanz zu. Die gleichen plattentektonischen Prozesse, die durch Erdbeben und Vulkanismus die Zonen der aktiven Kontinentalränder mit einem hohen Gefährdungspotenzial bedrohen, führen hier zugleich zur Herausbildung großer und wichtiger Lagerstätten. Die Kontinentalränder haben daher in der geowissenschaftlichen Forschung eine herausragende Bedeutung.

_____ Aktive Kontinentalränder sind Kollisionsbereiche von Kontinentalplatten, an denen Material ozeanischer Lithosphäre unter die kontinentale Erdkruste in den Erdmantel subduziert wird. Es sind die geodynamisch aktivsten Regionen der Erde. Sie repräsentieren Lebensräume mit einem besonders starken Gefährdungspotenzial, die immer wieder von verheerenden Erd- oder Seebeben und explosiven Vulkanausbrüchen betroffen werden. Gleichzeitig sind in diesen Gebieten bedeutende Vorkommen von mineralischen Rohstoffen und auch von Kohlenwasserstoffen konzentriert.

_____ Passive Kontinentalränder stellen Randbereiche kontinentaler Plattenteile dar, die bei der Entstehung neuer Ozeane auseinandergedriftet sind. Bei diesem Prozess spielen die bereits erwähnten Hot-Spots und Plumes, d. h. Stellen, an denen heißes Material aus dem Erdinnern durch die Kruste bricht, eine erhebliche Rolle. Sie haben große Bedeutung für die Massenbilanz der Erdkruste, aber auch für das Klima der Erde. Passive Kontinentalränder sind seismologisch und vulkanisch weitgehend inaktiv und vor allem durch lang anhaltende Absenkung und Sedimentation geprägt. Sie besitzen weltweit das größte Potenzial an Kohlenwasserstofflagerstätten und enthalten ebenfalls eine Vielzahl von mineralischen Rohstoffvorkommen. In den Sedimenten der passiven Kontinentalränder sind alle Veränderungen der letzten ca. 150 Millionen Jahre im System »Geosphäre-Ozean-Atmosphäre« archiviert. Ihre Entschlüsselung ist für das Verständnis der Evolution des »Systems Erde« und für eine realistische Einschätzung von Umweltveränderungen in der Zukunft wesentlich. **→ champ – ein gfz-satellit zur vermessung der erde** Eine zunehmend wichtige Rolle spielt in den Geowissenschaften die Beobachtung und Vermessung der Erde aus dem Weltraum. Durch die Entwicklung hochgenauer Sensoren, superschneller Rechner und effektiver Werkzeuge der numerischen Mathematik sind die Geowissenschaften heute in der Lage, in globalem Maßstab selbst feine Details von Prozessen im Erdinnern zu studieren. So wird heute über spezielle Satelliten, wie z. B. dem CHAMP, der im Frühjahr 2000 startet, die räumliche und zeitliche Feinstruktur des Erdschwerefeldes verfolgt. _____ Selbst kleinste Änderungen der Erdanziehungskraft als Folge von Massenumlagerun-gen bzw. Temperaturänderungen werden registriert. Die Auflösung ist mittlerweile so hoch, dass berechtigte Hoffnung besteht, durch derartige Untersuchungen erstaunliche Aufschlüsse zu erhalten, z. B. über das zeitliche Verhalten von Meeresströmungen,

089

einer zentralen Größe im globalen Klimageschehen. →**das magnetfeld der erde** Eine weiterer wichtiger Schlüssel zum Verständnis des Erdinnern ist das Magnetfeld der Erde. Denn Verlauf und Stärke des Erdmagnetfeldes an der Erdoberfläche und im Außenraum der Erde verraten uns wichtige Details über das Funktionieren des »Erddynamos«. _____ Das Erdmagnetfeld setzt sich aus dem inneren und dem äußeren Feld zusammen. Das Erdmagnetfeld wird durch die schnelle Bewegung des äußeren, flüssigen Erdkerns, der im wesentlichen aus Eisen besteht, erzeugt. Dieses innere Feld wird durch das äußere Feld überlagert, das durch elektrische Ströme in der Ionosphäre und der Magnetosphäre erzeugt wird. Das Magnetfeld der Erde bietet zusammen mit der Atmosphäre einen effektiven Schutz vor allem vor schädlicher Strahlung elektrisch geladener Teilchen aus dem Weltall. _____ Ein besonderes, heute überhaupt noch nicht verstandenes Phänomen ist die in unregelmäßigen Abständen erfolgte Umpolung des Erdmagnetfeldes in der Vergangenheit. Auch dies ist eine Erkenntnis aus dem Ocean Drilling Program, denn man hat parallel zu den mittelozeanischen Rücken, an denen flüssiges Gesteinsmaterial austritt, mehr oder weniger breite Streifen gefunden. Die darin konservierten magnetischen Minerale haben sich vor ihrer Erstarrung nach dem jeweils herrschenden Magnetfeld ausgerichtet und zeigen eine wechselnde Polarität an. Derartige Umpolungen kündigen sich durch Änderungen der Magnetfeldeigenschaften an. Beobachtungen der vergangenen 150 Jahre haben ergeben, dass die Stärke des Magnetfeldes in dieser Zeit kontinuierlich abgenommen hat. Satellitenmessungen während der letzten beiden Dekaden weisen zum Beispiel auf eine Abschwächung des Erdmagnetfeldes in Bereichen des Nordatlantiks um etwa 10 Prozent hin. _____ Eine genaue Analyse des Datenmaterials kann so interpretiert werden, dass wir innerhalb der nächsten 700 bis 1000 Jahre mit einer erneuten Umpolung des Magnetfeldes rechnen müssen. Dies hat schon jetzt Konsequenzen für das Leben auf der Erde. So geht eine Abnahme der Feldstärke, wie sie beobachtet wird, einher mit einem erhöhten Strahlungspegel in der näheren Umgebung der Erde. Bereits heute erleiden z. B. niedrig fliegende Satelliten in Regionen niedriger Magnetfeldstärke 90 Prozent ihrer Schädigung durch hochenergetische Teilchenstrahlung. _____ Bei einer detaillierten Kenntnis des Magnetfeldes und seiner Veränderungen besteht die Aussicht, das räumliche und zeitliche Verhalten derartiger Strahlungsanomalien und ihren Einfluss auf die Umwelt vorherzusagen. Vor allem dynamische Vorgänge auf der Sonne führen zu großer magnetischer Unruhe, den sogenannten »magnetischen Stürmen«, die in hohen Breiten als Polarlichter in Erscheinung treten und moderne technische Einrichtungen, wie Telekommunikationssatelliten oder Überlandstromversorgungsnetze, empfindlich stören können. Eine internationale Initiative bemüht sich um eine Vorhersage des »Weltraumwetters«, die eine exakte Kenntnis des geomagnetischen Feldes voraussetzt. →**klima: ein fall für die geowissenschaften?** Zunehmende Industrialisierung und Landnutzung verändern die Strahlungseigen-schaften des Planeten Erde mit der möglichen Folge von anthropogen verursachten Klimaänderungen. Um diese quantitativ richtig einschätzen zu können, müssen zunächst die natürlichen Änderungen des Langzeitklimas (mehr als 10 000 Jahre), Mittelzeitklimas (10 000 bis 100 Jahre) und Kurzzeitklimas hinreichend verstanden werden. Erst wenn dieses Ziel erreicht ist, lassen sich belastbare Aussagen darüber machen, in welchem Maße menschliche Aktivitäten zu klimabedingten Katastrophen, wie Überschwem-

❶ 1/109 Johann Joachim Becher: Physica Subterranea (1703), Frontispiz. *Bechers Schrift verhieß eine neue Chemie der Erden, durch die das Unterirdische augenfällig (ad oculum) demonstriert werden sollte. Diese Visualisierung des Unsichtbaren geht im Vorsatzblatt auf alchimistische Emblematik zurück. Zwei Hände mit den Aufschriften »Ratio« und »Experimenta« öffnen einen barocken Theatervorhang zum Blick in den schwangeren Weltleib. Dieser Körper ist durch Planeten bestimmt: Seinen Kopf bildet Sol, die Sonne, umgeben von (im Uhrzeigersinn) Luna, Venus, Saturn, Mars; Jupiter und Merkur.* Berlin, Staatsbibliothek Preußischer Kulturbesitz

❷ 1/108 Athanasius Kircher: Mundus Subterraneus, Amsterdam 1667. Freie Universität Berlin, Universitätsbibliothek

❶

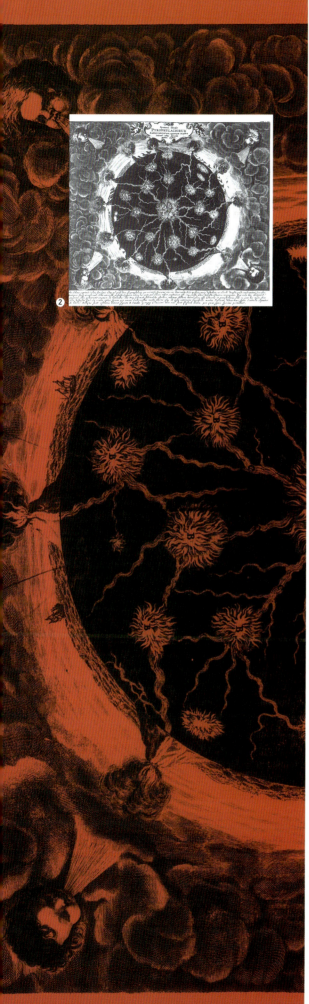

mungen, Stürmen, Unwettern, Dürren, Hitze- und Kälteperioden beitragen. _____ In diesem Zusammenhang spielen die thermischen und dynamischen Wechselwirkungen zwischen der Atmosphäre, dem Ozean und vor allem auch der Biosphäre eine wichtige Rolle. Über die Kopplung zwischen Ozean und Atmosphäre wird zum Beispiel das El-Niño-Phänomen gesteuert, und Schwankungen der atmosphärischen Zirkulation über der Nordhemisphäre scheinen ebenfalls auf Wechselwirkungen zwischen dem Ozean, dem Meereseis und der Atmosphäre zu beruhen. Aber auch geologisch-tektonische Prozesse haben gravierende Auswirkungen auf das Klimasystem. Der Zusammenhang zwischen der Heraushebung des Tibet-Plateaus und der Monsun-Entwicklung in Asien seit dem Oligozän gibt ein Beispiel hierfür. _____ Die Geowissenschaften stellen sich dem Forschungsgegenstand »Klima« sowohl wegen des grundsätzlichen öffentlichen Interesses an diesem Thema als auch mit dem Ziel, zu einer Versachlichung der Diskussion über die Ursachen von Klimaveränderungen beizutragen. Mit Hilfe dynamischer Klimamodelle werden Paläoklimate rekonstruiert und die Wirkungsweise des Klimasystems analysiert. Als Informationsquellen dienen dabei die geo-biowissenschaftlichen Archive, wie Meeressedimente, Seesedimente, Bohrkerne aus den polaren Eiskappen, Korallen, Baumringe und Höhlensinter. _____ Diese Archive stammen aus den unterschiedlichsten Klimazonen der Erde und haben zum Teil eine Auflösung im Jahresbereich. Bohrkerne, die aus dem Toten Meer gewonnen wurden, zeigen beispielsweise einen abrupten Klimawechsel vor etwa 2000 Jahren. Vorher finden sich feinlaminierte Sedimente mit Resten biologischen Materials, die auf ein mediterranes Klima in dieser Region hinweisen. Diese Bedingungen haben sich innerhalb weniger Jahre geändert, denn man findet oberhalb der laminierten Sedimente nur noch Salzablagerungen. Dies deutet auf eine Verdunstung des Wassers und damit auf arides Klima, wie es heute noch in dieser Region herrscht. _____ Die aus den Klimaarchiven abgeleiteten Daten werden wesentlich dazu beitragen, zwischen anthropogen bedingten und natürlichen Klimaschwankungen zu unterscheiden und das Spektrum der Prozesse, die solche Klimavariationen verursachen und steuern, zu vervollständigen. Damit wird die Grundlage für eine zuverlässige Berechnung von Klimaszenarien und wahrscheinlich auch für Klimavorhersagen auf der Zeitskala von Jahrzehnten erarbeitet. →konti-nentale bohrungen, ein leistungsfähiges instrument Die modernen Geowissenschaften sind auf immer komplexer werdende Messverfahren und Simulationstechniken angewiesen, um das globale »System Erde« zu entziffern und die ablaufenden Prozesse, die unseren Lebensraum entscheidend prägen, zu verstehen. Hauptforschungsgegenstand der Geowissenschaften sind aber trotz aller modernen Technologie seit jeher und auch in Zukunft die Gesteine der Erde und die damit verbundenen Prozesse. Einen direkten Zugang zu der weitgehend verborgenen und unzugänglichen Welt unter unseren Füßen geben uns Bohrungen. Von den bahnbrechenden Erkenntnissen des Ocean Drilling Program war bereits die Rede. Die hier gewonnenen Einsichten sind ausnahmslos dem genauen Studium der gewonnenen Bohrkerne zu verdanken, den aus der Tiefe geförderten Gesteinsproben. _____ In den letzten Jahren hat sich die Aufmerksamkeit der Geowissenschaften wieder den Kontinenten als dem eigentlichen Lebensraum der Menschen zugewandt. Dies wird dokumentiert durch verschiedene große geowissenschaftliche Projekte auf den Kontinenten. Das prominenteste unter diesen Projekten ist sicherlich das Kontinentale Tiefbohrprogramm der

Bundesrepublik Deutschland (KTB, das von 1987 bis 1995 in der bayerischen Oberpfalz nahe dem Städtchen Windischeschenbach durchgeführt wurde. _____ Hier wurde eine Pilotbohrung bis in eine Tiefe von 4 km und eine übertiefe Bohrung bis auf 9,1 km niedergebracht. Ziel dieses Projektes war die Untersuchung der physikalischen und chemischen Prozesse, die in der kontinentalen Kruste ablaufen und Entwicklung sowie Aufbau einer typischen kontinentalen Kruste bestimmen. Dabei konnten herausragende Ergebnisse gewonnen werden. Eine große Überraschung war, dass bis in eine Tiefe von über 9 km frei bewegliche Fluide (Flüssigkeiten und Gase) gefunden wurden, die zudem in einer direkten hydraulischen Verbindung mit der Oberfläche stehen. Damit war die bis dahin gültige Vorstellung einer durch den hohen Gesteinsdruck völlig abgedichteten tieferen Kruste passé. Dieser Befund hat erhebliche Auswirkungen auf die Vorstellungen über die Bildung von Lagerstätten oder den Transport von Wärmeenergie in der Kruste. Die Bohrung hatte Tiefen mit einer Temperatur von 270 °C erreicht und damit eine Schicht der Erdkruste, in der sich das mechanische Verhalten der Gesteine verändert; denn ab dieser Temperatur beginnen sie auf Spannungskräfte plastisch zu reagieren. Die Messung der bis in diese Tiefe in den Gesteinen akkumulierten Spannungskräfte ergab, dass die Belastungen bis knapp unter die Bruchfestigkeit reichen. Dies bedeutet zweierlei: Erstens ist nur eine sehr geringe Kraft nötig, um das Gestein zum Brechen zu bringen – mit der direkten Folge eines Erdbebens. Zweitens wirken Spannungskräfte, die an einer Stelle einer Kontinentalplatte einwirken (beispielsweise bei der Kollision Afrikas mit Europa, die zur Auffaltung der Alpen geführt hat) durch die gesamte Kruste wie durch einen Spannungsleiter und können an einer weit entfernten Stelle ein Erdbeben auslösen. _____ Diese Erkenntnisse sind von grundlegender Bedeutung für die Erdbebenforschung. _____ Die beiden Bohrungen in der Oberpfalz wurden ab 1996 mit hochempfindlichen Messgeräten bestückt und dienen

> **»JEDES STÜCK MATERIE KANN WIE EIN GARTEN VOLLER PFLANZEN UND WIE EIN TEICH VOLLER FISCHE AUFGEFAẞT WERDEN. ABER JEDER ZWEIG DER PFLANZE, JEDES GLIED DES TIERES, JEDER TROPFEN SEINER SÄFTE IST WIEDERUM EIN SOLCHER GARTEN ODER EIN SOLCHER TEICH.«**
>
> Gottfried Wilhelm Leibniz: Monadologie, Lehrsatz 67

heute als so genanntes Tiefenobservatorium, als ein »Teleskop in die Tiefe«. Messungen in diesen Tiefen werden nicht beeinflusst durch Oberflächenstörungen wie zum Beispiel den Autoverkehr oder den Wettereinfluss, und liefern Messdaten über den Puls unserer Erde mit einer sonst nicht erreichbaren Auflösung und Genauigkeit. **→ vom ktb zum icdp: dinos und diamanten** Durch den großen Erfolg des KTB wurde 1996 ein Internationales Kontinentales Bohrprogramm (International Continental Scientific Drilling Program, ICDP) initiiert, bei dem Deutschland durch sein Know-how eine führende Rolle hat. Als erstes erfolgreiches Projekt wurde 1998 eine Bohrung im Baikalsee in Sibirien niedergebracht. Sie ergab einen 600 m langen Sedimentbohrkern, der die klimatische Entwicklung dieses großen Kontinentalbereichs über die letzten 15

Millionen Jahre dokumentiert. Ende 1999 wurde eine Bohrung in den größten Vulkan der Erde auf Hawaii in einer Tiefe von mehr als drei Kilometern abgeschlossen. Bei dieser Bohrung ging es darum, anhand der Bohrkerne die Entwicklung des Vulkans zu entziffern und die Hypothese des Materialrecyclings zu untersuchen (s.o.). ——— Zukünftig sind Bohrprojekte in Mexiko, im Osten von China und Kalifornien geplant. In Mexiko geht es um den 65 Millionen Jahre alten Meteoriteneinschlagkrater Chicxulub. Dieser Meteoriteneinschlag wird für das Aussterben der Dinosaurier verantwortlich gemacht; anhand der Bohrkerne soll die Entwicklung des Lebens nach dem Einschlag rekonstruiert werden. Eine Bohrung in der Dabie-Sulu-Region in Ostchina (nahe der Stadt Qingdao, ehemals Tschintau) soll die Entwicklungsgeschichte von so genannten Ultrahochdruck-Gesteinen entschlüsselt werden. Es handelt sich hierbei um Gesteine, die sich in sehr großen Erdtiefen befunden haben und deshalb Diamanten enthalten. Bei diesem Projekt geht es um den geodynamischen Prozess, der zur Entstehung dieser weltweit einmaligen Gesteine geführt hat. ——— Ein besonders spektakuläres Projekt soll im Jahr 2001 starten: Mit einer Bohrung in die berüchtigte San Andreas Verwerfung zwischen Los Angeles und San Francisco, der wohl bekanntesten Erdbebenzone der Welt, möchten Geowissenschaftler dem Geheimnis der Entstehung von Erdbeben näher kommen. Durch Langzeitbeobachtungen direkt am Entstehungsort der Beben sollen die Mechanismen studiert werden. ——— Es war ein langer Weg von den älteren, vagen Vorstellungen über die Erde und die Vorgänge in ihrem Inneren bis hin zu Bohrkernen direkt aus einer Erdbebenzone. Aber die Erde und ihr geheimnisvolles Inneres bieten auch in der Zukunft noch genügend Überraschungen, die es mit neuen Ideen und Technologien zu erkunden und zu verstehen gilt.

03_2) von der sintflut zur plattentektonik

——— PETER GIESE

→ **frühe vorstellungen über die entwicklung der erde** Nach den großen Entdeckungsreisen des 16. und 17. Jahrhunderts, als die ersten Weltkarten gezeichnet wurden, stellte sich den Geographen ein Welträtsel: die merkwürdige Übereinstimmung der einander gegenüber liegenden Küstenlinien von Afrika und Südamerika. Um 1620 bemerkte bereits Sir Francis Bacon (1561-1626) diese Ähnlichkeit und sah es als kein »bloß zufälliges Faktum« an. Die Geognosten des 17. und 18. Jahrhunderts glaubten an die Formung der Erdoberfläche durch die Sintflut. Im Jahr 1756 schloss der deutsche Theologe Theodor Christoph Lilienthal aus Bibelstellen, dass die Erdoberfläche nach der Sintflut auseinander gerissen sei. Als Beweis sah er die aneinander passenden Küsten beiderseits des Atlantiks an. Auch Alexander v. Humboldt mit seinem Blick für globale Übereinstimmungen bemerkte diesen Sachverhalt. Er erkannte darüber hinaus geologische Ähnlichkeiten auf beiden Seiten des Atlantiks. Leider zog er den falschen Schluss: Der Atlantische Ozean sei nur ein gewaltiges Tal, das durch Erosion entstanden und durch das Wasser der Sintflut gefüllt worden sei. ——— In der zweiten Hälfte des 19. Jahrhunderts

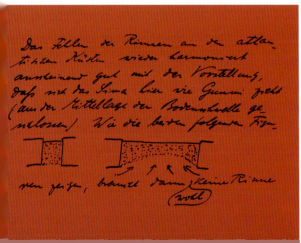

wurden Ansätze unternommen, um von den biblischen Vorstellungen über das Alter der Erde von einigen tausend Jahren abzukommen. Auf der Basis physikalischer Prozesse versuchte man das Alter der Erde abzuschätzen. So berechnete Lord Kelvin (1824-1907) aus dem geothermischen Gradienten für die Erde ein Abkühlungsalter von ca. 100 Millionen Jahren. Aus den Ablagerungen von Sedimenten ergaben sich weitere Altersangaben, die zwischen einigen 10 und einigen 100 Millionen Jahren lagen. Eine völlig neue und zuverlässige Basis für alle Altersbestimmungen wurde mit der Entdeckung der natürlichen Radioaktivität durch Becquerel (1852-1908) im Jahre 1896 geschaffen. Aus der quantitativen Bestimmung der Zerfallsprodukte lässt sich das Alter des Gesteins ermitteln. Die ältesten Gesteine, die zum Beispiel in Grönland gefunden werden, sind knapp 4 Milliarden Jahre alt, während das Alter der Erde heute auf etwa 4,5 Milliarden Jahre bestimmt wird. So standen erstmals verlässliche Altersdaten zur Verfügung, die es erlaubten, die Diskussion über die Entstehung der Kontinente und Ozeane zu führen. —— Eine globale Hypothese wandernder Kontinente wurde erstmals im Jahre 1910 von dem Amerikaner Frank B. Taylor vorgelegt, doch große Beachtung fand sie nicht. In den ersten Jahrzehnten des 20. Jahrhunderts war die geologische Lehrmeinung von der Vorstellung geprägt, dass sich die Erde abkühlt und schrumpft, und dass hierdurch alle tektonischen Prozesse gesteuert werden. In diesem Weltbild des Fixismus hatte die Vorstellung eines Mobilismus mit sich bewegenden Kontinenten keinen Platz. Kurz vor dem Ersten Weltkrieg tauchte jedoch ein geologischer Außenseiter auf, der das Gebäude des Fixismus ins Wanken bringen sollte.

→**die kontinentaldrift** Den ersten großen Anstoß zur Kontinentaldrift gab Alfred Wegener, der im Jahre 1880 in Berlin geboren wurde. Er studierte Naturwissenschaften, insbesondere Astronomie und Meteorologie. Von 1906-1908 nahm er bereits an einer Grönland-Expedition teil, eine Region, deren Erforschung für ihn lebensbestimmend wurde. Mit nur 29 Jahren habilitierte er sich an der Universität Marburg für die Fächer Meteorologie, praktische Astronomie und kosmische Physik. Wie kam nun Wegener als Nicht-Geologe auf die Idee der Kontinentalverschiebung? Er selbst berichtet hierüber in der vierten Auflage seines Buches *Die Entstehung der Kontinente und Ozeane.* Er schreibt: »Die erste Idee der Kontinentverschiebungen kam mir bereits im Jahr 1910 bei der Betrachtung der Weltkarte unter dem unmittelbaren Eindruck von der Kongruenz der atlantischen Küsten, ich ließ sie aber zunächst unbeachtet, weil ich sie für unwahrscheinlich hielt«. Ein Jahr später fällt ihm ein neuer Atlas in die Hand. Er beschreibt weiter: »Passt nicht die Atlantikküste Südamerikas genau an die Westküste Afrikas, als ob sie früher zusammen gehört hätten? Noch besser stimmt es, wenn man die Tiefenkarte des Atlantischen Ozeans ansieht und nicht die jetzigen Kontinentalränder, sondern die Ränder des Absturzes in die Tiefsee vergleicht.« —— An die wissenschaftliche Öffentlichkeit trat Wegener zum ersten Mal am 6. Januar 1912 auf einer Tagung der Geologischen Vereinigung in Frankfurt/Main mit dem Vortrag *Die Herausbildung der Großformen der Erdrinde (Kontinente und Ozeane) auf geophysikalischer Grundlage.* Er stieß auf einhellige Ablehnung. —— Wegeners Verschiebungstheorie ging von der Annahme aus, dass die Landmassen der Erde im Erdaltertum (vor 290 Millionen Jahren) ehemals in einem einzigen Kontinent, der Pangäa, zusammengeschlossen waren, der erst im Erdmittelalter (250 bis 65 Millionen Jahre) zerspalten und auseinander gedriftet sei. Die damalige Kenntnis vom Aufbau der Erde gab Wegener die Möglichkeit, weite horizontale Kontinentalverschiebungen zu postulieren.

Die Erdkruste der Kontinente wird aus leichten granitischen Gesteinen, damals Sial (Silizium + Aluminium) genannt, aufgebaut. Das Sima (Silizium + Magnesium) genannte Gestein mit einer höheren Dichte liegt unter der kontinentalen Kruste und baut auch den Untergrund der Ozeane auf. Wegener verglich dieses Sima mit Pech, das sich gegenüber kurzzeitigen Beanspruchungen spröde verhält, sich jedoch unter der Einwirkung langfristiger geologischer Kräfte plastisch verformt. Ähnlich wie Eisblöcke im Wasser schwimmen die leichten Kontinente auf dieser plastischen, dichteren Materie. Der Vorstellung der Isostasie folgend, tauchen dicke Kontinente tiefer ein als dünne. Nun gab es aus der Paläontologie Beweise dafür, dass in der geologischen Vergangenheit beiderseits des Atlantiks ähnliche und gleiche Tiere und Pflanzen lebten. Die einfachste Erklärung hierfür sind versunkene kontinentale Landbrücken. Doch dies steht im Widerspruch zur Isostasie und der Unmöglichkeit, dass Kontinente durch einfaches Versinken verschwinden können. Wegener löst dieses Problem, indem er die Kontinente auseinander reißen und driften lässt. Das paläoklimatische Problem der Vereisung auf den Südkontinenten am Ende des Erdaltertums erklärte er durch die Annahme, dass seinerzeit diese Kontinente in Polnähe lagen und später durch die Polfluchtkraft in Richtung Äquator gedriftet sind. Somit konnte die Kontinentalverschiebung mit einem Schlag drei ganz verschiedene Beobachtungen erklären. _____ Als treibende Kräfte der Kontinentalverschiebung nahm Wegener an, dass die Polfluchtkraft die leichten Kontinente gegen den Äquator drängte. Eine zusätzliche Westdrift wird sowohl durch die Präzession der Erdachse als auch durch Gezeitenreibung zwischen Erde und Mond verursacht. Von geophysikalischer Seite wurde aber gezeigt, dass diese Kräfte viel zu schwach sind, um Kontinente in Bewegung zu setzen und durch das zähe Sima zu bewegen. Wegener war sich dieser Schwierigkeit bewusst und bemerkte: »Für die Verschiebungstheorie ist der Newton noch nicht gekommen. Man braucht wohl nicht zu besorgen, dass er ganz ausbleiben werde.« →**die plattentektonik, die renaissance der kontinentalverschiebung** Nach dem Zweiten Weltkrieg erfuhr die geowissenschaftliche Forschung weltweit einen großen Aufschwung. Anfang der fünfziger Jahre entwickelte sich die Paläomagnetik und versuchte, die Geschichte des erdmagnetischen Feldes vergangener Erdepochen zu erforschen. Die Richtung früherer Erdmagnetfelder wird zum Beispiel durch magnetische Mineralien in Basalt, einem vulkanischen Gestein, festgehalten. Bei der Abkühlung des Basaltes werden diese magnetischen Minerale in Richtung des fossilen Erdfeldes magnetisiert. Aus dieser eingefrorenen Magnetisierungsrichtung lässt sich die Lage der erdmagnetischen Pole zur Zeit der Erstarrung der Gesteine bestimmen. Auch Sedimente mit Magnetitgehalt haben ein magnetisches Gedächtnis. Untersucht man Gesteinsproben unterschiedlichen Alters aus verschiedenen Kontinenten, so kommt man zu überraschenden Ergebnissen. Geht man bis zu 15 Millionen Jahren in der Erdgeschichte zurück, so lagen die erdmagnetischen Pole in unmittelbarer Nähe der geographischen Pole, so wie es heute auch der Fall ist. Ein anderes Bild bietet sich für ältere Epochen. Gesteine jeweils nur eines Kontinentblockes, zum Beispiel aus Eurasien oder Nordamerika, zeigen mit zunehmendem Alter eine scheinbare Wegbewegung der Magnetpole von den heutigen geografischen Polen. Zudem hat jeder Kontinent seine eigene scheinbare Polbahn. Dieses zunächst schwer verständliche Resultat findet eine einfache Erklärung, wenn man die Kontinente nicht in ihrer Lage festhält, sondern ihnen eine voneinander unabhängige Beweglichkeit einräumt. Geht man davon aus, dass die erdmagnetischen Pole stets in der Nähe der geografischen Pole

❶ Wegeners Vorstellung vom Aufbau des Erdkörpers, 1915. Staatsbibliothek zu Berlin – Preussischer Kulturbesitz
❷ Entstehung der Kontinente nach Wegener, 1915. Staatsbibliothek zu Berlin – Preussischer Kulturbesitz
❸ Alfred Wegener in Grönland 1929. Foto von J. Georgi
❹ Gedenkbriefmarke für Alfred Wegener mit Darstellung der driftenden Kontinente
❺ Gliederung der Erdoberfläche in Platten. *Ruckartige Verschiebungen an den Plattengrenzen verursachen Erdbeben. In den Ozeanen fallen diese Zonen mit den sich dehnenden Rücken zusammen. Dagegen sind Erdbebenzonen in kontinentalen Bereichen Zeugen von Kollisionsprozessen.* Geo Grafik

❷

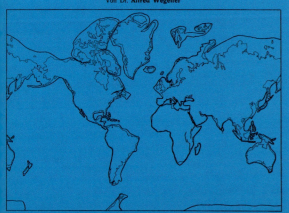

Die Entstehung der Kontinente
Von Dr. Alfred Wegener

gelegen haben, so spiegeln die scheinbaren Polbahnen in Wirklichkeit die Wanderwege der Kontinente wider. Damit gab Mitte der fünfziger Jahre die Paläomagnetik einen wesentlichen Anstoß zum Wiederaufleben der Wegenerschen Ideen. ——— In den fünfziger Jahren begann auch eine systematische Erforschung der Morphologie des Ozeanbodens. Es zeigte sich, dass die in einzelnen Teilen bereits bekannten mittelozeanischen Rücken zusammenhängende, erdumspannende untermeerische Gebirge bilden, die sich aber grundsätzlich in Form und Aufbau von den kontinentalen Gebirgen unterscheiden. Bemerkenswert ist ein stets auf der Mittellinie des Rückens gelegenes Tal, das sogenannte »rift valley«. Auffallend sind ferner die zahlreichen seitlichen Versetzungen der Rücken, wie sie zum Beispiel im mittelatlantischen Rücken auftreten. Auf dieser Datenbasis entwickelte der amerikanische Seeoffizier und Geophysiker Harry H. Hess um 1960 die Idee der Ozeanbodenspreizung (sea-floor spreading), die er damals noch vorsichtigerweise »Geopoesie« nannte. ——— Während der ozeanographischen Messfahrten wurde auch das erdmagnetische Feld gemessen. Hierbei heben sich die Flanken der mittelozeanischen Rücken durch ein merkwürdiges Streifenmuster mit positiven und negativen Anomalien heraus, das sich parallel und symmetrisch zur Achse dieser Rücken anordnet. Wie konnte man diese Merkwürdigkeit erklären?——— Die seit den fünfziger Jahren durchgeführten gesteinsmagnetischen Untersuchungen zeigten nicht nur die bereits erwähnten scheinbaren Polwanderungen, sondern ebenso überraschend auch einen unregelmäßigen Wechsel der Polarität des Erdmagnetfeldes. Das Umpolen von Nord auf Süd und umgekehrt vollzieht sich innerhalb einiger Jahrzehntausende, während dann über einige Jahrhunderttausende bis zu einigen Millionen Jahre die Polarität erhalten bleibt. Die Quelle des Erdmagnetfeldes mit seinen Polaritätsumkehrungen muss in Stromsystemen gesucht werden, die im flüssigen äußeren Erdkern fließen. Im Jahr 1963 publizierten Fred J. Vine und Drummond H. Matthew eine Erklärung für diese Merkwürdigkeit. Unter den mittelozeanischen Rücken dringen aus dem oberen Erdmantel basaltische Schmelzen auf und bei ihrer Abkühlung unterhalb des Meeresbodens erhalten sie eine Magnetisierung in Richtung des gerade herrschenden Feldes. Beim Auseinanderweichen des Ozeanbodens wandern die unterschiedlich magnetisierten Blöcke symmetrisch vom Rücken weg. Durch häufigen Wechsel der Magnetfeldrichtung und in Verbindung mit der kontinuierlichen Spreizung des Rückens entsteht das beobachtete symmetrische Streifenmuster. Der wachsende Ozeanboden wird somit zu einem Magnetband, das die Geschichte des Erdmagnetfeldes und des Ozeanbodens aufzeichnet. In Verbindung mit radiometrischen Altersbestimmungen der Ozeanbodengesteine kann die Spreizungsgeschwindigkeit des Ozeanbodens bestimmt werden. Sie liegen in der Größenordnung von Zentimeter-Dezimeter pro Jahr. ——— Auch die Seismologie hatte nach dem Zweiten Weltkrieg große Fortschritte gemacht. In den sechziger Jahren richteten die USA ein weltweites Netz einheitlicher seismologischer Registrierstationen zur Detektion von möglichen Atombombenexplosionen der Gegenseite ein, die natürlich auch die normalen Erdbeben erfassten. ——— Mitte der sechziger Jahre war es so weit, die zahlreichen geophysikalischen und geologischen Beobachtungen zu einer umfassenden Synthese der Plattentektonik zu vereinigen. Der Kanadier J. Tuzo Wilson war wohl der Erste, der Mitte der sechziger Jahre den Begriff »plate tectonics«, also Plattentektonik einführte. Das globale Muster der Erdbebenzonen zeichnet die Einteilung der Erdoberfläche in sechs große Platten und etwa 14 kleine Platten vor. Die Plattengrenzen fallen im Allgemeinen nicht mit den Kontinen-

Geokor
Wasser
Stickstc

a

Aff

e

Südamerika und Afrika
ltnissen

ALFRED WEGENER 1880-1930
THEORIE DER KONTINENTALVERSCHIEBUNG
60 DEUTSCHE BUNDESPOST BERLIN

talrändern zusammen. Die Platten der modernen Plattentektonik sind somit nicht identisch mit den wandernden Kontinenten Wegeners. Diese so genannten Lithosphären-Platten mit kontinentalem, ozeanischem oder gemischtem Aufbau sind 100-200 km dick und verhalten sich mehr oder minder starr. Sie schwimmen auf einer weicheren Schicht, der Asthenosphäre. So ergeben sich folgende mögliche Relativbewegungen zweier Platten: Entlang der mittelozeanischen Spreizungsrücken dringen heiße Gesteine aus dem Erdmantel empor, neuer Ozeanboden wird gebildet und die Platten driften auseinander. Dieser Prozess wird als ein wesentlicher Motor für die Plattenbewegungen angesehen. _____ In Kollisionszonen dagegen stoßen zwei Platten aufeinander und überschieben sich (Ozean/Ozean-, Ozean/Kontinent- und Kontinent/Kontinent-Kollision). Am Rand der oberen Platte bilden sich Gebirge. Mit der Verschluckung, der Subduktion, ozeanischer Bereiche in den Mantel wird erreicht, dass im Laufe der Zeit die Oberfläche der Erde sich durch die Ozeanbodenspreizung nicht vergrößert. Die Erdbebenherde in solchen Subduktionszonen zeigen, dass dieser Verschluckungsprozess wenigstens bis in eine Tiefe von 700 km reicht. _____ Zwei Platten gleiten seitlich aneinander vorbei, dies ist hinsichtlich der Fläche ein neutraler Prozess.—Diese Gliederung der Erdoberfläche in ein zusammenhängendes Mosaik von Platten und ihr unterschiedliches Bewegungsverhalten unterscheidet die Plattentektonik grundsätzlich von der Wegenerschen Vorstellung mit den durch das Sima driftenden Kontinenten. _____ Der Mittelatlantische und der Südostpazifische Rücken sind Beispiele für Spreizungsrücken des Ozeanbodens, hier wird neuer Ozeanboden gebildet. Ein Spreizungsprozess kann auch unter Kontinenten stattfinden. Ähnlich wie unter mittelozeanischen Rücken können auch hier aufsteigende Mantelgesteine zu einer Dehnung und Verdünnung der Erdkruste und zu einer Grabenbildung führen. Schließlich kann es zur Aufspaltung des Kontinents und zur Entstehung eines neuen Ozeans kommen. Das Rote Meer ist ein Ozean im Frühstadium. _____ Entlang der Andenkette Südamerikas kollidiert der kontinentale Rand der südamerikanischen Platte mit der ozeanischen Nazca-Platte. Eine Kollision zweier kontinentaler Plattenränder findet heute zwischen Europa und Afrika statt. Die Gebirge des Mittelmeer-Gebietes sind Folgen dieses Zusammenstoßes. Auch der Himalaja ist das Ergebnis einer Kontinent/Kontinent-Kollision. Die berühmte San Andreas Verwerfung in Kalifornien ist ein Beispiel für eine seitliche Verschiebung. _____ Die Vorgänge der Neubildung und Verschluckung von Ozeanboden können zu einem globalen Prozess integriert werden, der als »Wilson Zyklus« bezeichnet wird. Der Zerfall eines Superkontinents, das Auseinanderdriften von Kontinenten, ihre anschließende Kollision und Wiedervereinigung zu einem neuen Superkontinent, ist ein sich wiederholender Prozess, der sich vermutlich einige Male in der Erdgeschichte abgespielt hat. Dieser Bildungs- und Vernichtungsprozess hat zur Folge, dass die ältesten heute noch als solche vorhandenen Ozeanbereiche (Nordwest-Pazifik) nur ein Alter von 200 Millionen Jahren haben, während auf den Kontinenten die Erdgeschichte über einen Zeitraum von 4 Milliarden Jahren dokumentiert ist. _____ Eine besondere Erscheinung sind die so genannten »hot spots«, die heißen Flecken, die sich durch ihren Vulkanismus zu erkennen geben. Sie haben ursächlich mit der Plattenverschiebung nichts zu tun. Es gibt ca. 50 hot spots, die sowohl in kontinentalen als auch ozeanischen Bereichen zu finden sind. Man stellt sich vor, dass aus dem tieferen Erdmantel (aus Tiefen über 2500 km) heiße, zum Teil flüssige Gesteine, so genannte Plumes oder Rauchfahnen, in schlanken Säulen aufsteigen. Diese Plumes verhalten sich ortsfest,

097

während sich die Platten über sie hinwegbewegen und vulkanische Brennspuren hinterlassen. Zum Beispiel bildet die vulkanische Inselgruppe von Hawai den heutigen Endpunkt einer derartigen Brennspur, die sich über eine Zeitspanne von 65 Millionen Jahren bis südlich der heutigen Aleuten zurück verfolgen lässt. Das ortsfeste Koordinatensystem der hot spots erlaubt auch die Rekonstruktion der Plattenbewegungen. →spuren der plattentektonik in mitteleuropa Meist werden spektakuläre Beispiele der Plattentektonik aus Regionen beschrieben, in denen diese Prozesse gegenwärtig sichtbar ablaufen, zum Beispiel aus dem zirkumpazifischen Feuergürtel. Sind Spuren der Plattentektonik auch in Europa erkennbar? Europa ist ein Kontinent, der im Laufe der geologischen Entwicklung kontinuierlich von Nord nach Süd fortschreitend durch plattentektonische Anlagerungsprozesse gewachsen ist. Der Kern Europas, das Ur-Europa, wird durch die skandinavischen Länder und die osteuropäische Plattform gebildet. Die hier vorhandenen Gesteine zeigen ein Alter von über 500 Millionen Jahren und sind während verschiedener älterer Gebirgsbildungen entstanden. Die jüngste Eiszeit hat Gesteine aus diesen Regionen nach Norddeutschland als Findlinge verfrachtet. So ist die Granitschale im Lustgarten vor dem Alten Museum in Berlin aus einem derartigen nordischen Findling gearbeitet worden. Viele Millionen kleinerer Geschwister finden sich im Kopfsteinpflaster unserer Straßen wieder. Im Erdaltertum vor 250 bis 600 Millionen Jahren vergrößerte sich dieser Kern im Westen und Norden durch Anlagerung von weiteren Gebirgszügen in Norwegen und Nord-England. Im jüngeren Erdaltertum setzte sich das Wachstum mit der Bildung des variskischen Gebirges fort. Reste davon sind heute noch in den Mittelgebirgen Mittel- und Westeuropas erhalten. Harz, Thüringer Wald, Rheinisches Schiefergebirge, Schwarzwald und Bayrischer Wald sind zum Teil tief erodierte Teile dieses Gebirges, die zahlreiche Hinweise auf plattentektonische Prozesse enthalten. _____ Als jüngster Akt vollzog sich die Angliederung der jungen Gebirge in Südeuropa. Im Erdmittelalter erstreckte sich zwischen Afrika und Mitteleuropa ein aus mehreren Teilbecken und Kontinentfragmenten bestehender Ozean, der in der Erdneuzeit durch die Annäherung der afrikanischen Platte an die europäische Platte eingeengt und zum Teil verschluckt wurde. Es bildeten sich die Alpen, der Apennin, die Karpaten und weitere Gebirge rund um das Mittelmeer. Überquert man den Brenner nach Süden, so betritt man aus geologischer Sicht bereits ein geologisches Fragment von Afrika. Von den im Mittelmeerraum noch heute wirkenden plattentektonischen Prozessen zeugen die zahlreichen zum Teil zerstörenden Erdbeben und die aktiven Vulkane. →fluch und segen der plattentektonik Auf einer Erde ohne Plattenbewegungen würde es keine tektonischen Erdbeben und somit keine Erdbebenkatastrophen geben. Stellt man jedoch die Frage, wie die für die Menschheit so wichtigen Lagerstätten der verschiedenen Stoffe entstehen, so kommt man zu einer anderen Sichtweise. Lagerstätten zeichnen sich dadurch aus, dass hier durch das Zusammenwirken verschiedener chemischer, physikalischer und geologischer Bedingungen eine Konzentration unterschiedlicher Stoffe und ihre Neubildung ermöglicht wird. Lagerstättenbildung ist kein einmaliger Akt, wie es der Fall wäre, wenn die Erde sich statisch verhalten würde. Die Bewegungen der Platten führen dazu, dass die Bedingungen zur Entstehung von Lagerstätten in der Erdgeschichte an unterschiedlichen Stellen immer wieder neu gegeben waren. Zum Beispiel dringt in den mittelozeanischen Rücken Meereswasser durch Spalten einige Kilometer tief in heißes Gestein ein, erhitzt sich, steigt wieder auf und löst

1/98 Max Beckmann (1884–1950). *Landschaft mit Vesuv, Neapel, 1926.* Bayrische Staatsgemäldesammlungen, Staatsgalerie moderner Kunst, München

hierbei aus dem umgebenden Gestein Metall-Ionen heraus. Diese Metallverbindungen werden dann am Meeresgrund in erhöhter Konzentration in metallhaltigen Mineralen ausgeschieden. Typisch für solche Sulfide sind zum Beispiel die Kupferlagerstätten auf Zypern. Durch die Annäherung von Afrika und Europa wurde Ozeanboden zusammengestaucht, und es bildete sich eine Insel aus ozeanischen Gesteinen mit reichen Erzlagerstätten. Diese Erze werden hier schon seit über 3000 Jahren abgebaut. Ägypter, Assyrer, Phönizier, Griechen, Perser und Römer schlugen sich um diese Gabe der Plattentektonik. _____ Die in der ozeanischen Kruste vorkonzentrierten Erze können jedoch noch andere Wege nehmen, um schließlich abbauwürdige Lagerstätten zu bilden. Wenn der Meeresgrund infolge der Plattenbewegungen in den Prozess der Subduktion und der Gebirgsbildung einbezogen wird, findet im Verlauf von magmatischen Prozessen eine weitere Anreicherung metallhaltiger Minerale statt. Die in der Tiefe gebildeten Magmen steigen auf und bilden unter Abkühlung in der Nähe der Erdoberfläche Erzlagerstätten. Die Eroberung Mittel- und vor allem Südamerikas durch die Spanier im 15. und 16. Jahrhundert, die dem Gold und Silber nachjagten, wäre ohne die Früchte der Plattentektonik weniger lohnend gewesen. Auch die Bildung von Erdöllagerstätten ist an bestimmte Bedingungen gebunden, die u. a. durch plattentektonische Prozesse im Verlauf der Erdgeschichte immer wieder neuerlich geschaffen wurden. Die heutigen arabischen Länder wurden hierbei durch die Plattentektonik besonders begünstigt. Im weitesten Sinne ist also die Plattentektonik neben anderen externen Faktoren dafür verantwortlich, dass die Erde ein derart weites Spektrum von Lebensmöglichkeiten bietet. →**historische katastrophen als folge plattentektonischer vorgänge** In historischen, archäologischen und geologischen Zeugnissen sind eine Fülle von katastrophalen Ereignissen dokumentiert, die ursächlich mit plattentektonischen Vorgängen in Zusammenhang stehen. Einige der bekanntesten Ereignisse seien hier aufgeführt. _____ Im Alten Testament wird an zahlreichen Stellen direkt oder indirekt auf Erdbeben-Katastrophen im Heiligen Land verwiesen. Aus plattentektonischer Sicht ist das Heilige Land für das Auftreten von Erdbeben prädestiniert. Die Plattentektonik hat hier ein Nord-Süd verlaufendes Grabenbruchsystem, das sich von der Süd-Türkei her durch den See Genezareth, längs des Jordan-Tales, durch das Tote Meer bis in den Golf von Eilat erstreckt, angelegt. Diese Bruchstruktur ist auch heute noch aktiv. Um etwa 1300 v. Chr. belagerten die Israeliten die Stadt Jericho im Jordan-Tal. Die Bibel berichtet, dass durch das Blasen von Posaunen die Mauern von Jericho zum Einsturz gebracht wurden. Es war aber ein Erdbeben, das die Mauern einstürzen ließ, wie es Ausgrabungen in jüngerer Zeit wahrscheinlich machen. Auch für die Griechen, die in der Kollisionszone zwischen der afrikanischen und der europäischen Platte lebten, waren Erdbeben eine vertraute Erscheinung. Hier hatten die Götter die Möglichkeit, (mit Hilfe der Plattentektonik) ihren Zorn gegenüber den hilflosen Menschen auszudrücken. _____ Eine welthistorische Bedeutung in den Geo- und Geisteswissenschaften erlangte das Erdbeben von Lissabon, das sich zu Allerheiligen, am 1. November 1755, ereignete. Mit einer nachträglich geschätzten Magnitude von 9 soll es in historischer Zeit eines der stärksten Beben gewesen sein. Während dreier starker Stöße wurde diese blühende Stadt fast vollständig zerstört. Folgende Flutwellen mit Höhen bis zu 15 m setzten die Zerstörungen fort. Ausbrechende Feuersbrünste vollendeten das Inferno. Insgesamt wurden 50000-60000 Menschen getötet. Das Epizentrum diese Bebens lag im Atlantik ca. 200 km vor der Südwest-Spitze Portugals auf der Grenze zwischen der Afri-

kanischen und der Europäischen Platte, einer Zone, die sich vom Mittelmeer her durch die Straße von Gibraltar bis zu den Azoren und dem Mittelatlantischen Rücken erstreckt. Dieses Ereignis mit seiner Katastrophe übte nachhaltigen Einfluss auf die Geisteswelt der damaligen Zeit aus. Zweifel an der Allmacht und Güte Gottes wurden laut. Bei Goethe hinterließ dieses Beben tiefe Eindrücke, die er in *Dichtung und Wahrheit* beschreibt. Das Beben wurde auch durch verschiedene Phänomene in Mittel- und Nordeuropa wahrgenommen. So begannen Glocken in Kirchen zu läuten. In Aachen sahen die im Münster versammelten Chorherren, wie das Bild der Muttergottes, das an einem 15 m langen Draht frei von der Decke hing, plötzlich wie ein Seismometer zu pendeln begann. Das Wasser im Taufbecken bewegte sich hin und her. Ähnliche Beobachtungen wurden in Berlin in den Abendstunden am 6. Mai 1976 während des starken Erdbebens in Norditalien gemacht. In den oberen Stockwerken von Hochhäusern begann plötzlich die Wasseroberfläche von Aquarien zu schaukeln, ähnlich wie in den Taufbecken während des Bebens von Lissabon. —— Berühmt ist die erste ausführliche Beschreibung des Ausbruchs des Vesuv im Jahre 79 n. Chr. durch Plinius den Jüngeren. Die Aktivitäten des Vesuv stehen ähnlich wie die der übrigen Vulkane in Süditalien mit den gebirgsbildenden Vorgängen auf der Apennin-Halbinsel in Zusammenhang. Die Namen Pompeji und Herculaneum sind noch heute Symbole für den Untergang einstmals blühender Siedlungen. Andererseits erlaubt uns dieses Ereignis einen Einblick in die auf diese schreckliche Weise konservierte Welt des römischen Lebens. —— Das Jahr 1816 wird als das Jahr ohne Sommer beschrieben. Schnee im Juni und Frost im August zerstörten an der amerikanischen Ostküste einen Großteil der Ernte. Auch in Europa waren Missernten zu verzeichnen. Was war geschehen? Im fernen Ostasien war im Jahre 1815 der Vulkan Tambora auf einer der indonesischen Inseln ausgebrochen. Diese Inselkette liegt an der Kollisionsnaht zwischen der australischen Platte und dem Südrand der eurasischen Platte. Der Ausbruch schleuderte etwa 150 km^3

1/116 Michael Wutky (1739-1823): Vesuv-Ausbruch um 1780. Öffentliche Kunstsammlung Basel

Asche in die Atmosphäre. Die Aschepartikel verblieben jahrelang in der oberen Atmosphäre und schirmten das einfallende Sonnenlicht ab, mit der Folge, dass die Temperaturen weltweit spürbar zurückgingen. Dies ist ein Beispiel dafür, dass ein lokales plattentektonisches Ereignis global große soziale und wirtschaftliche Folgen haben kann. —— Die Sintflut, wenn es sie gegeben hat, ist wahrscheinlich auf externe Prozesse zurückzuführen, auf keinen Fall jedoch auf plattentektonische Vorgänge. →**die plattentektonik im 21. jahrhundert, ein ausblick** Die Plattentektonik hat heute das Stadium der reinen Theorie überwunden, sie ist ein Faktum in den Geowissenschaften. Wie wird sich die Plattentektonik im 21. Jahrhundert entwickeln? Trotz der großen Erkenntnisgewinne, die in den letzten Jahrzehnten erzielt werden konnten, sind doch eine ganze Reihe von Fragen noch offen. Hier sollen drei Problemkreise herausgegriffen werden. —— In einer atemberaubenden Entwicklung sind in den letzten Jahren in der Geodäsie eine Vielzahl neuer Messverfahren entwickelt worden. Heute ist es möglich, die Koordinaten eines Punktes auf der Erdoberfläche mit einer Genauigkeit in der Größenordnung von Millimeter bis Zentimeter zu bestimmen. Damit wird die flächenhafte und globale Erfassung von Bewegungs- und Deformationsvorgängen in quasi Echtzeit möglich sein. Aber auch die Blicke in das Innere der Erde werden neue Aufschlüsse über die hier ablaufenden Prozesse der Plattentektonik geben. Bislang endeten die verfolgbaren

Spuren der Plattentektonik in ca. 700 km, der größten Herdtiefe von Erdbeben. Moderne tomographische Untersuchungen des tieferen Erdmantels mit Hilfe von Erdbebenwellen zeigen, dass unmittelbar oberhalb der Grenze zum Erdkern eine Schicht mit anomalem seismischen Verhalten liegt. Seismisch schnelle und damit auch kältere Bereiche liegen kissenartig unter gegenwärtigen Subduktionszonen. Diese »kalten« Bereiche werden daher als in Subduktionszonen abgesunkene Relikte ehemaliger ozeanischer Erdkruste angesehen. Als Kontrast wird ein großer Körper mit verringerter seismischer Geschwin-

> **»AN DER AUßENSEITE DES SCHIFFES FESTGEBUNDEN, NAHM ICH MIT EINEM OCTANTEN DIE SONNENHÖHE AUF DEM GIPFEL DER WELLE, UND IN IHRER TIEFE, UND BERECHNETE DANACH MIT EINER SICHERHEIT, DIE NICHT ÜBER 10 -12 SEK. ABWEICHEN KANN, DIE GRÖßTE HÖHE DER WASSERWOGEN AUF 40-50'.«**
> Alexander von Humboldt: Über das Universum. Kosmosvorträge 1827/28 (7te Vorlesung)

digkeit und dementsprechend höherer Temperatur unter dem Pazifik gesehen. Man vermutet, dass dieses Material in Plumes einfließt, die dann durch den Erdmantel in die Nähe der Erdoberfläche aufsteigen. Es erhebt sich daher die Frage, in welchem Umfang tiefere Bereiche des Erdmantels in die ab- und aufsteigenden Gesteinsbewegungen einbezogen werden. _____ Schließlich kann gefragt werden, ab wann sich in der Entwicklung der Erde plattentektonische Prozesse nachweisen lassen. Die Erde hat ein Alter von 4,5-4,6 Milliarden Jahren. Die ältesten bekannten Gesteine stammen aus West-Grönland, Nord-Kanada und Australien und zeigen Alter um 4 Milliarden Jahre. Man schätzt, dass vor ca. 2 Milliarden Jahren bereits die Hälfte der heutigen kontinentalen Kruste gebildet war. Vor ca. 1 Milliarde Jahren gibt es bereits klare Hinweise für den Ablauf plattentektonischer Prozesse. Seit dem Erdaltertum vor ca. 600 Millionen Jahren werden die verschiedenen Gebirgsbildungen im Sinne der Plattentektonik interpretiert. Man kann mit Recht von einer Revolution der Geowissenschaften in der zweiten Hälfte des abgelaufenen Jahrhunderts sprechen. Auch wenn sich die ursprüngliche Kontinentalverschiebung in wichtigen Punkten von der modernen Plattentektonik unterscheidet, so ist doch diese stürmische Entwicklung durch die kühnen Ideen von Alfred Wegener eingeleitet worden. Wäre Alfred Wegener nicht im Jahre 1930 in den Eiswüsten Grönlands vor Erschöpfung gestorben, hätte er die Chance gehabt, diese Revolution noch selbst mitzuerleben. Dies war seiner Frau Else Wegener vergönnt, die im Jahre 1992 im Alter von 101 Jahren starb. Der Autor dieses Aufsatzes schätzt sich glücklich, Frau Else Wegener noch persönlich begegnet zu sein.

03_3) schwarze raucher

in der tiefsee ——— PETER UND MARGRET HALBACH

Etwa 70 Prozent der Erdoberfläche sind von Meer bedeckt, mit ihren Wassermassen stellen die Ozeane somit das größte natürliche Labor und vielfältigste Ökosystem der Erde dar. Aber noch gilt: Je tiefer der Meeresboden, desto geringer unser Kenntnisstand. Erst in den letzten fünfundzwanzig Jahren wurde begonnen, mit aufwendiger Technik die Tiefsee zu enträtseln. ——— Wo unter den Ozeanen Mantelschmelze aufsteigt und durch die Ausdehnung von Krustengesteinen große Wärmemengen zirkulieren, entsteht hydrothermale Aktivität. Kaltes Meerwasser dringt hierbei in die von Rissen und Klüften durchsetzten ozeanischen Gesteine ein, wird im Untergrund bis auf mehrere 100°C erwärmt, und verändert seinen geochemischen Charakter, indem es auch sauer und reduzierend wird. Dieses aggressive Fluid kann nun aus dem Umgebungsgestein Metalle und andere Komponenten herauslösen. Aufgrund der geringeren Dichte des heißen Fluids entsteht ein deutlicher Auftrieb. Während des Wiederaufstiegs kühlt die hydrothermale Lösung in der Nähe des Meeresbodens durch Vermischung mit Meerwasser wieder ab, und beginnt aufgrund der Übersättigung seinen Lösungsinhalt in Form von Mineralen abzugeben. Unterhalb des Meeresbodens geschieht dies als Imprägnationen im Umgebungsgestein, am Meeresboden selbst kommt es zum Wachstum von spektakulären mineralischen Schornsteinen. Diese können Höhen von 1 bis maximal 20 Meter erreichen. Wenngleich physikalisch recht stabil, sind sie chemisch doch im Ungleichgewicht mit dem umgebenden kalten und oxidierenden Meerwasser und sind deshalb nach ihrer Bildung bereits wieder der submarinen Verwitterung ausgesetzt. Dabei bilden die erloschenen Schornsteine rostige Schlote von bizarrer Gestalt. ——— Diese Strukturen am Meeresboden zu fotografieren ist kein Problem, aber sie vom Meeresboden abzubrechen und auf das Schiff zu heben, ist aufgrund ihrer Ausmaße und Schwere auch mit modernen Geräten nicht einfach. Ein mehrere Meter hohes Gebilde aus 2000-3000 Meter Wassertiefe mit einem TV-kontrollierten ferngesteuerten Greifer heraufzuholen, erfordert großes Geschick. Nach der fotografischen Vorerkundung am Meeresboden muss zuerst die exakte Lokation der »Probennahme« wieder gefunden werden, und dann gilt es, den Greifer exakt über dem Schornstein zu senken und im richtigen Augenblick zu schließen. Auch das Hieven durch die Wassersäule und das Heben an Bord muss mit Geduld und Fingerspitzengefühl erfolgen. Bislang ist es weltweit nur zwei Mal gelungen, größere Schornsteine mit einem Eigengewicht von mehr als 1 Tonne zu gewinnen: einer dieser beiden ist Gegenstand dieser Ausstellung. Er wurde im August 1998 mit dem deutschen Forschungsschiff Sonne nach mehreren erfolglosen Versuchen während einer Nachtstation aus 2000 Meter Wassertiefe im Nord-Fiji-Becken geborgen. ——— In allen drei Ozeanen, dem Indischen, Pazifischen und Atlantischen, gibt es mittelozeanische Rücken, die insgesamt ein ca. 60 000 km langes

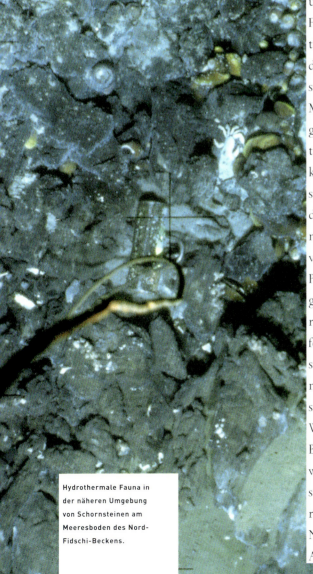

Hydrothermale Fauna in der näheren Umgebung von Schornsteinen am Meeresboden des Nord-Fidschi-Beckens.

❶ Aktiver »schwarzer Raucher« aus dem Bereich des ostpazifischen Rückens. *(Meeresbodenfoto) der schwarz-graue Rauch besteht aus mehr als 300°C heißer Lösung angereichert mit feinen Eisensulfid-Partikeln. Die Schlotöffnung hat einen Durchmesser von ca. 40 cm.*

❷ 1/120 Erloschener Schornstein. *(Ausstellungsstück) von ca. 2 m Höhe und ca. 80 cm Durchmesser. Dieser zweitgrößte Erzschlot, der je aus de Tiefsee geborgen wurde, ist im August 1998 im Nord-Fidschi Becken von dem deutschen Forschungsschiff FS Sonne aus 2000 m Wassertiefe heraufgeholt worden. Berlin, Institu für Mineralogie der Freien Universität*

❸ Wenn die hydrothermale Aktivität erlischt, hört auch das Leben der speziellen Fauna auf. *Schalenreste von Schnecken und Muscheln (links oben) bleiben noch für einige hundert Jahre erhalten und sind Hinweise auf das ehemalige Leben.*

Spreizungssystem bilden. Hier liegen Magmenkammern relativ flach, d. h. oft nur einige 100 Meter bis ca. 2000 Meter unter dem Meeresboden. Durch Aufstieg, Intrusion und Extrusion von Schmelze aus dem Mantel wird hier ständig neuer Ozeanboden gebildet. Diese Kruste driftet mit Geschwindigkeiten zwischen 1 und 20 cm pro Jahr auseinander bis sie Verschluckungszonen – meist an Kontinentalrändern – erreicht und dort dem Kreislauf der Asthenosphäre neu zugeführt wird. —— Durch den Aufstieg von bis zu 1200°C heißem basaltischen Magma wird Wärme und Materie in die Krustengesteine eingespeist. Das Auseinanderdriften der mittelozeanischen Rücken führt zur Bildung von tiefreichenden Rissen und Klüften. Meerwasser kann bis in die Dachregionen von Magmakammern sowohl eindringen, als auch wieder zum Meeresboden aufsteigen: es kommt zur Entstehung von konvektiver Wärmeabfuhr durch hydrothermale Fluidzirkulation mit intensiven Flüssigkeits-Gesteins-Wechselreaktionen. Quantitative Abschätzungen des Wärmeflusses zeigen, dass einzelne Schornsteine mit 350°C Austrittstemperatur einen Energiefluss von etwa 1 Mega Watt haben, größere Felder können deshalb Energieflüsse von 200 bis 250 Mega Watt haben, was der Leistung eines kleineren Kraftwerks entspricht. —— Die chemischen Reaktionen zwischen der fluiden Phase, der Lithosphäre und der Hydrosphäre gehen in mehrere Richtungen, indem (1) sich das zirkulierende Meerwasser drastisch zu einer hochtemperierten, sauren hydrothermalen Lösung mit niedrigem Redoxpotenzial und erhöhten Gehalten an giftigen Gasen wie Wasserstoff, Schwefelwasserstoff, Methan und Kohlendioxid verändert, was mit erheblichen Stoffverschiebungen der gelösten Fracht wie zum Beispiel Metallanreicherung verbunden ist; (2) die ozeanischen Krustengesteine durch die heißen Fluide verändert werden, Metalle abgeben bzw. sich neue Minerale bilden; (3) die heißen Lösungen sich am Meeresboden oder im flachen Untergrund mit kaltem Meerwasser vermischen, wodurch ein großer Teil der Metallverbindungen ausgefällt wird (submarine Lagerstättenbildung); (4) gut lösliche Elemente und Komponenten, die nicht ausgefällt werden, in die ozeanische Wassersäule eingespeist werden und (5) am Meeresboden für die Zeit der hydrothermalen Aktivität ein chemosynthetisches Biosystem – beginnend mit dem Wachstum von Bakterien – entsteht. Diese Wechselwirkungen verdeutlichen, dass der hydrothermale Austausch zwischen Kruste und Ozean einen wichtigen Einfluss auf die geochemischen Kreisläufe und den Haushalt von Lithosphäre, Hydrosphäre und mariner Biologie hat. —— Vor allem die spektakulären Vorkommen der Erz-Schornsteine sind Objekte vieler Forschungsexpeditionen. Durch Vermischung der heißen Lösungen mit kaltem, alkalischem, sauerstoffhaltigem Meerwasser kommt es zu einer raschen Abkühlung, starken Übersättigung und zur spontanen Ausfällung der Elementfracht in Form von Sulfiden, Sulfaten, Oxiden und Silikaten am Meeresboden, wobei die Lösungen mit ihrer Restfracht als schwarzer (mehr als 250°C) und weißer (weniger als 250°C) »Rauch« mit zum Teil sehr hohen Geschwindigkeiten bis 3 Meter pro Sekunde austreten. Der schwarze »Rauch« besteht aus einer Suspension von feinen Eisensulfidteilchen, der weiße »Rauch« setzt sich vor allem aus feindisperser amorpher Kieselsäure und Sulfaten mit beigemengten Zinksulfiden zusammen. Die »Rauchfahnen« existieren allerdings nur bis in wenige Meter Höhe. Sie kühlen schnell ab, die Sulfidpartikel oxidieren und regnen als braun bis braunrote Metalloxidhydrate auf den Meeresboden. Dass die Lösungen meistens nicht verdampfen, liegt an dem hohen hydrostatischen Druck in der Tiefsee. Bei Wassertiefen deutlich unter 3000 Meter reichen allerdings die hohen Fluidtemperaturen manchmal aus, um ein

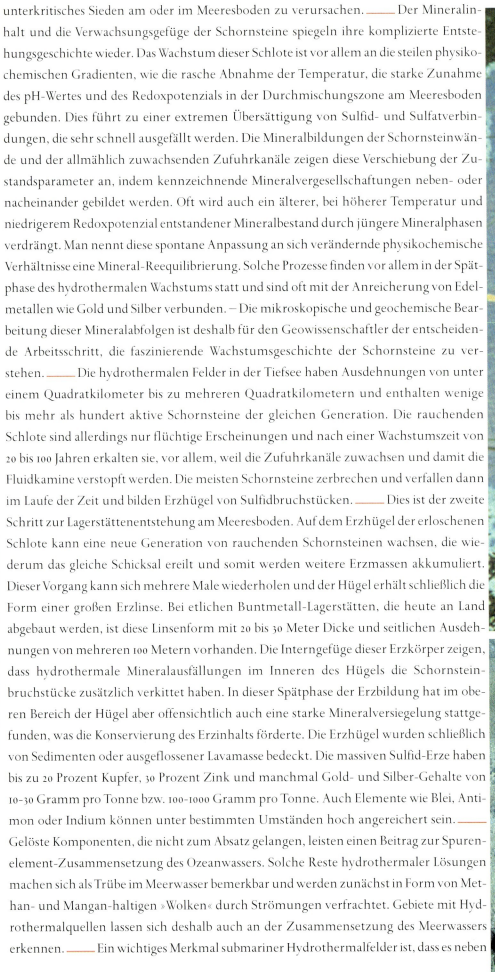

unterkritisches Sieden am oder im Meeresboden zu verursachen. ⎯⎯ Der Mineralinhalt und die Verwachsungsgefüge der Schornsteine spiegeln ihre komplizierte Entstehungsgeschichte wieder. Das Wachstum dieser Schlote ist vor allem an die steilen physikochemischen Gradienten, wie die rasche Abnahme der Temperatur, die starke Zunahme des pH-Wertes und des Redoxpotenzials in der Durchmischungszone am Meeresboden gebunden. Dies führt zu einer extremen Übersättigung von Sulfid- und Sulfatverbindungen, die sehr schnell ausgefällt werden. Die Mineralbildungen der Schornsteinwände und der allmählich zuwachsenden Zufuhrkanäle zeigen diese Verschiebung der Zustandsparameter an, indem kennzeichnende Mineralvergesellschaftungen neben- oder nacheinander gebildet werden. Oft wird auch ein älterer, bei höherer Temperatur und niedrigerem Redoxpotenzial entstandener Mineralbestand durch jüngere Mineralphasen verdrängt. Man nennt diese spontane Anpassung an sich verändernde physikochemische Verhältnisse eine Mineral-Reequilibrierung. Solche Prozesse finden vor allem in der Spätphase des hydrothermalen Wachstums statt und sind oft mit der Anreicherung von Edelmetallen wie Gold und Silber verbunden. – Die mikroskopische und geochemische Bearbeitung dieser Mineralabfolgen ist deshalb für den Geowissenschaftler der entscheidende Arbeitsschritt, die faszinierende Wachstumsgeschichte der Schornsteine zu verstehen. ⎯⎯ Die hydrothermalen Felder in der Tiefsee haben Ausdehnungen von unter einem Quadratkilometer bis zu mehreren Quadratkilometern und enthalten wenige bis mehr als hundert aktive Schornsteine der gleichen Generation. Die rauchenden Schlote sind allerdings nur flüchtige Erscheinungen und nach einer Wachstumszeit von 20 bis 100 Jahren erkalten sie, vor allem, weil die Zufuhrkanäle zuwachsen und damit die Fluidkamine verstopft werden. Die meisten Schornsteine zerbrechen und verfallen dann im Laufe der Zeit und bilden Erzhügel von Sulfidbruchstücken. ⎯⎯ Dies ist der zweite Schritt zur Lagerstättenentstehung am Meeresboden. Auf dem Erzhügel der erloschenen Schlote kann eine neue Generation von rauchenden Schornsteinen wachsen, die wiederum das gleiche Schicksal ereilt und somit werden weitere Erzmassen akkumuliert. Dieser Vorgang kann sich mehrere Male wiederholen und der Hügel erhält schließlich die Form einer großen Erzlinse. Bei etlichen Buntmetall-Lagerstätten, die heute an Land abgebaut werden, ist diese Linsenform mit 20 bis 30 Meter Dicke und seitlichen Ausdehnungen von mehreren 100 Metern vorhanden. Die Interngefüge dieser Erzkörper zeigen, dass hydrothermale Mineralausfällungen im Inneren des Hügels die Schornsteinbruchstücke zusätzlich verkittet haben. In dieser Spätphase der Erzbildung hat im oberen Bereich der Hügel aber offensichtlich auch eine starke Mineralversiegelung stattgefunden, was die Konservierung des Erzinhalts förderte. Die Erzhügel wurden schließlich von Sedimenten oder ausgeflossener Lavamasse bedeckt. Die massiven Sulfid-Erze haben bis zu 20 Prozent Kupfer, 30 Prozent Zink und manchmal Gold- und Silber-Gehalte von 10-30 Gramm pro Tonne bzw. 100-1000 Gramm pro Tonne. Auch Elemente wie Blei, Antimon oder Indium können unter bestimmten Umständen hoch angereichert sein. ⎯⎯ Gelöste Komponenten, die nicht zum Absatz gelangen, leisten einen Beitrag zur Spurenelement-Zusammensetzung des Ozeanwassers. Solche Reste hydrothermaler Lösungen machen sich als Trübe im Meerwasser bemerkbar und werden zunächst in Form von Methan- und Mangan-haltigen »Wolken« durch Strömungen verfrachtet. Gebiete mit Hydrothermalquellen lassen sich deshalb auch an der Zusammensetzung des Meerwassers erkennen. ⎯⎯ Ein wichtiges Merkmal submariner Hydrothermalfelder ist, dass es neben

dem fokussierten Fluidaustritt aus einzelnen Schornsteinen auch diffuse Emanationen über größere Flächen gibt. Diese liegen im niedrig-temperierten Bereich (weniger als 100°C), und enthalten auch reduzierte Gase wie Schwefelwasserstoff, Wasserstoff und Methan; meistens sprudeln sie als klares und warmes Wasser aus dem Boden hervor. Man erkennt diese Austrittsstellen an Schliereneffekten und kleineren bodennahen Temperaturanomalien. Ihr Austritt ist meist an ein Netzwerk von Spalten im Meeresboden gebunden. Ungeklärt ist die Frage, warum manchmal diffuser und fokussierter Austritt eng nebeneinander existieren. Aus der Sicht der hydrothermalen Bioproduktivität und der Energieabfuhr ist der diffuse Austritt quantitativ wesentlich wichtiger: Erste Abschätzungen des beteiligten Wärmeflusses ergaben, dass der diffuse konvektive Wärmetransport 5 bis 10 mal höher ist als der fokussierte. Der niedrig-temperierte diffuse Lösungsaustritt ist das Ergebnis der intensiven Durchmischung von hochtemperierten Lösungen mit kaltem Meerwasser unterhalb des Meeresbodens. Der transparente Zustand und die Farblosigkeit der warmen Lösungen zeigen, dass diese ihren Mineralinhalt schon im Untergrund verloren haben. _____ Eng verknüpft mit den geochemischen Stofftransporten ist der Energietransfer in die organismische Ebene: Die aktiven hydrothermalen Quellaustritte in der Tiefsee sind mit eigenständigen Lebensgemeinschaften assoziiert. Endet die hydrothermale Aktivität, so stirbt die Fauna ab. Die Entdeckung dieses, an extreme physikochemische Bedingungen spezifisch adaptierten Ökosystems, revolutionierte unsere früheren Vorstellungen des marinen Lebens in der Tiefsee. Die Lebensgemeinschaft basiert auf den reichen Vorkommen von Archaebakterien und chemoautotrophen Prokaryonten als erste Glieder in der biogenen Nahrungskette. Die chemosynthetischen Bakterien (Bakterien, die ihren Energiebedarf durch Umsetzung anorganischer Substanzen decken) oder Tiere in Symbiose mit ihnen, sind auf das wechselnde Angebot verschiedener reduzierter Stoffe, unter denen die Elemente Wasserstoff, Schwefel und Kohlenstoff eine entscheidende Rolle spielen, für ihren Metabolismus angewiesen: Sie fixieren chemische Energie in lebender Biomasse. _____ Trotz des giftigen Milieus leben im Sockelbereich der Schornsteine und ihrer näheren Umgebung bakterielle Lebenskünstler, die selbst bei erhöhten Temperaturen prächtig gedeihen. Einige vermehren sich bei 110°C bis 115°C sogar besser als bei niedrigeren Temperaturen. Aber auch höhere Lebewesen können Temperaturen bis 100°C aushalten. Wie die Proteine bei solch hohen Temperaturen vor der Gerinnung geschützt werden, ist weitgehend unbekannt. Sicher ist jedenfalls, dass die notwendigen Verbindungen und die chemisch gebundene Energie der Fauna zum großen Teil erst nach der Bildung der Erzminerale zur Verfügung gestellt werden. Zum Verständnis dieser Vorgänge ist deshalb die Untersuchung der Wechselwirkungen zwischen Geochemie und Biologie ein vorrangiges und aktuelles Forschungsfeld, zumal mit diesen submarinen Hydrothermalfeldern auch ein Ökosystem vorliegt, das im Gegensatz zu anderen Ökosystemen der Erde von anthropogenen Umwelteinflüssen gänzlich unberührt ist.

❶ Erzmikroskopisches Bild von kupferreichem Massivsulfid aus dem Außenbereich eines erloschenen Schornsteins.
❷ An der Oberfläche eines hydrothermalen Hügels im Nord Fidschi-Becken *(Meeresbodenfoto)* liegen dezimetergroße Bruchstücke von zerfallenen Erzschornsteinen. Sie liegen in sandigem Material aus mehr oder weniger stark oxidierten Erzkörnern.

107

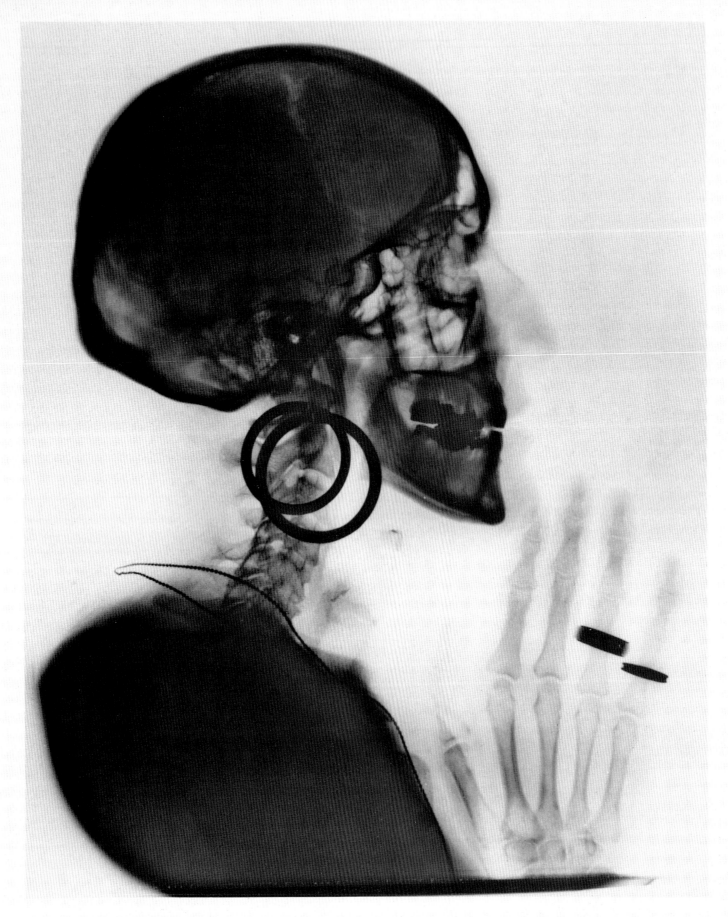

Meret Oppenheim (1913 – 2000)

7/20

Meret Oppenheim

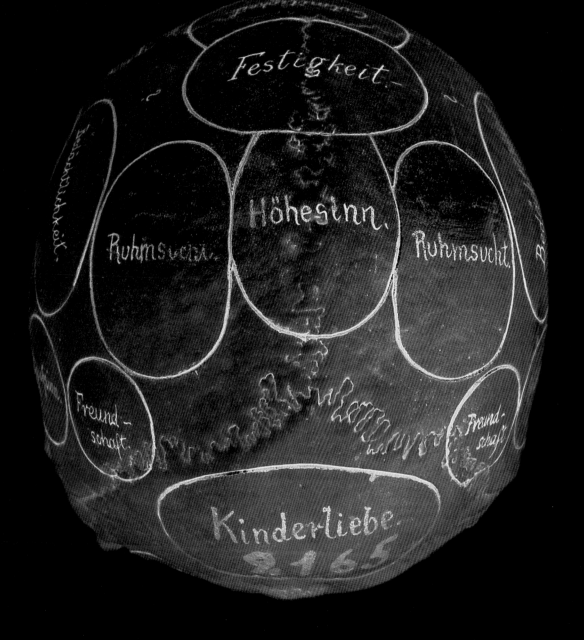

Caput phisicum

A Cerebrum per totum
B Sensus cois
C imaginatio
D Fantasia
E Estimatiua
F Memoria

❶ 1/55 Meret Oppenheim
(1913–1985): Röntgenaufnahme
des Schädels M. O., 1964.
Hamburg, Thomas Levy
Galerie

❷ 1/14 Gallscher Schädel
(um 1820) nach Franz Joseph
Gall (1758–1828) zur Verortung
geistiger Vermögen.
Anatomisches Institut der
Universität Bonn

❸ 1/59 Ludovicus de Prussia,
Trilogium animae, Nürnberg:
Anton Koberger, 1498. *Kopf
mit sechs durch Buchstaben
bezeichneten Hirnzonen:
A = Cerebrum per totum (Kopf
als Ganzes), B = Sensus Communis (Urteilsfähigkeit),
C = Imaginatio (Einbildungskraft), D = Fantasia (Phantasie), E = Estimatiua (Meinungsbildung), F = Memoria
(Gedächtnis)*

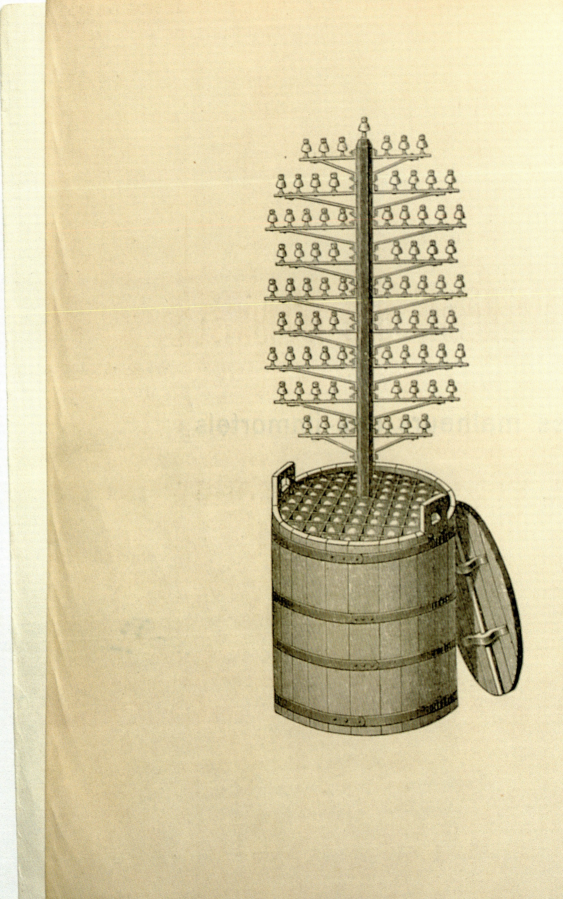

MAX ERNST

LES MALHEURS DES IMMORTELS

révélés par

PAUL ELUARD et MAX ERNST

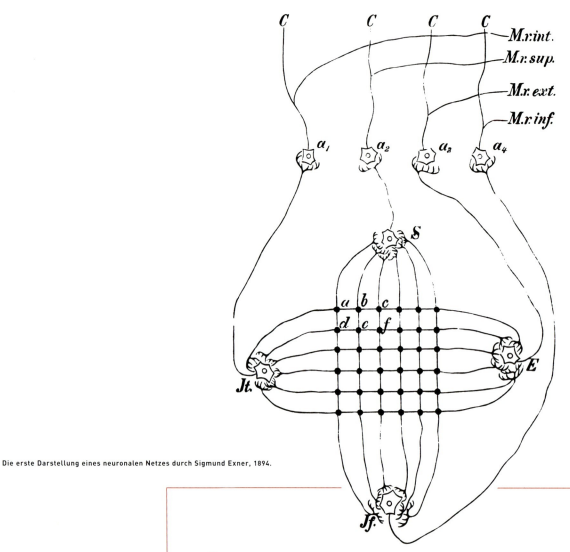

Die erste Darstellung eines neuronalen Netzes durch Sigmund Exner, 1894.

»WÄREN DIE NATURWISSENSCHAFTEN ZU SOKRATES' ZEIT SO ENTWICKELT GEWESEN WIE SIE ES JETZT SIND: SO WÄREN ALLE SOPHISTEN NATURFORSCHER GEWORDEN. DER EINE HÄTTE EIN MIKROSKOP VOR SEINEM LADEN HÄNGEN GEHABT, UM KUNDEN ANZULOCKEN, EIN ANDRER EIN SCHILD MIT DER AUFSCHRIFT: HIER SIEHT MAN MITTELS EINES RIESENMIKROSKOPS, WIE DER MENSCH DENKT; HIER, WIE DAS GRAS WÄCHST - UND DANN HÄTTE SOKRATES BEIM LESEN DER BEKANNT-MACHUNG GESAGT: AUS DIESER ANZEIGE SIEHT MAN, WIE EIN MENSCH SICH AUFFÜHRT, DER NICHT DENKT.«

Sören Kierkegaard: Reflexionen über Christentum und Naturwissenschaft

04_ bilder des geistes)

04_1) zur materialisierung des geistes oder:

du, dein hirn und was es zeigt__ OLAF BREIDBACH

Ist unsere Erfahrung anders zu fassen als in einer Analyse des Innenlebens unseres Schädels? Für Oscar Wilde stand dies außer Frage. In einem langen Brief aus dem Gefängnis schrieb er 1897 an seinen Liebhaber Lord Alfred Douglas: ___ »I said in Dorian Gray, that the great sins of the world take place in the brain: but it is in the brain that everything takes place. We know now that we do not see with the eyes or hear with the ears. They are really channels for the transmission, adequate or inadequate, of sense impressions. It is in the brain that the poppy is red, that the apple is odorous, that the skylark sings«. ___ Liebe – so schrieb 1894 auch der Wiener Neurophysiologe Sigmund Exner – sei für einen jungen Mann letztendlich nichts als das Resultat einer Assoziation, in der im Hirn das Bild eines Mädchens mit bestimmten Vorstellungen überlagert würde. Tätigkeiten – wie sie unter Verliebten üblich – würden diese Assoziation derart verstärken, dass letztlich der bloße Gedanke an das Mädchen ein ganzes Gefüge von internen Reaktionen zur Folge hätte, die eben als angenehm erlebt und somit letztlich als notwendig erachtet würden. ___ Exner beschrieb die entsprechenden Effekte einer spezifischen Veränderung der Bahnen

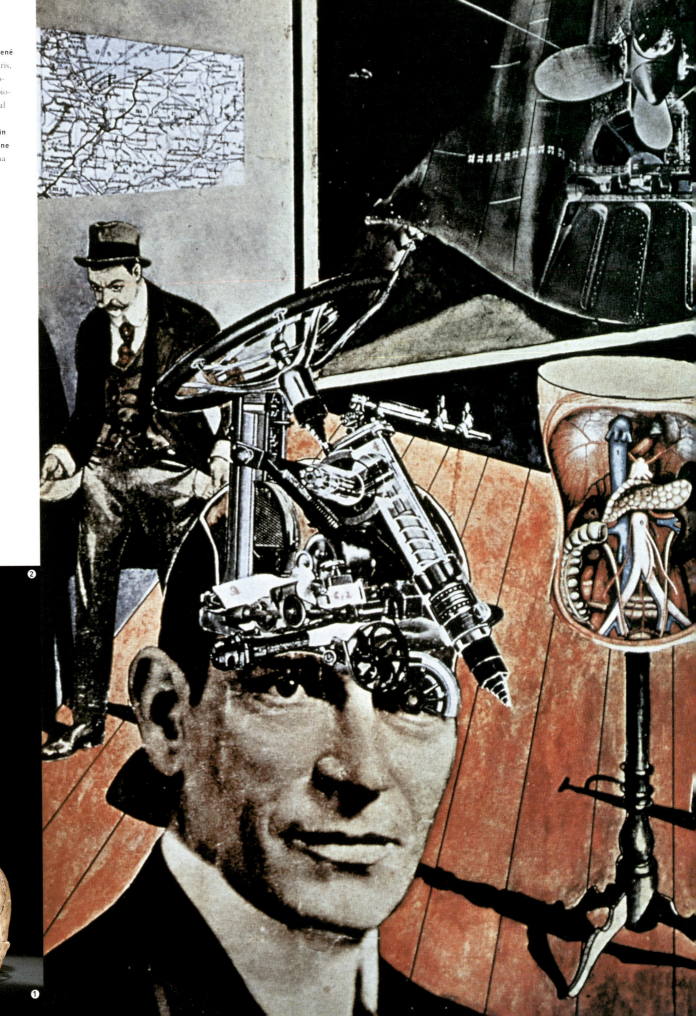

❶ 1/1 Die Hardware des
Cogito: der Schädel von René
Descartes (1596-1650). Paris,
Musée de l'Homme. Labo-
ratoire d'anthropologie biologique. Muséum national
d'Histoire naturelle
❷ Raoul Hausmann: Tatlin
at home, 1930. Verschollene
Collage. Foto im Moderna
Musée Stockholm

❷

❶

»zwischen Rinde und Gefühlscentren, und somit die erste vielleicht noch schwache Association zwischen der Vorstellung eben dieses Mädchens und jenen Centren. ›Der Jüngling ist verliebt‹. Diese Association kann zu einer immer steigenden Verwandtschaft zwischen den beiden Gebieten des Centralnervensystems führen, jede Annäherung, der erste Kuss wirkt kräftig bahnend ein, und wenn die Association eine Festigkeit gewonnen hat, wie die zwischen einem gehörten und gelesenen Wort, also die Vorstellung des Mädchens fast mit Notwendigkeit das Gefühl hervorruft, so sagen wir, es bestehe eine dauernde Liebe«. _____ Fand sich somit in der Hirnforschung der Schlüssel zu einem Verständnis dessen, was Geist ist? Die Aussagen der modernen kognitiven Neurowissenschaften lauten ganz ähnlich. Auch ihr scheint möglich, zu bestimmen was Geist ist. Sie weist dabei auf eine eigene und keineswegs gradlinige Problemgeschichte zurück. Für eine in neue Perspektiven vorstoßende Forschung ist wichtig, sich dieser Geschichte zu versichern, um klarer verorten zu können, wo und inwieweit ihre Konzepte tragfähig sind. _____ Um 1900 schienen Hirnstruktur und Geist eng verkoppelt. Neuroanatomen wie der bedeutende Spanier Ramón y Cajal, dessen Forschungen 1908 mit einem Nobelpreis geehrt wurden, erklärten den Schlaf als eine Art Selbstentkopplung des neuronalen Systems: Die Fortsätze, über die die Nervenzellen, die Grundbausteine des Nervengewebes, miteinander verknüpft seien, so Cajal, zögen sich voneinander zurück, die Funktionsbahnen des Hirnes seien unterbrochen, das Hirnorgan ruhe aus und der Mensch schläft. → **elitehirne** In den letzten Jahrzehnten des 19. Jahrhunderts wurden Tabellenwerke aufgelegt, in denen das durchschnittliche Hirngewicht des Mitteleuropäers berechnet und dabei beschrieben wurde, welche Hirnmasse für welche Intelligenzklasse notwendig sei. Es entstanden Publikationen, in denen das Hirn außerordentlicher Zeitgenossen, wie die Hirne des Mathematikers Gauss, des Chemikers Mendelejev oder des Biologen Ernst Haeckel, monografisch bearbeitet wurden, um die Gestaltmerkmale zu benennen, in denen deren außerordentlicher Geist fassbar wurde. Die russische Regierung beauftragte nach dem Tod von Lenin den deutschen Anatomen Oskar Vogt damit, das Hirn von Lenin zu untersuchen, um dessen Intelligenz auch gegenüber jedem Zweifler direkt augenfällig demonstrieren zu können. Das Maß des Ichs war um 1920 zumindest in der kommunistischen Gesellschaft dessen Hirn. _____ Geist war hiernach nichts anderes als ein Ausfluss der Reaktionen dieses speziellen Gewebes. Schon in den 1870er Jahren schienen für eine Reihe von Physiologen Teilfunktionen dieses Geistes durch Reizung bestimmter Hirnbereiche auch direkt abrufbar zu sein. Die Experimente hierzu waren vergleichsweise einfach – wenn auch nicht unbedingt von der feinsten Art. Lebenden Hunden oder auch Affen wurde der Schädel geöffnet und mittels dünnen, an eine Batterie angeschlossenen Stromkabeln ein bestimmter Bereich des Hirnes gereizt. 1870 konnten die Berliner Physiologen Fritsch und Hitzig nachweisen, dass mit Hilfe einer derartigen Apparatur nicht etwa nur wenig definierte Grunderregungen auszulösen waren: Bei einem Hund führte die Erregung einer bestimmten Stelle im Hirn zu einer bestimmten Bewegung. Ferrier konnte schon wenige Jahre später entsprechende Versuche an Affen bestätigen – Affen wählte er im übrigen, da er Schwierigkeiten mit der Haltung von Hunden hatte. – Recht unverhohlen übertrug Ferrier diese an Affen gewonnenen Ergebnisse auf den Menschen. In diesen Experimenten schienen ihm die Grundfunktionen des Hirns greifbar, das er somit

❶

als einen komplexen Reflexapparat deutete, in welchem Reflexe dominieren, nicht Reflexionen. → **lokalisierungen** Nun ist es das Eine, dass ein Muskel zuckt und ein Anderes, von Liebe, Hass und freiem Willen zu reden. Die Vorstellung, dass bestimmte Bewegungsmuster im Hirn abrufbar sind, ist schon seitens der Anatomie zwingend – schließlich werden Muskeln von bestimmten Nervenfasern gesteuert. Anders sieht dies bei komplizierten kognitiven Phänomenen aus, die schon auf der Verhaltensebene nur schwer zu definieren sind. ____ Um 1870 standen die Aussagen der mit Reizelektroden auf das Hirn zugehenden Physiologen allerdings nicht isoliert. Die Medizin kannte eine Fülle von Patienten, bei denen sich zeigte, dass bestimmte Hirnläsionen definierte Verhaltensdefizite zur Folge hatten. Die aus diesen Befunden abzuleitende Theorie, dass bestimmte Hirnregionen für die entsprechenden Funktionen zuständig seien, war vor 1870 allerdings noch strittig. Noch zu Beginn des 20. Jahrhunderts war zudem unklar, was die eigentlichen Funktionsbausteine des Nervensystem seien, die wir heute in den Nervenzellen dingfest machen. ____ Schon um 1800 hatte der Wiener Mediziner Franz Joseph Gall demonstriert, dass bestimmte Nervenfasern das Hirn nicht ungeordnet durchziehen, sondern dass vielmehr bestimmte Bereiche des Großhirns – speziell der Hirnrinde – mit ganz bestimmten Bereichen aus tieferen Arealen des Nervengewebes kontaktieren. Er folgerte daraus, dass das Hirn funktionell in Untereinheiten unterteilt ist. Zwei zusätzliche Annahmen brachten ihn und damit die Theorie einer Lokalisation von Hirnfunktionen aber in Misskredit: Er glaubte erstens, dass das Hirn in der Individualentwicklung eines Menschen dessen Schädel auseinanderdrücke und sich so in der Form des Schädels direkt die Form des Hirnes widerspiegle: Fühle meinen Schädel und Du weißt, welche Areale des Hirns bei mir gut entwickelt sind. Zum zweiten korrelierte er einfach bestimmte beobachtete Verhaltensanomalien mit den an den entsprechenden Personen identifizierten etwaigen Besonderheiten ihres Schädelbaues und

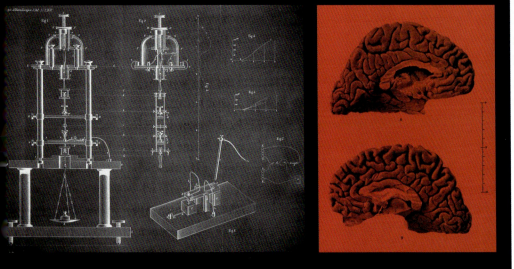

gelangte so zu Auffassungen wie der, dass sehr häusliche Frauen Höcker in bestimmten Regionen des Hinterhaupts besitzen. Die kognitiven Fähigkeiten, die Gall ortete, waren insoweit sehr komplex: Er beschrieb u. a. Zentren für Treue, Häuslichkeit oder Trunksucht. Vor allem aufgrund der massiven Angriffe des französischen Physiologen Pierre Flourens gegen solch eine Art von Hirnphysiologie wurde im 19. Jahrhundert zunächst jede Art von Lokalisationstheorie suspekt. ____ Es blieben aber die klinischen Fälle. Und entsprechend war selbst in Paris der Sieg von Flourens über Gall kein vollständiger. Insbesondere interessierte, dass sich bei bestimmten

❶ ❷ Hirnläsionen definierte Ausfälle, wie der Verlust der Sprachfähigkeit oder der Verlust, »Sprache zu verstehen«, diagnostizieren ließen. Das hier akkumulierte Material führte dann 1869 zu prägnanten Thesen, die an einem speziellen Fall, dem des sogenannten Herrn TanTan, getestet werden konnten. Dieser Mann hatte seine Sprachfähigkeit verloren, verstand aber Worte. Seine eigene Lautproduktion war – daher der Name – auf eine Folge von »TanTan's« beschränkt. Die detaillierte Darstellung der Krankheitsgeschichte erhärtete nach der Autopsie dieses 1869 verstorbenen Mannes die These, dass sich in der linken vorderen Hirnrinde ein Sprachzentrum finde, d. h. ein Bereich, der zur Steuerung der Sprachproduktion diene. Im Weiteren wurden die entsprechenden klinischen Befunde zusehends präzisiert. So konnte noch vor 1880 diese Region eingehender umgrenzt und verschiedene Teilfunktionen wie etwa die Wortwahrnehmung im Hirn lokalisiert werden. Derart schien sich, zusätzlich getragen von den Ergebnissen der physiologischen Forschung, das alte Postulat Galls einer Lokalisierung auch komplexerer Hirnfunktionen zu bestätigen. Sherrington, einer der großen Gestalten der Neurophysiologie des angehenden 20. Jahrhunderts, zögerte denn auch nicht, für den Neuansatz einer lokalisationistischen Hirnforschung das alte durch Flourens diskreditierte Wort für eine derartige Theorie wieder einzuführen: Er sprach nunmehr von einer Neo-Phrenologie. _____ Für Sherrington waren die Funktionen des Geistes als Summe einer Vielfalt physiologisch präzise ortbarer Teilreaktionen zu beschreiben. Der Diskussion um 1900 schien die damit getroffene Zuordnung von Gehirn und Seele – um einen seinerzeit bekannten Titel des Neurologen Auguste Forel aufzunehmen – die Lösung der Probleme einer philosophisch-ästhetischen Wissenschaften zu geben. Nicht der Geist, das Hirn wäre zu studieren, um zu erfassen, was schön, was wertvoll wäre. →**kogni-tionen-wetware** In Blick auf die Situation der modernen kognitiven Neurowissenschaften muss dies überraschen. Finden sich um 1900 doch Thesen, die die moderne Neurowissenschaft nurmehr fortzuschreiben scheint. Dabei sind auch die um 1900 angelegten Rückbezüge einer sich ihrer Tradition versichernden Neurowissenschaft 1900 und 2000 nahezu identisch: Patricia Churchland verweist in ihrer erstmals 1986 erschienenen Neurophilosophie zurück auf die Phrenologie eines Franz Joseph Gall und die Geschichte um die Entdeckung des Sprachzentrums. _____ Was heißt dies für die Neurowissenschaften? Werden 100 Jahre nach 1900, nachdem die Neurowissenschaften ihre

117

❶ 1/24 Helmholtz' Apparat zur Messung der Nervenleit-geschwindigkeit. *Erstmaliger Nachweis der Signalaufge-schwindigkeit in Nervenbahnen ca. 30m/sec.*
❷ 1/2 Das Hirn von Ernst Haeckel (1834–1919). *Der Begründer des Monismus war Anhänger der so genannten »Elite-hirnforschung« und stiftete das eigene Organ zu diesem Zweck.* Jena, Friedrich Schiller-Universität (Abb. aus 1/3)
❸ Orte der Sprachverarbeitung im menschlichen Hirn, sichtbar gemacht durch Functional Magnetic Resonance Imaging fMRI. Leipzig, Max-Planck-Institut für Neuropsychologische Forschung
❹ 1/13 Schädelabguss mit Beschriftungen nach dem Gallschen System. *Man findet dort u.a. den Ort eines »Besoin d'Espérance ou Sentiment de la Vie future«* Paris, Musée de l'Homme. Laboratoire d'anthropologie biologique. Muséum national d'Histoire naturelle

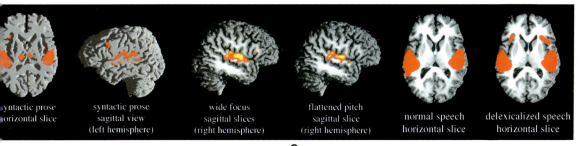

syntactic prose horizontal slice · syntactic prose sagittal view (left hemisphere) · wide focus sagittal slices (right hemisphere) · flattened pitch sagittal slice (right hemisphere) · normal speech horizontal slice · delexicalized speech horizontal slice

❸

❹

Detailarbeit geleistet haben und die Funktionsbausteine des Nervengewebes zu weiten Teilen entschlüsselt sind, nurmehr die Konzeptionen des ausgehenden 19. Jahrhunderts untermauert? Dabei lässt sich in einer Betrachtung der Entwicklung dieser Wissenschaft nach 1900 zunächst ein Rückzug fassen. In ihrem Postulat, im Hirn die Intelligenz zu sehen, woraufhin – wie angedeutet – eine Reihe prominenter Hirne unter das Messer kamen, war die Neurowissenschaft nach 1900 verunsichert. Die Physiologen hatten noch keinen direkten Zugang zur Hirnstruktur, sie arbeiteten zunächst mit Hypothesen; den Neuroanatomen waren um 1900 ihre anfangs so verlässlich erscheinenden Techniken, über die sie die Schaltkreise des Hirns festzumachen suchten, unsicher geworden. Es sollte bis in die fünfziger Jahre unseres Jahrhunderts dauern, bis mit der Etablierung der Elektronenmikroskopie in den Biowissenschaften die Neuroanatomie sich wieder ihrer Grundaussagen versichern konnte. Zu dieser Zeit war es den Physiologen aber schon gelungen, einzelne Nervenzellen mit den feinen Sonden ihrer

Messapparaturen »abzutasten«. Zudem wurde in den zwanziger Jahren mit der Entdeckung des ᴇᴇɢ durch Hans Berger ein neues Instrumentarium verfügbar, kognitive Fähigkeiten physiologisch zu orten. Dennoch zeigt sich in der Neurowissenschaft aber keine Kontinuität von der Situation des frühen 20. Jahrhunderts zu den Problemstellungen Ende des 20. Jahrhunderts. Auch der Philosoph Karl Popper und der Neurophysiologe John Eccles knüpften in ihrem 1977 erstmalig aufgelegten Buch *Das Ich und sein Gehirn* nicht mehr an diesen Traditionen an. → **software** Für die moderne Neurowissenschaft findet sich aber noch ein zweiter wichtiger historischer Verweis, der vielleicht am eindringlichsten im Stanley Kubricks Film *2001* in der Gestalt des Großrechners *hal* zu fassen ist. *hals* Leistungsvermögen, das in ihn projizierte Reaktionsspektrum schien zu belegen, dass uns unser Denken auch technisch reproduzierbar geworden war. Selbst Individualität, Gefühle und Ängste schienen diesem Film zufolge in den Schaltkreisen einer derartigen Maschine konstruierbar. Stanislav Lems in dieser Zeit entstandene Romane sind ein ebensolches Indiz eines Interesses, das nicht etwa in der Sektion des Hirns sondern in der Konstruktion von kognitiven Apparaten das entschlüsselte, was Denken und Geist charakterisiert. Intelligenz, das war die Nachricht, ist nicht an ein Hirn gebunden. Insofern wurden intelligente Maschinen nicht etwa gemäß den seinerzeitigen Kenntnissen von der Architektur eines Hirnes konzipiert, vielmehr wurden – umgekehrt – nunmehr Hirne so verstanden, als seien sie derartige Apparaturen. W. R. Ashbys *Design of a brain* gibt eines der prominenten frühen Beispiele, in denen in der Darlegung, wie denn ein »Hirn« zu konstruieren sei, auf technische Verfahren und das in ihnen Darstellbare zurückgegriffen wurde. Dabei konnte diese Art der Darstellung dessen, was Denken ist, auf eine alte Tradition zurückgreifen. Zu nennen ist hierin ᴇ. ᴛ. ᴀ. Hoffmanns *Olympia* ebenso wie der *l'homme machine* von La Mettrie oder die Rechenmaschine eines Leibniz. → **denkmaschinen** Was ist denn – dieser Tradition

folgend – Denken auch anderes als eine Sequenz von Schlüssen? Leibniz hat mit seinem Postulat, dass die Struktur des menschlichen Denkens in einer mathematischen Logik darzustellen ist, hierzu eine klare Antwort gegeben. Seine Rechenmaschinen waren Denkmaschinen. Ihre Logik entspricht nach Leibniz der des menschlichen Geistes. Geist ist demnach in solchen Maschinen modellierbar, und dies, obwohl diese Maschinen mechanisch konstruiert sind. Zergliedert zerfallen diese Apparate in selbst nicht mehr aktionsfähige Teile. Der Geist selbst – als göttliche Maschine – ist für Leibniz aber ganz anders strukturiert. Die Analyse der »göttlichen Maschine« hat nicht bewegungslose Teile sondern ihrerseits Maschinen zum Resultat. Deren Zergliederung zeigt wieder Maschinen auf. Derart in einem unendlichen Regress in sich bestimmt, weist sich Vernunft als etwas anderes aus als die bloße Mechanik der Maschinerie. Die Abbildung der geistigen Funktion ist selbst noch nicht Geist. Sie zeigt nur etwas von dem auf, wie Geist ist. → **messungen** Bis in die siebziger Jahre unseres Jahrhunderts gab allein das

EEG dem Physiologen die Möglichkeit, in den Hirninnenraum, in die Reaktionsschichtungen des Hirns eines lebenden menschlichen Probanden Einsicht zu nehmen. Ein Wandel kam hier erst, als mit der neuartigen Methode von Kety, Sokoloff, Ingvar und Larssen Verschiebungen im Stoffwechsel des Hirns darstellbar wurden, womit das Erregungsmuster des Hirngewebes in Antwort auf vorgegebene Reizcharakteristika studiert werden konnte. Schon ihre ersten Resultate wiesen darauf hin, dass die alte Vorstellung, ein Verhalten korreliere mit einem eng umschriebenen Ort im Hirn, in dem ersteres kontrolliert und gesteuert wird, zu einfach war. Es zeigten sich komplexe Aktivitätsmuster, die nicht mit den Vorstellungen von detailliert zu umgrenzenden Funktionsteilbereichen im Hirn vereinbar waren. Die Weiterentwicklung der Technik, die sich um Verfahren wie die Kernspinresonanztomographie ergänzte, gab dennoch – wenn auch in der komplizierten neuen Rede von Vielfachrepräsentationen – der alten Suche nach möglichen Lokalisationen von Teilverarbeitsbereichen im Hirn neue Impulse. Problematisch an den entsprechenden Versuchen war und ist allerdings die Frage, wie ein kognitives Verhalten zu definieren ist, dessen neurophysiologische Korrelate dann in den entsprechenden bildgebenden Verfahren ihre Darstellung finden sollen. Einfache Experimente, wie die, in denen die Hirnareale gekennzeichnet werden, die aktiv sind, wenn man sich Bewegungen einer geometrischen Figur vorstellt, sind eher unzureichend, um dem Phänomen der Kognition nahe zu kommen.——— Neue Perspektiven ergaben sich allerdings aus den klinischen Studien zu Hirnschädigungen, die mit psychischen oder kognitiven Anomalien einhergingen. Die modernen bildgebenden Verfahren erlauben dabei in einer sehr viel eleganteren Weise, dem konzeptionellen Hintergrund der alten Läsionsversuche nachzuspüren.——— Wesentliche Ergebnisse zur Kartierung der Teilfunktionen des menschlichen Hirnes, die Otto Creutzfeldt in seiner 1983 erschienenen Monografie über den Cortex zusammenstellen konnte, verdanken sich der klinisch orientierten Forschung. So gingen die beiden bedeutenden Forscher Roger Penfield und Roger Sperry von klinischen Problemfeldern aus. Penfield, selbst Neurochirurg, gelang es in seinen – schon für die Optimierung seiner Operationstechnik notwendigen – Studien zu den Teilfunktionen des Cortex darzustellen, wie sich sensorische und motorische, der Bewegungssteuerung dienende Areale in der Hirnrinde verteilen. Roger Sperry konnte in seinen Experimenten die sogenannten »Split brain Patienten« – diesen war aus Therapiegründen (Isolierung eines epileptischen Focus) die Hauptverbindungsbahn zwischen der rechten und der linken Hirnhälfte (der Balken) durchtrennt worden – für seine Analyse nutzen. Sperry konnte dabei indirekt an Fragen der personellen Integrität und der Frage einer eindeutigen Bestimmung von Personalität rührenden Experimenten zeigen, dass zwei Hirnhemisphären sich nach Durchtrennung ihrer Hauptbahnverbindungen funktionell entkoppeln. Zumindest galt dies in Studien, in denen diese Hirnhälften daran »gehindert« wurden, neue Kommunikationswege zur Abstim-

❸ Albert Einstein im Alter von 72 Jahren unter dem EEG liegend und e=mc² denkend. ETH Zürich, Keystone Archiv
❹ 1/185 Kontrollbildschirme im Labor der Gehirnforscher (BrainLab). *Links: Die elektrische Aktivität mehrerer hundert Nervenzellen kann als künstliches EEG abgebildet werden.*

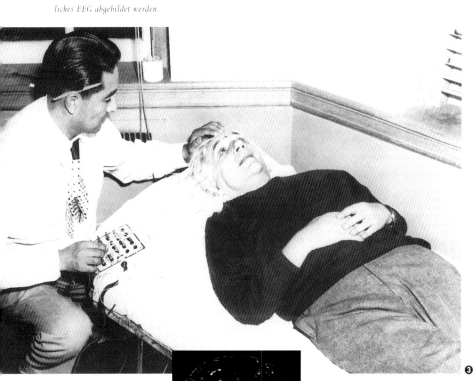

Die Kurven zeigen exemplarisch zwei EEG-Kurven, die zwei verschiedene Bereiche des Netzwerkes abbilden. Mitte: Ein zweites Neuronales Netzwerk bildet die Information aus den EEG-Kurven auf eine so genannte Karte ab, deren Verzerrungen direkt anzeigen, wie synchron die Zellen in den verschiedenen Bereichen schwingen. Rechts: Im Zeitverlauf zeigt das EEG verschiedene Grade an chaotischem Verhalten, was durch Recurrence Plots dargestellt wird, wobei ausgefüllte Flächen »Ordnung« repräsentieren. Jena, Ernst-Haeckel-Haus, 2000

❶

mung der Funktionen von linker und rechter Hirnhälfte aufzubauen. Interessant hierbei ist, dass diese Patienten im normalen Leben gar nicht auffallen, dass es vielmehr hochdifferenzierter Experimentalanordnungen bedarf, um die von Sperry aufgewiesenen funktionellen Asymmetrien im Verhalten der Patienten zu entdecken. ___ Sperry identifizierte zunächst aber die Qualität der durch die Operation entkoppelten Teilfunktionen. Dabei schloss er in seiner Interpretation an die schon Ende des 19. Jahrhunderts diskutierten Ergebnisse zur Lokalisierung von Hirnfunktionen an. Nachdem Broca Ende der sechziger Jahre des 19. Jahrhunderts die funktionelle Asymmetrie des Sprachzentrums im Hirn aufgewiesen hatte, wurde – wie Anne Harrington in ihrer Analyse der klinisch/psychologischen Forschung um 1900 aufgewiesen hat – die Frage, wie sich die linke und rechte Hirnhälfte in ihren Funktionen unterscheiden, ein umfassend rezipiertes Thema. Offen muss dabei zunächst bleiben, inwieweit hierdurch ein Modell der kognitiven Aktionen erarbeitet wurde, das dann für weiterführende psychologisch/kognitionswissenschaftliche Analysen Dispositionen schaffte. So war um 1880 in der Darstellung der neuronalen Grundlagen der Kognition eine summarische Analyse der Hirnmasse Forschungsthema. Die umfangreichen, in diesem Zeitraum publizierten Tabellen zur Hirngewichtsbestimmung machten allerdings eine Korrelation von Hirnmasse und Hirngewicht zur angenommenen Höhe der kognitiven Entwicklung, an deren Spitze selbstverständlich der Europäer (Akademiker, männlich) stand, fragwürdig. Schon in diesem Zeitraum entstanden Versuche, Reihungen von Intelligenzstufen dadurch zu untermauern, dass etwaige Asymmetrien im Verhältnis von linker und rechter Hirnhälfte aufgezeigt wurden. Entsprechende Publikationen verglichen dabei Mensch und Affe, und suchten auch verschiedene Rassen und Kulturen über dieses Maß in eine Sequenz von primitiven zu höher entwickelten Formen zu ordnen. Dass dabei dann Zuordnungen zwischen der relativen Gewichtigkeit der linken Hirnhälfte und der Kulturentwicklung gefunden wurden, wird nur wenig überraschen. → **modelle**

Führen wir unsere Betrachtung zurück ins 20. Jahrhundert. Wichtig für die hier kursorisch referierten Neurowissenschaften der 1960er und 1970er Jahre war der Versuch, Bewusstsein – und damit kognitives Verhalten – physiologisch zu beschreiben. Hierbei verzahnten sich psychologische, klinische, kognitionswissenschaftliche und physiologische Forschungsansätze. Spätestens in den achtziger Jahren kam dazu das Wiederaufleben einer evolutionären Neurobiologie, die auf die verfeinerten Analysemethoden der Physiologie und Anatomie und schließlich auch der Genetik zurückgreifen konnte, nur wenig später ergänzt durch eine für die Denkmuster der modernen Neurowissenschaften höchst bedeutsame Disziplin, die Entwicklungsneurobiologie. Über die so gewonnenen Daten wurden die Verschränkungen zwischen verschiedenen Beschreibungsebenen wie etwa der des Chemismus und der einer Gewebeorganisation des Nervengewebes präzisiert, so dass – wie es in der Neuroethologie zum expliziten Programm gemacht wurde – die Ebene der Anatomie und Physiologie direkt mit Verhaltensanalysen korreliert werden konnte. Dabei war ein Modell, das die Zuordnung der verschiedenen Beschreibungsebenen zu regeln vermochte, unverzichtbar. Es läge nahe, dieses der schon vorab kurz umrissenen Kognitionswissenschaft zu entleihen. Diese stand in den achtziger Jahren allerdings in einer Krise. Ihre bisherige Grundvorstellung, Kognition als Resultat einer Anhäufung von Wissen zu begreifen, würde brüchig. Das entsprechende Modell, ein Expertensystem, vergleichbar einer Art besonders gut orga-

❶ **1/14 Gallscher Schädel (um 1820) nach Franz Joseph Gall (1758-1828) zur Verortung geistiger Vermögen.** Anatomisches Institut der Universität Bonn

❷ **Bilder des Geistes: Vom elementaren Unterleib zum Denken über Haupt.** *In: Robert Fludd, Tomus Secundus De Supernaturali, Naturali, Praenaturali Et Contranaturali Microcosmi historia. Oppenheim 1619, S. 83* Staatsbibliothek zu Berlin - Preußischer Kulturbesitz

❶

nisierter Bibliothek, erwies sich in alltagsnahen Problemstellungen als unzureichend. Maschinen wurden nicht dadurch intelligent, dass ihnen ein schneller Zugriff auf immer größere Datenmengen ermöglicht wurde. Problematisch war vielmehr die Art des Zugriffs und die Ordungsraster, in denen Daten abgelegt wurden. ——— In dieser Phase kam es in den Kognitionswissenschaften zu einer Orientierung an der Biologie. Schien doch in Maschinen, die wie neuronale Netze gebaut sind, ein hirnanaloges Speicher- und Sicherungsprogramm greifbar. Allerdings lassen sich klassische Expertensysteme in einem neuronalen Netz nur unzureichend realisieren, womit die Anwendung von Netzarchitekturen innerhalb der Kognitionswissenschaften von vornherein begrenzt blieb. Nun war aber – nahezu zeitgleich – in der Neurowissenschaft die Vorstellung einer strikt hierarchischen Organisation der Nervenzellen obsolet geworden. Die neuronalen Netze und das mit ihnen verbundene Postulat einer Parallelverarbeitung ließen hier einen neuen Ansatz erkennen, der zudem direkt mit den Ergebnissen der neuen bildgebenden Verfahren in der Medizin vereinbar zu sein schien. Bilden diese neuronalen Netze insoweit das Modell zu einem Verständnis der Organisation kognitiver Systeme? Dies wäre möglich, wenn diese parallelverarbeitenden Maschinen auch assoziative Funktionen in zureichender Weise abbilden könnten.
→ **perspektiven** Haben wir so in der Frage nach der Materialisierung des Geistes die Neurowissenschaften in ihrer eigenen Entwicklung ausgebootet? Leitet uns die Frage nach den Möglichkeiten des Assoziativen dann wieder zurück in eine Art von idealistischem, immateriellem Ansatz zu einer Betrachtung von Natur? Schließlich erfahren wir in den entsprechenden Analysen mathematische Strukturen, deren eine Realisierung sich im menschlichen Hirn findet, die sich ähnlich aber auch in einer siliciumbasierten Maschinerie einbauen lassen. Das in der Ausstellung zu sehende Programm BrainLab zeigt die hier erwachsenden Möglichkeiten, Funktionen zu simulieren, die dem nahekommen, was Neurophysiologen im menschlichen Hirn zu registrieren suchen. Es zeigt sich auch, dass eine entsprechende Maschine assoziiert, dass sie Gestalt erkennt. Ist damit die Materialisierung des Geistes letztlich in einer kuriosen Weise in eine Entmaterialisierung geführt? Ist Geist demnach nun nicht mehr das, was sich im Hirn findet? Ist nicht vielmehr umgekehrt, ganz im Sinne von Leibniz, im Hirn bloß etwas von dem zu finden, was Geist macht. Dies hätte massive philosophische Konsequenzen. ——— Die »Decade of the Brain« schlösse demnach nicht mit einer Neurophilosophie ab, in der zu fordern wäre, dass die Philosophie durch die Neurowissenschaften zu ersetzen wäre. Vielmehr wäre zu fordern, dass die Neurowissenschaften philosophisch werden müssten. Dass die hier notwendige Philosophie dabei gegebenenfalls eine neue Gestalt anzunehmen hätte, die gegebenenfalls sehr viel mit Mathematik und vielleicht auch ein wenig mit einer eigenen Art von Experimentalisierung zu tun hätte, steht auf einem anderen Blatt: Im englischen Sprachraum – auch daran ist zu erinnern – ist ein Mikroskop immer noch ein »philosophical instrument«.

❶

❷

neuronale geister:

synapsen und ich——GERHARD ROTH

Die Frage nach dem Wesen und der Herkunft von Geist und Bewusstsein und damit nach seinem eigenen Ich beschäftigt den Menschen seit er begann, über sich selbst und seine Stellung in der Natur nachzudenken. Traditionell werden Geist und Bewusstsein als etwas angesehen, das sich von den Geschehnissen der natürlichen, »materiellen« Welt wesensmäßig unterscheidet. Entsprechend dieser Auffassung entzieht sich das Geistige *grundsätzlich* der Erklärung durch die empirischen Wissenschaften.——Für Andere, viele Naturwissenschaftler eingeschlossen, entspringen Geist und Bewusstsein zwar in irgendeiner Weise den Hirnfunktionen und existieren nicht ohne sie. Jedoch werden ihrer Meinung nach die Methoden und Modelle der Hirnforschung niemals ausreichen, um das Geheimnis des Bewusstseins zu ergründen. Insbesondere die völlige Privatheit des bewussten Erlebens und das damit verbundene Ich-Gefühl werden hierbei als unüberwindliches Hindernis angesehen. In der Tat ist es für uns in keiner Weise anschaulich nachzuvollziehen, wie aus den »kleinen grauen Zellen« des Gehirns Bewusstsein und damit unser eigenes Ich entstehen können.——Auf der anderen Seite wusste man bereits im Altertum, dass Hirnfunktionen und bewusst erlebte Zustände und Fähigkeiten wie Wahrnehmen, Denken, Erinnern, Ich-Identität sowie das Planen und Ausführen von Bewegungsabläufen aufs Engste zusammenhängen: Der Ausfall bestimmter Hirnregionen, zum Beispiel aufgrund einer Verletzung oder eines Schlaganfalls führt zu Beeinträchtigungen oder gar dem völligen Ausfall solcher Leistungen. Zum Teil sind diese Ausfälle sehr umgrenzt: So gibt es Schlaganfallpatienten, die geistig völlig normal sind, aber behaupten, ihr linkes Bein gehöre nicht zu ihnen und sei unbemerkt angenäht worden; oder sie wissen nicht mehr, wer sie sind, während sie über ihre Mitmenschen Bescheid wissen. Schon früh wurde aufgrund solcher Befunde vermutet, dass das menschliche Gehirn in funktionale Teilsysteme gegliedert ist, dass also unterschiedliche Teile des Gehirns unterschiedliche Dinge tun.——Das Studium der Folgen von Verletzungen und Erkrankungen des Gehirns war bis vor wenigen Jahrzehnten die wichtigste Quelle des Wissens über den funktionalen Aufbau des menschlichen Gehirns. Seit dem Ende des vorigen Jahrhundert wusste man allerdings, dass das Gehirn der Tiere und des Menschen wie der übrige Körper insgesamt aus Zellen aufgebaut ist, allerdings aus solchen, die für die Aufnahme, Verarbeitung und Fortleitung elektrischer Erregung spezialisiert sind und *Neurone* (oder *Neuronen* – das ist Geschmackssache) genannt wurden. Mitte dieses Jahrhunderts wurde aufgrund der Erfindung des Elektronenmikroskops zur Gewissheit, worüber man lange gestritten hatte, nämlich dass die Neurone über kompliziert aufgebaute Kontaktstellen, *Synapsen* genannt, miteinander in Verbindung stehen. ❶——Im Durchschnitt bildet jede Nervenzelle etwa tausend Synapsen aus; bei einigen Neuronen können es aber auch hunderttausend sein. Die Entdeckung der Synapsen und die Analyse ihres Aufbaus und der in ihnen ablaufenden Vorgänge hat auch einen anderen langen Streit in der Hirn-

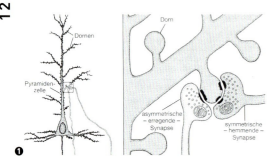

❶ Links: Pyramidenzelle der Großhirnrinde mit so genannten Dornensynapsen, die an einem Dendritenast ansetzen. *Rechts: Dornensynapse im Detail. An einem dendritischen Dorn setzen eine erregende und eine hemmende axonale Endigung von anderen Nervenzellen der Großhirnrinde an.*

❷ Darstellung einer Nervenzelle nach Rudolf Virchow, 1858. Staatsbibliothek zu Berlin Preußischer Kulturbesitz

forschung beigelegt, ob nämlich das Nervensystem auf elektrischer oder auf chemischer Kommunikation beruhe. Auf Beidem! heißt die Antwort. Innerhalb jeder Nervenzelle geschieht die Fortleitung und Verarbeitung von Erregung elektrisch; daran sind allerdings komplizierte chemische Prozesse beteiligt. Außerdem erfolgt an den meisten Synapsen eine Umsetzung elektrischer Erregung in chemische: Je nach Stärke der an der Synapse eintreffenden elektrischen Erregungen werden Botenstoffe, *Transmitter*, ausgestoßen, die über eine winzig kleine Strecke zur nächsten Zelle wandern und dort über sehr komplizierte chemische Prozesse wieder eine elektrische Erregung (oder das Gegenteil, eine Hemmung) auslösen. Wichtig sind neben den im Bruchteil von Sekunden wirksamen Transmittern auch die *Neuromodulatoren* – ebenfalls chemische Substanzen, welche die Wirkungsweise der Transmitter im Zeitbereich von Sekunden bis Stunden verändern können. Schließlich gibt es im Gehirn Substanzen (Neuropeptide, Hormone), die noch län-

> **»DEINE FREUDEN UND LEIDEN, DEINE ERINNERUNGEN UND ZUKUNFTSWÜNSCHE, DEINE GEFÜHLE VON PERSÖNLICHER IDENTITÄT UND FREIEM WILLEN SIND IN WIRKLICHKEIT NICHTS WEITER ALS DAS VERHALTEN EINER RIESIGEN ANSAMMLUNG VON NERVENZELLEN UND DEN DAZU GEHÖRENDEN MOLEKÜLEN«.**
>
> Francis Crick: Was die Seele wirklich ist

gerfristig die neuronalen Prozesse steuern. Wenn man bedenkt, dass das Gehirn einer Biene oder eines kleinen Salamanders bereits aus einer Million Nervenzellen mit einer Milliarde Synapsen (von denen jede ein kleines Wunderwerk ist) aufgebaut ist, das menschliche Gehirn aus schätzungsweise hundert Milliarden oder gar einer Billion Nervenzellen mit hundert oder tausend Billionen Synapsen, dann stellen sich Gehirne als unvorstellbar kompliziert dar – und nicht nur das menschliche Gehirn. _____ Seit Mitte dieses Jahrhunderts hat sich die Kenntnis, wie Nervenzellen aufgebaut sind, wie sie elektrische und chemische Erregungsverarbeitung und -übertragung bewerkstelligen, außerordentlich vergrößert. Mithilfe elektrophysiologischer Methoden, die mit feinsten Nadeln die Aktivität einzelner Zellen und kleiner Zellverbände registrieren, wurde in weiten Teilen aufgeklärt, wie Seh- und Hörvorgänge im Gehirn ablaufen oder wie bei einer Bewegung das Gehirn Muskeln ansteuert. Auch die Beteiligung von Nervenzellen an Lernvorgängen, Gedächtnisbildung, ja Aufmerksamkeit und Handlungsplanung wurden untersucht, das allermeiste davon in Gehirnen von Tieren. Gelegentliche Registrierungen dieser Art am menschlichen Gehirn im Zusammenhang mit Hirnoperationen zeigen, dass unser Gehirn auf der Ebene einzelner Nervenzellen und kleiner Zellverbände genauso funktioniert wie zumindest das anderer Säugetiere, vor allem natürlich der Affen, zu denen der Mensch biologisch gehört. Daraus entwickelte sich die heute in der Hirnforschung vorherrschende Anschauung, dass alle Leistungen des Gehirns – also auch die hochgeistigen – das Ergebnis der überaus komplexen Interaktion von Nervenzellen in kleineren und größeren Verbänden (von wenigen Hundert bis zu Milliarden) sind. Im Klartext: Denken, Ich, Bewusstsein sind das Produkt der Tätigkeit »neuronaler Netzwerke«. _____ Nun ist es schwierig, wenn nicht gar unmöglich, Bewusstseinszustände bei Tieren zu untersuchen; selbst den Schimpansen, die mit uns biologisch enger verwandt sind als mit den Gorillas oder anderen Tieren, sprechen einige ernsthafte Verhaltensbio-

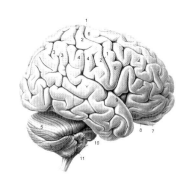

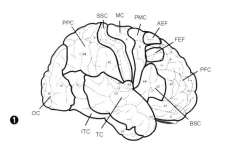

logen den Besitz von Geist und Bewusstsein ab. Es könnte also – wie manche Experten argumentieren – sein, dass zu dem Geschehen auf der Ebene von Nervenzellen, das unser Gehirn mit dem der Tiere teilt, bei uns doch noch etwas ganz anderes hinzu kommt, das den Geist ermöglicht. Dieses Andere wäre aber mit den Mitteln der Elektrophysiologie gar nicht zu untersuchen, da es sich weit »oberhalb« der Ebene der Nervenzellen abspielen müsste. _____ Die Möglichkeit, die Aktivität großer Zellverbände im intakten menschlichen Gehirn bei geistigen Leistungen zu registrieren, ergab sich durch die Entwicklung des Elektroenzephalogramms (EEG) vor rund siebzig Jahren. Die moderne EEG-Technik kann zeigen, dass es eine eindeutige Beziehung großflächiger Aktivität des menschlichen Gehirns und den verschiedensten geistigen Leistungen und emotionalen Zuständen gibt. Leider hat das EEG den Nachteil, dass es die beteiligten Hirnprozesse nicht genau lokalisieren kann. Dies wurde im vergangenen Jahrzehnt durch die Entwicklung und Verfeinerung der sogenannten bildgebenden Verfahren möglich, vor allem der Positronen-Emissions-Tomographie (PET) und der funktionellen Kernresonanz-Spektroskopie (fNMR). Diese letzteren Methoden messen nicht direkt die elektrische Aktivität des Gehirns wie Ableitungen mithilfe von Mikroelektroden oder das EEG, sondern beruhen auf der bemerkenswerten Tatsache, dass neuronale Erregungen an einer bestimmten Stelle im Gehirn von einer Erhöhung der Hirndurchblutung und des Hirnstoffwechsels (vornehmlich hinsichtlich des Sauerstoff- und Zuckerverbrauchs) am selben Ort begleitet sind. _____ Wenn man mithilfe dieser bildgebenden Verfahren die Hirnaktivität (über Hirnstoffwechsel und Hirndurchblutung) untersucht, dann ist die Aktivität einer Versuchsperson immer dann erhöht, wenn das Gehirn mit Aufgaben konfrontiert ist, die Konzentration und Aufmerksamkeit erfordern, zum Beispiel das Erkennen eines unbekannten Gesichtes oder das Verstehen eines komplizierten Satzes. Man kann über PET und fNMR also feststellen, welche Hirnteile bei bestimmten geistigen Leistungen wie Denken, Vorstellen oder Erinnern tätig sind, und zwar mit einer Auflösung, die in den Millimeterbereich geht. Freilich erreichen diese Methoden nicht die Ebene einzelner Nervenzellen oder kleiner Zellverbände, wo sich nach heutiger Ansicht die Geschehnisse ansiedeln, die geistigen Leistungen letztendlich zu Grunde liegen. Einzell- oder Wenigzell-Ableitungen sind nach wie vor unverzichtbar, wenn man dem Rätsel Bewusstsein genauer auf die Spur kommen will. Auf der anderen Seite können die bildgebenden Methoden zeigen, welche Zentren über das ganze Gehirn verteilt *gleichzeitig* aktiv sein müssen, damit wir irgendeinen Zustand bewusst erleben, und dies wiederum können die Zellableitungen nicht erfassen. Deshalb arbeitet man heute mit Hochdruck an einer Kombination der genannten Methoden. _____ Was kann man also heute mit Fug und Recht über den Zusammenhang zwischen Geist und Gehirn behaupten? In jedem Fall ist klar, dass Denken, Erinnern, Fühlen, Ich-Empfindung, Handlungsplanen und alle sonstigen Inhalte des Bewusstseins aufs Engste mit Hirnprozessen zusammenhängen, die bis auf den Millimeter genau und zum Teil bis auf die Ebene der Aktivität einzelner Zellen lokalisiert werden können. Man kann mit den genannten Techniken sogar feststellen, ob jemand seine Aufmerksamkeit auf ein bestimmtes Geschehen richtet oder mit seinen Gedanken »woanders« ist ❸; ob er fest davon überzeugt ist, etwas Bestimmtes gesehen zu haben, oder dies nur glaubt; ob sein Schmerz eingebildet oder real ist; ob er sich einen bunten, bewegten Gegenstand oder ein Musikstück vorstellt. Inwieweit es jemals möglich sein wird, die genauen Inhalte von Gedanken zu »lesen«, ist noch ganz unklar, aber völlig

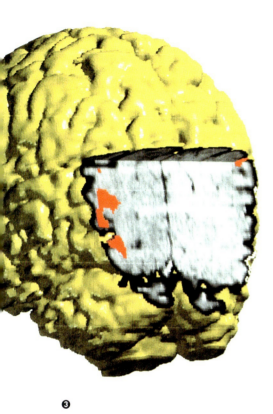

❸

ausgeschlossen ist dies nicht – steht es für die Hirnforscher doch fest, dass auch den feinsten Unterschieden zwischen zwei Gedanken Unterschiede in Hirnprozessen zu Grunde liegen müssen. _____ Auch das Zustandekommen des Ich und seine Rolle beim Wahrnehmen und Handeln hat sich dem »Zugriff« der Hirnforschung nicht entziehen können. In enger Zusammenarbeit mit psychologischen Disziplinen (Kognitions-, Entwicklungs- und Neuropsychologie) wurde herausgefunden, dass es in uns nicht *das* Ich gibt, sondern eine Vielzahl verschiedener »Iche«. So unterscheidet man zum Beispiel ein Körper-Ich (»dies ist *mein* Körper«), ein Verortungs-Ich (»ich befinde mich gerade an *diesem* Ort«), ein Ich als Subjekt von Erlebniszuständen (»*ich* habe diese Wahrnehmungen, Ideen, Gefühle«), ein Handlungs-Ich (»*ich* tue gerade das und das«), ein Autorenschafts-Ich, Zurechnungs-Ich (ich bin *Verursacher* und *Kontrolleur* meiner Gedanken und Handlungen), ein autobiografisches Ich (»ich bin derjenige, der ich gestern/früher war«), ein (selbst-) reflexives Ich (Reden und Nachdenken über sich selbst) und schließlich ein ethisches Ich, auch »Gewissen« genannt. Man unterscheidet diese verschiedenen (und weitere) Ich-Zustände vor allem deshalb, weil sie unabhängig voneinander beeinträchtigt sein können. _____ Man kann heute auch schon ungefähr angeben, welche Hirngebiete mit diesen verschiedenen Ich-Zuständen zu tun haben, sie (wenn man so will) hervorbringen. Dabei handelt es sich im wesentlichen um die sogenannte assoziative Großhirnrinde, die sich beim Menschen in *Scheitellappen*, *Schläfenlappen* und *Stirnlappen* gliedert; innerhalb dieser Lappen werden wieder vordere und hintere, obere und untere Bereiche unterschieden. ❶ _____ In der assoziativen Großhirnrinde wird die Gesamtheit der dem Gehirn zur Verfügung stehenden Informationen in komplexer Weise verarbeitet und mit den Inhalten des bewusstseinsfähigen Gedächtnisses vermischt. Folgendes hat man herausgefunden: Das Körper-Ich und das Verortungs-Ich werden vom hinteren, unteren Scheitellappen hervorgebracht, das Ich als Subjekt von bewussten Erlebniszuständen vom Scheitellappen, Schläfenlappen (einschließlich des mit Gedächtnisleistungen verbundenen Hippocampus). Das perspektivische Ich »sitzt« offenbar im rechten unteren Scheitellappen, das Ich als Subjekt von Emotionen ist im Stirnlappen, im unteren Schläfenlappen (mit dem Mandelkern und anderen limbischen Zentren) verbunden. Das Handlungs-Ich, Autorenschafts-Ich und das Zurechnungs-Ich sind Funktionen des Stirnlappens, des supplementär-motorischen Areals, des prämotorischen Areals und des hinteren unteren Scheitellappens. Das autobiografische Ich hat mit dem vorderen Schläfenlappen und dem Stirnlappen, das (selbst-) reflexive Ich mit dem Stirnlappen und das ethische Ich, das Gewissen, mit dem unteren Stirnlappen (orbitofrontaler Cortex) zu tun. _____ Wie wir sehen, sind am Entstehen von Ich-Zuständen immer mehrere, zum Teil ganz unterschiedliche Gebiete der Großhirnrinde beteiligt. Allerdings ist die Großhirnrinde keineswegs der ausschließliche Produzent von Bewusstsein und Ich-Zuständen, vielmehr entstehen diese Zustände und Funktionen aufgrund der Tätigkeit des limbischen Systems. ❷ _____ Zum limbischen System gehören unter anderem der Hypothalamus als Ort von Trieb- und Bedürfniszuständen und Affekten, der Mandelkern (Amygdala) als Verarbeitungs- und Speicherort vornehmlich negativer Erfahrung, das mesolimbische System (ventrales tegmentales Areal und Nucleus accumbens) als Verarbeitungsort von vornehmlich positiven Erfahrungen, das septo-hippocampale System und die entorhinale Rinde als Organisatoren des deklarativen, d.h. bewusstseinsfähigen und berichtbaren Gedächtnisses. All diese Zentren arbeiten im Gegensatz zur assoziativen

❶ Großhirnrinde Seitenansicht des menschlichen Gehirns mit den typischen Windungen (Gyrus/Gyri) und Furchen (Sulcus/Sulci). Anatomisch-funktionelle Gliederung der seitlichen Hirnrinde (Cortex). *Die Zahlen geben die übliche Einteilung in cytoarchitektonische Felder nach K. Brodmann an.*
❷ Limbisches System Längsschnitt durch das menschliche Gehirn mit den wichtigsten limbischen Zentren.

❸ Registrierung von Hirnaktivität mithilfe der funktionellen Kernspintomographie (fNMR). *Gezeigt ist die dreidimensionale Rekonstruktion des Gehirns einer Versuchsperson von schräg unten und hinten. Die Versuchsperson wurde aufgefordert, einen zentralen Fixationspunkt im Gesichtsfeld genau zu fixieren und gleichzeitig ihre Aufmerksamkeit auf andere Geschehnisse im rechten Gesichtsfeld zu konzentrieren. In der kernspintomographischen Computerrekonstruktion zeigt sich dabei eine deutliche Aktivitätsänderung (rote Gebiete in den computergraphisch erzeugten Schnittflächen) in der linken Gehirnhälfte im Übergangsbereich zwischen Schläfenlappen und Hinterhauptslappen. Den Kollegen H. J. Heinze, S. A. Hillyard und H. Scheich danke ich herzlich für die Überlassung der Aufnahme; der Autor*

Großhirnrinde grundsätzlich unbewusst, sie beeinflussen aber zutiefst unsere Bewusstseins- und Ich-Zustände. ____ Der Entwicklungspsychologie und insbesondere der Säuglingsforschung ist es in den letzten Jahren gelungen, die wesentlichen Etappen der Entwicklung des Ich bis hin zum bewussten, selbstreflexiven Ich zu identifizieren Die erste Etappe vollzieht sich im Mutterleib während der letzten Wochen vor der Geburt. Die Sinnesorgane und die primären Sinneszentren des Gehirns sind zu dieser Zeit bereits aufnahmefähig, ebenfalls hat das limbische System als zentrales Bewertungssystem des Gehirns seine Arbeit aufgenommen und trifft seine ersten Unterscheidungen über Lust und Unlust, angenehm und unangenehm. ____ Die Phasen der nachgeburtlichen Ich-Entwicklung sind charakterisiert durch die grobe Unterscheidung von Körper und Nicht-Körper, und das Erlernen der Perspektivität des Körpers (die Welt vom Körper aus gesehen); dies geschieht ab dem 5. Monat nach der Geburt. Es folgt das langsame Begreifen der Tatsache, dass andere Menschen denken, Absichten und Pläne haben (Intentionalität); dies geschieht etwa ab dem 9. nachgeburtlichen Monat. Schließlich vollzieht sich die Ausbildung des eigentlichen Ich, die mit dem ersten Gebrauch der Worte »ich« und »mein« gegen Ende des zweiten Lebensjahres einen vorläufigen Höhepunkt erfährt und auch im Erwachsenenalter noch nicht abgeschlossen ist. ____ Diese Entwicklung der Ich-Empfindungen verläuft parallel zum Ausreifen des Gehirns. Wie bereits erwähnt, beginnt das limbische System schon vor der Geburt mit seiner Arbeit. Es sammelt vor, während und in den ersten Wochen und Monaten nach der Geburt die ersten und vielleicht wichtigsten Erfahrungen, lange bevor das Bewusstsein sich voll ausgebildet hat. Bei der Geburt ist die menschliche Großhirnrinde als »Sitz« des Bewusstseins hinsichtlich der Zellzahl zwar fertig entwickelt, ansonsten aber noch ziemlich unreif. Der gröbere Reifungsprozess der menschlichen Großhirnrinde ist mit zweieinhalb bis drei Jahren abgeschlossen, der feinere Ausreifungsprozess setzt sich dagegen bis zu einem Alter von 20 Jahren fort. Zuerst reift

der Scheitellappen aus und damit die Grundlagen der Körperempfindungen und des körperzentrierten Weltbildes. Dann folgt die Ausreifung des Schläfenlappens mit dem Wahrnehmungs-Ich, dem bewusstseinsfähigen Gedächtnis, den konkreten Wahrnehmungen und Emotionen und dem Erfassen der Bedeutung des Wahrgenommenen. Spät erfolgt die Ausreifung des Stirnlappens mit der Ausbildung des Bewusstseinsstroms (des sogenannten Arbeitsgedächtnisses), dem Erfassen der zeitlichen Struktur der Umwelt und des eigenen Denkens, Sprechens und Handelns und dem Einschätzen der Relevanz der Außenwelt für Handeln und Handlungsplanung.

Ganz zum Schluss entwickelt sich der direkt über den Augen liegende Teil des Stirnhirns (orbitofrontaler Cortex) und damit das Erfassen der eigenen Motivationslage, des sozialen Kontextes und der Folgen eigenen Handelns. ____ All dies zeigt, dass die Entwicklung des Ich ein langer, komplizierter Prozess ist. Das Ich formiert sich, nachdem das unbewusst arbeitende limbische System im Mutterleib, während der Geburt und in den ersten nachgeburtlichen Wochen und Monaten, die wesentlichen Züge unseres Charakters, unserer Persönlichkeit bereits festgelegt hat. Bewusstsein und Ich fügen sich in die

Welt des Unbewussten ein. So ergibt sich aus den genannten Befunden die grundlegende Einsicht: Das Ich ist nicht der große Steuermann unserer Gedanken und Handlungen, sondern ein hilfreiches *Konstrukt, ein Instrument* des Gehirns zur Bewältigung besonders schwieriger Aufgaben, wie sie sich etwa bei der Frage ergeben, wie ich mich in meiner sozialen Gruppe verhalten soll, was die anderen wohl von mir erwarten und welche Absichten sie mir gegenüber haben. Komplexe Handlungsplanung ist ohne ein Ich nicht möglich. _____ Als ein – wenn auch sehr hilfreiches – Hirnkonstrukt hat das Ich eine nur begrenzte Einsicht in die Vorgänge, die es antreibt. Auch im Jugend- und Erwachsenenalter kontrolliert das unbewusst arbeitende limbische System weitgehend das, was wir denken, fühlen und tun, nur merken wir nichts oder nur wenig davon. Gedanken und Einfälle scheinen »aus dem Nichts« zu kommen. Es ist sogar so, dass unser Ich diese Einflüsse leugnet und dahingehend uminterpretiert, als sei es selbst die Quelle dessen, was ihm in den Sinn kommt. Auf diese Weise kommt es zu den oft grotesken Versuchen von Menschen, ein stark emotional getriebenes Verhalten rational zu erklären. _____ Wenn Menschen etwa von Hypnotiseuren aufgetragen wird, nach dem »Erwachen« aus der Hypnose auf dem Boden herumzukriechen, dann werden sie erklären, sie hätten dort etwas verloren oder interessierten sich für die Beschaffenheit des Teppichs usw. Schon vor einigen Jahren wurde nachgewiesen, dass der Willensakt, der ja nach gängiger Meinung unsere Handlungsentscheidungen trifft, erst dann stattfindet, nachdem unbewusst arbeitende Zentren unseres Gehirns die Sache bereits entschieden haben. _____ Das Ich als Gehirnkonstrukt, als nachträglicher Bestätiger dessen, was das Unbewusste bereits beschlossen hat, dies mag unser Selbstverständnis zutiefst beleidigen. Wer möchte schon ein

1/38–41 Anton Räderscheidt: Selbstportrait nach Schlaganfall. *Am 24.09.1967 erlitt der Künstler einen zerebralen Schlaganfall. Während der Rekonvaleszenz malte er eine Serie von mehr als 60 Selbstportraits, welche die sukzessive Rückgewinnung seiner selbst dokumentieren.* Privatbesitz. © Anton Räderscheidt VG Bild-Kunst Bonn

Konstrukt sein! Dabei müssen wir aber berücksichtigen, dass das Unbewusste nicht etwa – wie Sigmund Freud meinte – ein Sumpf von dumpfen, gefährlichen Trieben und Wünschen ist, von denen man sich mithilfe der Vernunft befreien muss. Vielmehr ist es der Aufbewahrungsort all unserer Erfahrungen, und zwar von solchen, die sehr früh gesammelt wurden und niemals bewusst waren (weil es das Bewusstsein noch nicht gab), und solchen, die für kurze Zeit unser Bewusstsein ausfüllten und dann ins Unbewusste absanken. Hier ist das Wissen darüber gespeichert, was zu Lust und Erfolg führte und wiederholt werden kann, und ebenso das, was schädlich, schmerzhaft und erfolglos war und besser gemieden werden sollte. Das Unbewusste ist im limbischen System verortet und gibt den Rahmen vor, in dem Bewusstsein kreativ sein kann. Es sorgt (zumindest meist) dafür, dass diese Geschehnisse auf der Grundlage vergangener Erfahrung ablaufen. Dies ist schließlich das Vernünftigste, was ein Lebewesen tun kann.

)visualisierungen

des geistes——— SANDER L. GILMAN

Inzwischen ist es die Genetik, welche Bilder strukturiert und liefert, durch die wir »Geist« zu »sehen« glauben. Und wir sehen ihn immer nur in den pathologischen Fällen. Tief verborgen in den Genen scheinen die »wirklichen Ursachen« für unsere »Geisteskrankheiten« zu schlummern (– seit den Tagen der alten Griechen wird der Begriff der Psyche aus der Pathologie heraus definiert: Eine gesunde Psyche ist unsichtbar, eine kranke scheint sich in sichtbaren Manifestationen zu zeigen). Das *Human Genome Project* produziert einen Bericht nach dem anderen über die Entdeckung von Genen für Schizophrenie oder Depression. Jede dieser Entdeckungen läßt neue Kategorien von Menschen mit potenziellen Krankheitsrisiken entstehen. Jede Veröffentlichung wird von einem Bild der fehlerhaften DNA begleitet. Und alle erweisen sich am Ende von kleinerer Bedeutung als zunächst behauptet. Was sich aus den DNA-Bildern herauslesen läßt, entpuppt sich als Variabilität innerhalb kleiner Gruppen. Es sind Variationen, die mögliche Pathologien vorausahnen lassen, vorhandene pathologische Zustände vielleicht erklären können – oder eben auch nicht. Wir »sehen« die DNA psychisch Kranker bildlich dargestellt. Durch Bilder, welche Genetiker herstellen, sind wir von ihrer Realität überzeugt. ——— Das DNA-Bild, das heute jedes Lehrbuch illustriert und immer häufiger in amerikanischen Gerichtssälen erscheint, ist aber selbst ein Phantom. Es ist ebenso wenig eine »wirklich-

> **»Und schließlich die kleine Anekdote über Picasso, die mir Gregory Bateson einmal erzählte: Da hat einmal ein amerikanischer Bildersammler Picasso besucht, und ihm empfohlen, dass er doch lieber Bilder von Dingen malen solle, wie sie wirklich sind. Picasso murmelte, dass er nicht ganz sicher wäre, was das sein sollte. Da zog der Mann aus seiner Brieftasche ein Foto heraus: 'Sehen Sie, das meine ich. Das ist ein Bild meiner Frau, wie sie wirklich ist.' Picasso antwortete: ›Sie ist aber sehr klein, nicht wahr, und auch sehr flach!‹ Da ist es schwer, etwas hinzuzufügen.«** Heinz von Foerster: Worte

keitsgetreue« Wiedergabe der molekularen DNA-Welt wie jede andere Repräsentation. Offensichtlich handelt es sich um eine statistische Annäherung in visueller Gestalt. Diese muss strukturiert und interpretiert werden wie jedes andere Bild auch. Doch wie das 19. Jahrhundert in der Fotografie Chemie und Kunst verschmelzen ließ, um ein scheinbar »wirklichkeitsgetreues« Bild der »realen« Welt zu liefern, so wird auch das DNA-Bild als Äquivalent eines Spiegels von Körper und Seele gesehen. Mehr und mehr entspricht das

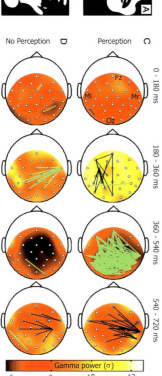

DNA-Bild einem wissenschaftlichen Begehren, die Psyche als Reflex des Körpers zu sehen. In Kombination mit neuesten Entwicklungen in der Kernspintomographie und anderen bildgebenden Verfahren, mit denen sich Gehirnstrukturen bei der »Arbeit« und in »Echtzeit« untersuchen lassen, lautet die These: Verstehen Sie die physischen Aspekte des Körpers, seine genetischen Grundlagen, seine neuralen Strukturen, seine Neuroanatomie, und Sie werden das Wesen des Gehirns begriffen haben. _____ Diesen Anspruch erhob bereits 1893 ein Wiener Neurologe namens Sigmund Freud in seinem unveröffentlichten *Entwurf einer Psychologie*. Die Studie blieb deshalb unveröffentlicht, weil Freud selbst Zweifel an der einfachen Gleichsetzung der physikalischen Systeme von Gehirn und Nerven mit der Psyche zu hegen begann. Heute versuchen wir angestrengt, auf dieses Niveau der Neurologie des 19. Jahrhunderts zurückzukehren. Doch auch die besten Neurologen, die sich bildgebender Verfahren bedienen, wie zum Beispiel der franko-chilenische Neurowissenschaftler Francisco J. Varela, bedürfen inzwischen immer komplexerer Theorien des Bewusstseins, um die Bilder »lesen« zu können, die sie mit modernsten Darstellungsmethoden entstehen lassen. _____ Die Erklärungsmodelle, die vom 19. Jahrhundert bis heute die Art und Weise bestimmten, wie »moderne« Medizin psychische Erkrankungen gesehen hat, lassen sich historisch im Großen und Ganzen so einteilen, dass sie entweder nach den inneren oder aber nach den äußeren Ursachen fragen. In allen Fällen wird die »Visualisierung« psychischer Erkrankungen als deren konkrete Wiedergabe verstanden. Im vergangenen Jahrzehnt haben diese Modelle ein Spektrum abgedeckt, das von einem »medizinischen« Modell, demzufolge eine psychische Erkrankung als Symptom einer zu Grunde liegenden somatischen Erkrankung gilt, bis zu dem reichte, was man als »konspiratorisches« Modell bezeichnen könnte: einem Modell, das die Existenz psychischer Erkrankungen schlichtweg leugnet. Jedes Modell verwendet eine andere Definition von psychischer Erkrankung, des »Geisteskranken«, ja sogar des Begriffs Krankheit selbst. Die meisten Modelle sind auf die eine oder andere Weise mit einem Therapiemodell verknüpft (oder von ihm bestimmt). Das »medizinische« Modell fußt demgemäß auf der Überzeugung, dass wegen der zu Grunde liegenden somatischen Pathologie psychotrope Medikamente wie Antidepressiva wirksam sein müssen. Das »konspiratorische« Modell stellt die soziale Situation des Patienten in den Mittelpunkt und betrachtet diese als Ursache der Erkrankung. _____ Während der letzten zehn Jahre hat das medizinische Modell die Definition psychischer Erkrankungen beherrscht, wie sie etwa in dem Standardwerk *Diagnostic and Statistic Manual of Mental Disorders* (4. Auflage) gegeben wird. Genau dieses Modell läßt sich am leichtesten durch DNA-Analysen oder Kernspintomogramme mit all ihren farbigen Darstellungen des Gehirns visualisieren. Andere Erklärungsweisen wie das »psychologische« Modell, das »Geisteskrankheiten« über psychologische Abläufe definiert, haben vor dem Hintergrund des medizinischen Modells eine deutlich spürbare Revision erfahren. Indem neue Erkenntnisweisen verfügbar werden und indem das Verständnis der vielfältigen Ursachen und Definitionen psychischer Erkrankungen zunimmt, werden sich neue Modelle ergeben und alte Modelle verändern. _____ Was den Zusammenhang von Stigmatisierung und psychischer Erkrankung betrifft, so ist klar, dass das jeweils herrschende Modell auch Form und Grad des Stigmas bestimmt. Es kann dem aber auch entgegenwirken. Das »medizinische« Modell unserer Tage wirkt zum einen destigmatisierend, weil die psychische Erkrankung als jenseits der Kontrolle des Patienten liegend gesehen wird, zum anderen aber stigmatisierend, weil es den Patienten in eine klar defi-

129

nierte Kategorie des »genetisch Defekten« einordnet. Die Modelle und ihre Funktion zu kennen, ist unerlässlich, um die Macht des Stigmas zu verstehen. —— Die Handhabung und der Umbau von Darstellungen beschränkt sich nicht nur auf Zeichnungen, wie sie zu Beginn des 19. Jahrhunderts die Idee psychischer Erkrankung darstellten. Mit der Einführung der Fotografie in den dreißiger und vierziger Jahren des 19. Jahrhunderts erfolgte eine radikale Neubewertung des Bildes. »Bloße« Zeichnungen boten eindeutig nur Impressionen, auch wenn sie farbig waren oder auf »echten« Fällen beruhten. Von Fotografen aber – zumindest während der ersten Generation derer, die Fotografien für wissenschaftliche Zwecke verwendeten – nahm man an, dass sie die Welt ungeschminkt wiedergäben, auch die Welt der »Geisteskranken«. Die Fotografie der Physiognomie eines »Geisteskranken« wurde so zu einem Bild der unsichtbaren Psyche. Auch Fotografien folgten in ihrer Darstellung von psychischen Erkrankungen der Kontrastwirkung »Schönheit/Gesundheit« und »Häßlichkeit/Krankheit«. —— Joseph Parrish (1818-1891), der Herausgeber des *American Psychological Journal* (1883-1884), füllte im Jahre 1886 in der Psychiatrischen Anstalt in Burlington, New Jersey, ein ganzes Fotoalbum ❶. Diese Bilder ähneln durchweg denen, die man in der ersten amerikanischen, mit aktuellen Fotografien von »Geisteskranken« illustrierten Publikation findet, herausgegeben von Parrishs Freund Isaac Kerlin, dem Superintendenten des *Pennsylvania Institute for the Feeble Minded Children* in Elwyn, Pennsylvania (1858-1893). —— Die Idiotie lieferte, wie wir gesehen haben, den Härtetest für die Beziehung zwischen der Physiognomie des Kranken und der Möglichkeit, sichtbare nosologische Kategorien für psychische Krankheiten und Defekte zu formulieren. Einige der Bilder Parrishs und Kerlins sind Porträts, bei denen die Beeinträchtigung »unsichtbar« zu sein scheint. Andere Aufnahmen, bei denen eine physiologische Anomalie vorlag, drängten die Insassen in eine Positur, welche eine sichtbare Abweichung des psychisch Kranken erst hervorkehrte. Solche Bilder hatten auch eine praktische Funktion als Quellenmaterial zur Aquirierung von Spenden. Beide Typen von Bildern betonten sowohl die mögliche Sozialisation der Insassen in einer Anstaltsumgebung als auch ihre jeweilige Behinderung. —— Eine

❶ Insassen eines Imbecile Asylum in Burlington, New Jersey, aufgenommen von Joseph Parrish, 1886. Chicago, Privatsammlung
❷ Fahndungsfoto der Psychiatrisch-Neurologischen Wochenschrift, Halle 4.11.1905. Chicago, Privatsammlung

130

Beiblatt zu Nr. 32 der Psychiatr.- Neurolog. Wochenschrift.
4. November 1905.
Verlag von Carl Marhold, Halle a. S.

Liste zu ermittelnder unbekannter Geisteskranker. Nr. 34.

Am 20. April 1904, abends 9½ Uhr, wurde die nebenstehend abgebildete Frauensperson in Siemianowitz, Kreis Kattowitz, obdachlos und umherirrend aufgegriffen und nach Feststellung ihrer Geistesschwäche dem dortigen Hedwigsstift zugeführt, später der Prov.-Heil- und Pflegeanstalt zu Lublinitz überwiesen.

Ausser dem Namen „Marenka" vermag die sehr schwerhörige und hochgradig stammelnde, polnische, ca. 25 Jahre alte Idiotin nichts über ihre Person anzugeben. Sie ist 156 cm gross, untersetzt, hat dunkelblonde Haare und Augenbrauen, braune Augen, leicht eingesunkenen Nasenrücken, verdickten Nasenknorpel, Nasenpolypen, schniefende Athmung bei verschlossenem Munde, dicke Lippen und mässig grosse Kropfgeschwulst. Zähne in gutem Zustande. Geht etwas schleppend und nach vorn geneigt. Plattfüsse. — Kleidung: Dunkelgrau karrirtes Umschlagetuch, blau und weissgeblumte Kattunjacke, blaue Leinwandschürze, schwarzer wollartiger Rock mit roter handbreiter Einfassung, grauer Leinwandunterrock, schwarze Tuchschuhe mit Ledereinfassung. Sie trug in der Hand einen zusammengelegten weissgeblumten Kattunrock.

Angaben, welche zur Ermittelung der Herkunft dieser Person dienen können, wolle man unter IIa 14956 dem Herrn Landeshauptmann von Schlesien mittheilen.

weitere Funktion, die manche dieser Bilder erfüllten, hatte mit der tagtäglichen Routine der Buchführung zu tun. Deshalb lagen vielen europäischen Zeitschriften für Psychiatrie, die sich an Anstaltsleiter und Ärzte richteten, lose Abbildungsblätter bei ❷. Im Unterschied zu Kerlins und Parrishs Fotos war hier eine Bildunterschrift nötig, um einen Rahmen zu geben. Denn die Anstaltsleiter sollten alles Bekannte über diese unbekannte Person wissen, falls sie als entflohene oder ehemalige Insassin wiedererkannt werden sollte. Der Rahmen ist notwendig bei diesen pragmatischsten aller Bilder, so wie die ganze Darstellung überhaupt einen Kontext braucht, eben weil das Bild seiner ästhetischen Qualität beraubt und auf ein Bertillonsches Identifikationsmuster reduziert ist. Das Spiel der Differenzen in Parrishs Fotografien ist damit aufgehoben. Hier ist ein unbekanntes, namenloses Individuum, das nicht sagen kann, wer es ist. Es ist nicht mehr der Blick der Frau, nicht ihre Physiognomie oder ihre Haltung, die ihre Beeinträchtigung offenbar machen, sondern die Rahmung durch die Bildunterschrift des Anstaltsdirektors, die nach ihrer Identität fragt. Hier geht die Bewegung von der Fotografie aus, um eine informierte Reaktion auf Seiten eines speziellen Betrachters hervorzurufen. ——— So kommt die Frage nach dem Publikum eines Bildes ins Spiel, sofern man es nutzt, um die Geschichte der »Geisteskrankheiten« zu schreiben. Der qualitative Unterschied zwischen Parrishs Darstellung und dem Fahndungsfoto von 1905 liegt beim Publikum. Dennoch kann man argumentieren, dass der zeitgenössische Betrachter problemlos die Typen des »Wirklichen« zu unterscheiden vermochte, welche diese Fotos darstellten. Jedes Foto zeigt auf seine Weise, dass man das Wesen psychischer Erkrankung so einfängt, wie es sich aus dem funktionalen Gebrauch der Kamera unter Anstaltsbedingungen definiert. ——— Die Fotografie des neunzehnten Jahrhunderts vermittelt uns ein Gespür für die »Realitäten« des Lebens innerhalb der Anstalt – aber die Eigenschaften, die diesen Realitäten zugeschrieben werden, sind in nicht geringem Maße Resultat der fotografischen Techniken jener Zeit. Schon der Unterschied zwischen diesen alten Fotos und Aufnahmen, die Ende des 20. Jahrhunderts entstanden sind, reicht hin, um die internen Differenzen der alten Bilder zu verstellen. Unser Empfinden für das, was an Fotografien als ästhetisch normal zu gelten hat, unterscheidet sich deutlich genug von den scheinbar antiquierten Bildern Parrishs und dem Fahndungsplakat, so dass sie für uns beide auf dieselbe Weise zu funktionieren scheinen. Wir müssen die vielschichtigen simultanen Bedeutungen, die beiden eingeschrieben sind, erst entwirren, um überhaupt das eine vom anderen unterscheiden zu können. ——— Die Verschiebung zwischen den Mitteln zur Darstellung »Schönheit/Gesundheit« und »Hässlichkeit/Krankheit« in den Fotografien »Geisteskranker« läßt sich am besten dort beurteilen, wo eine neue Variable ins Spiel kommt. Lassen Sie uns zwei Bilder betrachten, die einem »realen« physiognomischen Vorsatz folgten, denn sie waren Bestandteil von Atlanten zur medizinischen Physiognomie und wurden Ende des 19., Anfang des 20. Jahrhunderts als Darstellung klassischer Fälle verstanden. Medizinische Physiognomie ist schließlich nicht »bloß« der subjektive Eindruck von Ärzten, sondern eine diagnostische Wissenschaft. Die ärztliche Analyse von Krankheitszeichen und Symptomen, die sich im Gesicht widerspiegeln, gehörte von der Antike bis zur Gegenwart zum klassischen Repertoire der Diagnostik. ——— Kaum eine deutlichere Polarität läßt sich finden als zwischen den beiden hier abgebildeten Darstellungen der Basedowschen Krankheit: Die erste stammt aus Byrom Bramwells *Atlas of Clinical Medicine* (1894) ❸, die zweite aus Carl Fervers *Physiognomie des Kranken* (1935) ❹. Hier verschwimmt die Trennungslinie zwischen der physischen und der psychologischen Definition von »Geisteskrankheit«. Jahrhunderte hindurch galt die Erscheinung des Basedowkranken als Standardtypus bei der Bewertung der Physiognomien der »Geisteskrankheit«. In den Begriffen der Krankheitskonzepte des 19. Jahrhunderts galt die Basedowsche Krankheit als neurologischen (das heißt somatischen) Ursprungs. Sie äußert sich in der Bildung eines Kropfes, Herzrhythmusstörungen, verstärkter Angst

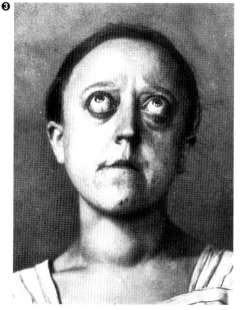

❸ Physiognomie einer Basedow-Kranken nach Bramwell, 1894.
Chicago, Privatsammlung
❹ Physiognomie einer Basedow-Kranken nach Carl Fevers, 1935.
Chicago, Privatsammlung

131

und Unruhe, hervortretenden Augäpfeln und einem durchdringenden Blick. Obwohl ein klinischer Unterschied zwischen der – in der Regel durch Jodmangel verursachten – Entstehung eines Kropfes und der Basedowschen Krankheit besteht, überschneiden sich die äußeren Krankheitszeichen und Symptome (mit Ausnahme des Kretinismus). Die Überlagerung dieser somatischen Syndrome mit dem Symptom der geistigen Retardierung oder Verwirrung führte zu einer Verschmelzung unter der Kategorie »Geisteskrankheit«. Die Basedowsche Krankheit findet man am häufigsten bei reifen Frauen, verursacht wird sie durch eine Fehlfunktion der Schilddrüse. Somit besteht für diese Krankheit ein klarer Geschlechtsbezug und der allgemeine Eindruck, der Kropf verderbe die ästhetische Erscheinung der weiblichen Patientin. Wichtiger aber war noch, was Sigmund Freud beim Anblick einer verstorbenen Patientin feststellte, als er deren Schwester begegnete, die ebenfalls an dieser Krankheit litt: »Die Basedowsche Krankheit verleiht den von ihr Befallenen eine oft bemerkte weitgehende Ähnlichkeit der Gesichtszüge, und in diesem Falle war die typische Ähnlichkeit über der schwesterlichen aufgetragen .« Jeder Basedow-Kranke sieht aus wie jeder andere, der an der Krankheit leidet, und also ist auch der geistige Zustand jeder einzelnen dieser Personen vergleichbar – so die diagnostische Rechtfertigung, wie sie sich aus der Verknüpfung des Erscheinungsbildes der Patientin mit ihrem Geisteszustand ergibt. ____ Zwischen 1890 und 1930 erkannte man die endokrinologische Basis der Basedowschen Krankheit recht genau. In den achtziger Jahren hatten die Arbeiten von Felix Semon und Victor Horelsey und später, zu Beginn des 20. Jahrhunderts, die Arbeiten von David Marine den Zusammenhang zwischen einer gestörten Schilddrüsenfunktion und der Nervosität bei der Basedowschen Krankheit dokumentiert. Noch um 1890 lieferte Byrom Bramwell eine Darstellung ❸, die auf übertriebenere Weise krank wirkt als etwa Fervers Darstellung von Mitte 1930 ❹. Die subtile Physiognomie der somatischen Erkrankung, die einer Interpretation bedarf, ersetzt die unverblümt grobe Darstellung des »Geisteskranken«. Bramwells Darstellung musste noch immer den Zusammenhang zur »Geisteskrankheit« heraufbeschwören, Fervers Bild hat dies nicht mehr nötig. Bramwell konnte das – tatsächlich vorhandene – Symptom der hervorquellenden Augen der Patientin benutzen; und indem er eine Patientin mit einer übertriebenen Version dieses Merkmals fand, ließ sich der Bezug zum alten Bild des hervorquellenden und deshalb gestörten Blicks des »Geisteskranken« herstellen. Fervers dagegen findet einen Fall, in dem dieses Symptom in dezenter, unterschwelliger Weise präsent ist, so wie es auch normalerweise auftritt. Dass es in beiden Fällen Frauen sind, zeigt den Geschlechtsbezug im Zusammenhang mit eben dieser Krankheit. Doch die Bramwellsche Darstellung dramatisiert die aus der Krankheit resultierende Verzerrung und Deformierung, Ferver deutet sie nur an. ____ Um 1930 wanderte die Basedowsche Krankheit aus der Welt der Physiognomie des »Geisteskranken«, einer Welt, die durch Parrishs Darstellung ebenso beschworen wurde wie durch das Fahndungsplakat von 1905, in die Welt der somatischen Erkrankungen. In nicht geringem Maße verdankt sich diese Verlagerung weg von der Stigmatisierung »Hässlichkeit/Krankheit« der Tatsache, dass es zu dieser Zeit möglich geworden war, Schilddrüsenkrankheiten zu behandeln. Durch Emil Kochers Thyroidektomie (operative Entfernung der Schilddrüse), die Arbeiten George Murrays über die Verwendung von Schafschilddrüsen zur Behandlung von Myxödemen und Thomas Dunhills chirurgischen Eingriff zur Schilddrüsenresektion war es unmöglich geworden, »Nervosität« oder »Kretinismus«, wie sie mit Schilddrüsenerkrankungen einhergehen, als eine

Form von »Geisteskrankheit« einzuordnen. Das lässt sich an diesen beiden Bildern »sehen«. ＿＿＿ Für alle Darstellungen dieser Übung im Betrachten vielschichtiger, simultaner Bildlichkeit von »Schönheit/Gesundheit« und »Hässlichkeit/ Krankheit« lässt sich zeigen, dass sie verknüpfende Funktion haben. Sie alle lassen gewisse Realitäten erkennen, seien diese nun sozialer oder physiologischer Natur; sie alle vermitteln gewisse Einsichten in die Fantasien um »Geisteskrankheiten« und ihre Ästhetik; sie alle nutzen Traditionen und bestimmte Hilfsmittel, um Bezüge zur Welt ästhetischer Objekte und deren Konventionen herzustellen. Und sie alle kontrollieren das Bild und den Interpretationsspielraum, unabhängig davon, ob diese Grenzen in der Diskussion der Darstellung kontextualisiert werden, oder ob sie in der Struktur des Bildes selbst vorhanden sind. Zugleich liefert jede Darstellung den Betrachter einer Vielzahl simultaner Bedeutungen aus, die ebenso unter Kontrolle gehalten werden sollen, wie die Furcht davor, sich selbst mit dem Bild des Wahnsinnigen zu identifizieren. Indem wir Gesundheit und Krankheit verbildlichen, bringen wir ein ganzes Arsenal ästhetischer Assoziationen in die Darstellung hinein und sehen die Welt in den Begriffen von Schönheit und Hässlichkeit. Diese Assoziationen sind das Mittel, uns selbst in die Rolle des Betrachters zu versetzen – nicht nur als Betrachter dieser Bilder, sondern auch als Betrachter unseres eigenen Körpers, eines Körpers, der sich in ständiger Gefahr befindet, krank zu werden.

＿＿＿ Im nächsten Jahrtausend werden uns viele weitere bildgebende Verfahren zur Visualisierung des Geistes zur Verfügung stehen. Doch jede Verbildlichung bleibt eng mit den Vorstellungen dessen verknüpft, der die Darstellung interpretiert. Wahnsinn wird weiterhin der Schlüssel zu unserer Definition des Normalen sein, denn indem wir Abweichungen zu »erklären« suchen, definieren wir das Normale. ＿＿＿ Die Ästhetik wird auch in Zukunft eine zentrale Rolle bei unserer Lektüre dieser Bilder spielen. Von den bunten Kernspintomogrammen bis zur abstrakten Symbolsprache der DNA-Sequenzen »lesen« wir diese Bilder in Beziehung auf die menschlichen Wesen, die wir durch sie repräsentiert glauben, und durch unser Empfinden für uns selbst. Egal wie abstrakt, gleichgültig wie andersartig die bildgebenden Verfahren der nächsten Jahrzehnte aussehen werden, unsere Mittel zur Lektüre dieser Bilder werden beeinflusst sein durch unsere Vorstellung von der Bedeutung, die wir dem Bild zuschreiben. Unsere Verbildlichung der Psyche bleibt menschliches Handeln, gleichgültig, welche Technologie wir entwickeln, um die Psyche darzustellen.

1/9 Wilhelm Lehmbruck: Kopf eines Denkers, 1918. Kunstsammlungen Chemnitz

natürlich künstlich:

intelligenz von fußballrobotern

oder: fußball ist schwieriger als schach—— HANS-DIETER BURKHARD

→fußball als bewährungsfeld intelligenter roboter Verständnis wächst mit aktiver Auseinandersetzung. Etwas »machen« zu können, bedeutet zugleich, es besser verstehen zu können. Angewandt auf die Erforschung geistiger Prozesse führt das zu der Nachbildung intelligenten Verhaltens mit Maschinen. In diesem Kontext ist »Künstliche Intelligenz« der Versuch, die natürliche Intelligenz durch Nach-Modellieren besser zu verstehen. —— Können aber Maschinen als verlängerte Arme des Menschen gelten, Fahrzeuge als verlängerte Beine, denkende Maschinen als verlängertes Gehirn? Muss man »denkende Maschinen« in Anführungsstriche setzen, weil Maschinen nicht denken können? Zudem sind alle Roboter in einem eigentümlichen Paradox gefangen: »If it works, it's not Artificial Intelligence«. Sobald es funktioniert, ist es nicht mehr das Gesuchte, sondern bloß Software. Leistungen, die früher als hochintelligente menschliche Leistungen gegolten hätten, sind damit heute als simple Programme deklassiert: blitzschnelles Lösen komplizierter Gleichungen, Überblick über alle Zugverbindungen des aktuellen Fahrplans, Steuerung komplizierter Maschinen. Seit 1997 ist der Weltmeister im Schachspielen ein Computer. Ein fünfzigjähriger Traum der Informatiker war damit schnöde Wirklichkeit geworden. —— Die »künstliche Mobilität« bedient sich des Rads, der Schiene, der Straße – und ist dabei wesentlich effektiver als die natürlich vorgegebenen Extremitäten des

Menschen, allerdings auf Kosten von Flexibilität und Vielseitigkeit. In analoger Weise können heute spezielle Computerleistungen einzelne menschliche Fähigkeiten in kaum vorstellbarer Weise übertreffen, und das siegreiche Schachprogramm zieht seine Überlegenheit vor allem aus der Fähigkeit, unmenschlich viele Varianten in kürzester Zeit zu bedenken. Ein Mensch wählt seine Züge anders aus, trotzdem waren Experten der Ansicht, dass Deep Blue bei seinem Sieg über Kasparow ideenreich wie ein Mensch gespielt habe. —— Ebenfalls im Jahre 1997 wurde die erste Weltmeisterschaft der fußballspielenden Roboter in Nagoya (Japan) ausgetragen. Die Initiatoren des RoboCup (www.robocup.org) haben das ehrgeizige Ziel gesetzt, innerhalb von 50 Jahren den amtierenden Fußballweltmeister mit einer Robotermannschaft zu schlagen. Dabei sind völlig neue Anforderungen zu meistern: Ein Schachspieler hat stets die genaue Übersicht über die aktuelle Situation auf dem Schachbrett, er hat vergleichsweise viel Zeit zum Nachdenken, und seine Entscheidungen werden akkurat umgesetzt. Beim Fußballspielen ändern sich die Situationen dagegen blitzschnell, und ein Spieler hat oft nur unvollständige Kenntnis, zum Beispiel über einen verdeckten Ball. Seine Absichten kann er nur bedingt umsetzen: Der Ball nimmt oft einen

❶ 1/32 **Zwei elektromechanische »Schildkröten« HINZ & KUNZ genannt.** *Als Verhaltensmodelle entwickelt an der Pädagogischen Hochschule Berlin durch Haseloff, Gutschnied und Maas, Berlin, 1963.* Deutsches Museum, München

❷ 1/31 **Der fußballspielende Roboterhund Aibo.** Tokio, Sony Corporation

anderen Weg als gewollt. Andererseits ist ein einziger Fehler beim Schach meist schon entscheidend, während Fehler im Fußball durch die Mitspieler wieder ausgeglichen werden können. Das Schachspiel ist eher dem Lösen komplizierter Mathematikaufgaben vergleichbar, Fußballspielen erfordert dagegen geistige Fähigkeiten, die auch ein alltagstauglicher Roboter haben müsste.____ Neue Ideen entwickeln sich gut im spielerischen

»WENN DIE ROBOTER ES DAHIN BRINGEN KÖNNTEN,
LANGEWEILE ZU HABEN, SO KÖNNTEN SIE MENSCHEN WERDEN.«
Goethe: Maximen und Reflexionen, Nr. 918

Wettbewerb: So wie das Schachspiel jahrzehntelang die Entwicklung neuer Computertechniken beeinflusst hat, soll jetzt der RoboCup die Entwicklung von Robotern und intelligenten Maschinen inspirieren. Die RoboCup-Weltmeisterschaften werden in Verbindung mit großen Sportereignissen (Fußball-WM, Olympiade) oder den weltweiten Konferenzen zur Künstlichen Intelligenz ausgetragen. Auf Nagoya folgten Paris 1998 und Stockholm 1999. Im Jahre 2000 ist Melbourne der Austragungsort, und es geht weiter mit Seattle 2001. Die ersten Europameisterschaften werden Anfang Juni 2000 in Amsterdam ausgetragen. Die erfolgreichsten Länder im RoboCup waren bisher die USA mit 6 Wettkampfsiegern, gefolgt von Deutschland (2), Japan, Frankreich und Iran (je 1). →die technik der fußballroboter Gegenwärtig haben die Akteure im RoboCup noch sehr wenig mit der Eleganz von Fußballspielern gemein. Ihre Orientierung ist oft ungenau, die Ballbehandlung mangelhaft und beim Toreschießen treten Verwechslungen der Seiten auf. Doch erinnern wir uns an andere technische Entwicklungen: Die ersten Autos waren pferdelose Kutschen und die Fortbewegung war oft noch ein Glücksfall. Autos (ebenso wie Flugzeuge) wurden in unterhaltungsträchtigen sportlichen Wettbewerben getestet und weiter entwickelt. Auch im RoboCup interessieren uns Formen der schnellen und sicheren Bewegung, und zugleich das völlig selbständige Handeln von Maschinen in realen Umgebungen.____ Während des Spiels der Fußballroboter gibt es keine menschliche Unterstützung: Es gibt niemanden, der irgendwo an einem Steuerpult sitzt und die Spieler mit seinen Entscheidungen lenkt – so wie auch der Schachcomputer ohne menschlichen Eingriff seine Züge berechnet. Nur muss ein fußballspielender Roboter noch viel mehr können. Ein Mensch braucht mehrere Jahre in seiner Entwicklung, bis er halbwegs den Ball trifft, und weitere Jahre bis zum Spielen in einer Mannschaft.____ Die Roboter müssen zunächst einmal Objekte in ihrer Umgebung erkennen und einordnen können: Sie müssen den Ball identifizieren und wissen, wo das gegnerische Tor ist. Mit diesem Wissen müssen sie geeignete Entscheidungen treffen, etwa für einen Torschuss oder einen Pass. Sie müssen dann auch in der Lage sein, diese Handlungen erfolgreich durchzuführen. Das Wissen über die eigenen Fähigkeiten in der jeweiligen Situation muss schon in ihre Entscheidungen eingehen. →ein heutiger (fußball-)roboter besteht aus mehreren komponenten: 1) Die Sensorik übernimmt die Aufgaben von Sinnesorganen zum Erfassen der Umwelt. Zur Verwendung kommen zum Beispiel Kameras,

❷

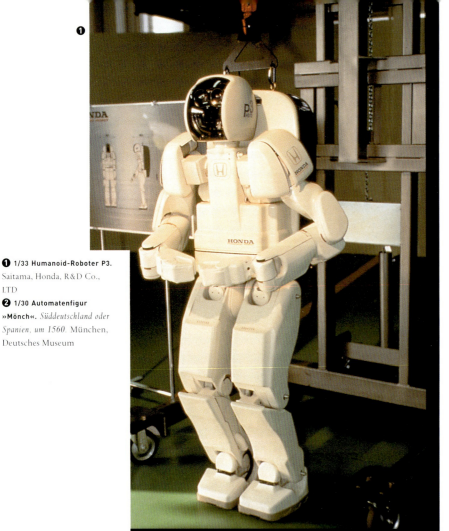

Laserscanner, Infrarot-Sensoren, Ultraschall-Sensoren und Tastsensoren. Weitere Messgeräte erlauben die Bestimmung der eigenen Geschwindigkeit und der Stellung einzelner Körperteile. Damit kann ein Roboter auch seine Lage und den von ihm zurückgelegten Weg abschätzen. Tastsensoren signalisieren einen direkten Körperkontakt. Laserscanner erlauben sehr exakte Entfernungsmessungen und sind damit für die Lokalisierung (»wo befinde ich mich gerade?«) günstig. Farbige Bilder der Kamera werden benötigt zur Identifizierung des Balles, der Spieler und der Tore. _____ Was für menschliche Augen kein Problem ist, bereitet den Kameras noch ausgesprochene Schwierigkeiten. Unter idealen Bedingungen liefert ein orange-farbener Ball einen einheitlich ausgefüllten Kreis im Bild. Tatsächlich nimmt der Ball unter verschiedenen Lichteinflüssen, Spiegelungen und Schattenwirkungen aber sehr unterschiedliche Farben an, und er kann durch einen Spieler teilweise verdeckt sein. So kann es durchaus passieren, dass ein farbiges T-Shirt den Spieler in die Irre führt und er mit voller Geschwindigkeit auf die Zuschauer zusteuert. _____ 2) Die Aktorik realisiert die körperlichen Fähigkeiten. Nachbildungen von Gliedmaßen benutzen gegenwärtig noch starre Formen und elektro-mechanische Antriebe. Die Möglichkeiten, damit natürliche Bewegungsformen zu imitieren, sind dennoch erstaunlich: Die Hunde (AIBOs, www.world.sony.com/robot/) von SONY sind ein kunstvolles Beispiel dafür, und der humanoide Roboter von HONDA (www.honda.co.jp/english/technology/robot/) ist noch fantastischer. Noch spannender wird vermutlich der Umstieg auf gänzlich andere, der Natur nachempfundene Bewegungsapparate: Experimente mit künstlichen Muskeln haben längst begonnen. _____ Beim RoboCup beherrschen bisher noch weitgehend radgetriebene Vehikel die Szene, es gibt dabei Wettbewerbe in 2 Klassen mit bis zu 50 cm bzw. 15 cm Durchmesser. Das Problem des schnellen Richtungswechsels hat weitere Ideen hervorgebracht, wie die Fortbewegung auf Kugeln. Mit den vierbeinigen Robotern von SONY hat aber bereits eine neue Technik Einzug gehalten, 1999 gab es erstmalig Wettkämpfe für vierbeinige Roboter. Darüber hinaus sind auch schon die ersten Demonstrationsspiele mit zweibeinigen Robotern angekündigt. _____ 3) Die Energieversorgung ist die Quelle für Kraft und Sinne der Fußballroboter. Bisher wurden nur Batterien eingesetzt, und die Spieldauer ist so bemessen, dass ein Wechsel in den Pausen möglich ist. Technisch wäre es auch kein Problem, dass sich die Roboter bei Bedarf am Spielfeldrand selbstständig mit neuen Kraftreserven auftanken. Gelegentlich wird es den Geräten in den Robotern zu heiß, und leichte Rauchwölkchen signalisieren den Ruf nach dem »Sanitäter«. _____ 4) Für die Kommunikation benutzen die RoboCup-Fußballer in der Regel Funksignale. Das macht sie zugleich empfindlich

❶ 1/33 Humanoid-Roboter P3. Saitama, Honda, R&D Co., LTD

❷ 1/30 Automatenfigur »Mönch«. *Süddeutschland oder Spanien, um 1560.* München, Deutsches Museum

gegenüber Störquellen, etwa Funktelefonen – einige Mannschaften hatten damit in den Wettbewerben arge Probleme. Bislang ist es im RoboCup auch noch gestattet, mit einem außerhalb des Feldes stehenden Rechner in Verbindung zu stehen. Dieser Rechner kann die Daten der Spieler auswerten und darauf aufbauend ihre Aktionen bestimmen und per Funk übermitteln. Eine menschliche Einflussnahme auf den Spielverlauf ist aber auch hier nicht gestattet. In absehbarer Zukunft wird es darüber hinaus auch kein »externes Gehirn« mehr geben. Dann muss alles von Computern im Roboter auf dem Spielfeld berechnet und entschieden werden. ＿＿ Die AIBOS von SONY können auch akustische Laute erzeugen und empfangen. Im RoboCup 1999 sollten sich die vierbeinigen Roboter allerdings auch nicht durch »Bellen« miteinander unterhalten. Die Hunde waren während des Spieles tatsächlich nur auf das angewiesen, was sich an Technik unter ihrer Haut befindet. ＿＿ 5) Die Informationsverarbeitung / Steuerung übernimmt die »geistigen Tätigkeiten«. Zunächst müssen die von den Sensoren empfangenen Daten ausgewertet werden. Im Idealfall besitzt der Fußballroboter danach genaue Informationen über seinen eigenen Standort sowie über die Positionen und Bewegungen des Balles und aller anderen Spieler auf dem Feld. Da in der Regel nicht alles gleichzeitig erfasst werden kann, muss er sich den Rest möglichst genau dazu denken. Er muss sich daran erinnern, wer eben noch neben ihm war, hinter welchem Spieler der Ball verschwunden ist usw. Er muss dann seinen Blick bewusst in die Richtung lenken können, in der der Ball vermutlich wieder auftaucht. ＿＿ Ausgerüstet mit einem mehr oder weniger exakten Abbild der Außenwelt kann er daran gehen, seine eigenen Möglichkeiten und die Möglichkeiten anderer Spieler abzuschätzen. Er kann versuchen, gegnerische Absichten zu erkennen und zu stören. Er muss seine eigenen Fähigkeiten einschätzen und davon ausgehend zum Beispiel die Chancen eines direkten Torschusses abwägen. Mit besseren körperlichen Fähigkeiten werden die Möglichkeiten eines intelligenten Spiels mit Taktiken aus der realen Welt des runden Leders wachsen. ＿＿ Gegenwärtig sind diese Möglichkeiten durch die geringen körperlichen Fähigkeiten noch stark beschränkt. Den Ausweg bietet das Spiel in einer virtuellen Welt: Ein Computerprogramm (»Soccerserver«, frei erhältlich über http://ci.etl.go.jp/~noda/soccer/server) simuliert die gesamte materielle Welt des Fußballs mit Spielfeld, Ball, Schiedsrichter und den »Körpern« der Spieler, ein weiteres Programm (»Soccermonitor«) macht das Spiel sichtbar. ＿＿ Die »Gehirne« der 11 Spieler einer Mannschaft sind 11 voneinander unabhängige Spielerprogramme, die jeweils von den Wettbewerbern implementiert werden (auch hier gibt es keinen Joystick im Hintergrund). Der Soccerserver empfängt beim Spiel dann von den insgesamt 22 Spielerprogrammen die beabsichtigten Aktionen. Er berechnet daraus die Bewegungen der Spieler und des Balles unter Beachtung natürlicher Gegebenheiten (Ausrollen des Balles, zufällige Ablenkungen, Nachlassen der Kräfte bei den Spielern usw.). Jedes Spielerprogramm erhält vom Soccerserver mehrmals pro Sekunde die Informationen über seine Umwelt, die der Roboter in der entsprechenden Position von seinen Sensoren erhalten würde. Dann läuft das von den Wettbewerbsteilnehmern programmierte interne Nachdenken ab, erzeugt neue Befehle (drehen, laufen, kicken usw.) und übermittelt sie wieder an den Soccerserver. Pro Sekunde sind 10 verschiedene Befehle möglich: Wer zu lange nachdenkt ist im Nachteil. ＿＿ Die Steuerungen der realen und der virtuellen Fußballroboter unterliegen dem Problem des rationalen Verhaltens: Vernünftige Entscheidungen müssen in angemessener Zeit bei beschränkten Ressourcen getroffen werden. Das entspricht den

Anforderungen an Systeme (natürliche wie künstliche) in der wirklichen Welt. Bei der Suche nach geeigneten Prinzipien für die Programmierung solcher Systeme scheint die Orientierung am biologischen Vorbild erfolgversprechend, und manche Programme verwenden mentale Kategorien wie Überzeugungen, Wünsche, Absichten, Pläne... →**die zukunft mit intelligenten maschinen** Insgesamt gibt es zahlreiche Alternativen für den Entwurf und die Kombination der einzelnen Komponenten. Welche Techniken für die Fußballroboter letztlich effizient, robust und gleichzeitig billig sind, kann nur durch Experimente erkundet werden. Zu klären sind Fragen des Materials, der Beweglichkeit, der Ansteuerung, wobei die einzelnen Techniken nicht isoliert betrachtet werden können, es kommt vielmehr auf das richtige Zusammenspiel mit anderen Komponenten an. Offensichtlich sind genau diese Komponenten auch für den intelligenten Staubsauger, für das Marsmobil oder für den elektronischen Katastrophenspürhund wichtig. In welcher Weise deren Bestandteile ausgeprägt sein sollen, wie sie zusammenwirken und sich gegenseitig ergänzen können, ist aber noch weitgehend unbekannt: Wir stehen am Anfang einer Entwicklung in einem Labyrinth von Möglichkeiten. Wir können in die Werkstatt der Natur blicken und dabei nicht nur Lösungen nachempfinden, sondern auch die Methode der Evolution übernehmen: Kreative Neuerungen werden in einem Versuchsfeld ausgesetzt und müssen sich im Wettbewerb mit anderen auszeichnen und bewähren. Die besten Ideen werden weiter verfolgt und mit anderen Ideen zu neuen

Lösungen verbunden. Der RoboCup ist ein solches Versuchsfeld der Zukunft, und er hat dabei noch spezielle Vorteile: Er vermittelt Vergnügen, und das Spielerische ist eine gute Grundlage für Kreativität. Im RoboCup sind bereits Unternehmen sehr unterschiedlicher Größe aktiv, und umgekehrt werden erfolgreiche Entwicklungen aus dem RoboCup schon kommerziell vermarktet. ____ Die Parallele zur Entwicklung von Autos und Flugzeugen wurde bereits gezogen. Wieder stehen wir vor einer neuen technischen Schwelle: Das Zeitalter der selbstständig handelnden Maschinen und Roboter beginnt. Wir haben prinzipiell bereits sehr viele Möglichkeiten zur Entwicklung »intelligenter« Computer und »intelligenter« Roboter in der Hand, müssen aber noch erkunden, wie und in welcher Weise sie am besten eingesetzt werden. Auch in der Luftfahrt war es ein langer Weg, und die erfolgreiche Entwicklung in der Flugzeugindustrie war ohne das praktische Experiment der ersten Flugpioniere mit ihren fantasievollen Flugapparaten nicht möglich. ____

❶ Karel Capek: »R.U.R«, Szene der Uraufführung am Staatstheater Prag, 25.1.1921 Prag, Archiv des Nationaltheaters **❷** Karel Capeks utopisches Kollektivdrama »R.U.R« prägte den Namen Roboter. Szene der Uraufführung am Staatstheater Prag, 25.1.1921 Prag, Archiv des Nationaltheaters

Allerdings sind die Voraussetzungen heute ganz anders als damals. Es gibt die technischen Möglichkeiten dafür, dass jeder überall in der Welt daran teilhaben kann. Vor 100 Jahren war schon der Zugriff auf Wissen an den Besuch einer Bibliothek gebunden und damit ein Privileg. Durch das Internet kann man prinzipiell überall in der Welt in gleicher Weise Informationen in kürzester Zeit erhalten. Vor 100 Jahren bedeutete räumliche Entfernung einen echten Nachteil für die kreative Zusammenarbeit, heute ist ein schneller Austausch von Ideen über Länder und Kontinente hinweg möglich. Allerdings ist die Handhabung dieser Technik oft noch unbefriedigend, Computer sind heute zwar schnell, aber ziemlich dumm. Doch es lässt sich weitaus mehr aus dieser Technik machen. ____ Das gleiche gilt für Roboter. Es gibt bereits automatische Staubsauger, die ein Zimmer selbstständig reinigen, aber sie saugen wahllos alles in sich hinein

und könnten sich in einer herabgefallenen Gardine rettungslos verfangen. Der ideale intelligente Staubsauger soll sich wie ein Mensch auch in einem unaufgeräumten Zimmer bewegen, oder es vielleicht sogar aufräumen... Immerhin gibt es schon Roboter, die sich im Gedränge eines Museums zurechtfinden und die Führung zu ausgewählten Orten übernehmen können. Es ist nicht zufällig, dass auch die Spielzeugindustrie sich der Robotik angenommen hat. Spielend stellt sich das Kind auf seine Zukunft ein, und die elektrische Eisenbahn des neuen Jahrhunderts ist der Roboter (auch für den Vater). Der Roboterhund AIBO von SONY ist bereits erstaunlich vielfältig. Jedes Bein hat drei Frei-

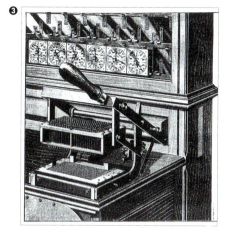

heitsgrade, zwei davon am Körperansatz, ein Gelenk am Knie. Seine Füße sind mit Tastsensoren ausgerüstet. Der Kopf besitzt drei Freiheitsgrade. Er enthält eine Kamera mit 180000 Farbpunkten und einen Infrarot-Sensor. Im Maul befindet sich ein Lautsprecher, und jedes Ohr ist mit einem Mikrofon ausgerüstet. Man kann den Hund streicheln oder auch schlagen (Tastsensor), und damit seinen Charakter beeinflussen. Diese Charakterausprägung und die Steuerung aller Motoren leistet ein 64-Bit-Prozessor mit 16 MByte Speicher. Weitere 8 MByte stellt ein auswechselbarer Memory-Stick zur Verfügung. Sie befinden sich im Körper des Hundes zusammen mit der Batterie sowie einem Gleichgewichtssensor und einem Geschwindigkeitssensor. Schließlich kann der AIBO auch noch mit dem Schwanz wedeln. Die Standardsoftware ist auf die Bedürfnisse eines Kindes ausgelegt. Die gleiche

❸ Kontaktpresse mit Zählwerken zur Datenverarbeitung in einer Hollerith-Maschine, Berlin 1936. ❹ Roboter-Karikatur auf Capeks »R.U.R« im St. Martin's Theater, London, 25.4.1923. Prag. Archiv des Nationaltheaters

Hardware kommt bei den fußballspielenden Hunden zur Anwendung, die Software ist jedoch grundverschieden. Die in der Ausstellung verwendeten Programme wurden von Studentinnen und Studenten der Informatik an der Humboldt-Universität entwickelt. _____ Intelligente Maschinen und Roboter kann man sich an vielen Stellen vorstellen. Nach dem verheerenden Erdbeben von Kobe hat die japanische Regierung ein Programm zur Entwicklung von Techniken zum Einsatz in Katastrophengebieten vorgestellt. In solchen Situationen müssen in kürzester Zeit vielfältige Probleme von einer umfassenden Logistik bis hin zu vielen einzelnen konkreten Such- und Rettungsmaßnahmen gelöst werden. Elektronische Spürhunde sollen entwickelt werden für die Suche unter den Trümmern. Es werden jedoch nicht genügend Experten für eine Fernüberwachung und -steuerung verfügbar sein. Also müssen Wege gefunden werden, dass intelligente Programme die Arbeit übernehmen können. _____ Wenn Maschinen immer klüger werden, werden sie uns dann eines Tages ebenbürtig sein? In der Mitte des 20. Jahrhunderts konnten Menschen zum ersten Mal ernsthaft darüber nachdenken, komplizierte geistige Tätigkeiten durch Maschinen erledigen zu lassen. Als besondere Herausforderung galten in jenen Tagen Maschinen zum Schachspielen, zum Übersetzen in andere Sprachen oder zum Führen von mathematischen Beweisen. Der große englische Mathematiker Alain Turing dachte schon damals darüber nach, wann man den gerade erst entwickelten Computern eine menschliche Intelligenz zuerkennen müsste. In seinem berühmten Turing-Test reduziert er das im wesentlichen auf die Kommunikation (über eine Tastatur) mit einem unbekannten Partner: Wenn dabei die Maschine von einem Menschen nicht mehr zu unterscheiden ist, dann ist die Gleichwertigkeit erreicht. Tatsächlich ist das Experiment etwas diffiziler angelegt, und Turing analysiert auch die dabei auftretenden Probleme genauer. _____ So muss die Maschine sich zuweilen dümmer anstellen, um als Mensch zu gelten – etwa beim Multiplizieren großer Zahlen. Wenn die Maschine hier ihre tatsächlichen Fähigkeiten zeigt und das korrekte Ergebnis in Sekundenbruchteilen präsentiert, ist sie sofort entlarvt. Auch bei den fußballspielenden Robotern muss es Einschränkungen geben, um die Vergleichbarkeit mit Menschen zu gewährleisten: Ansonsten könnte eine zielgenaue Kanone am Anstoßpunkt eingesetzt werden. Die Fußballroboter zeigen aber auch auf eindrückliche Weise, was Maschinen heute noch nicht können: Sie haben große Probleme, sich in natürlichen Gegebenheiten zurechtzufinden. Der Versuch der Nachbildung der menschlichen Alltagsintelligenz führt dabei zu einem neuen Verständnis der Einheit von Körper und Geist. Wir müssten vermutlich in der Lage sein, unseren Robotern die Welt sinnlich erfahrbar zu machen, ehe wir sie zu den Leistungen befähigen können, die wir beim Menschen (und auch bei vielen Tieren) für selbstverständlich halten. Das Programmieren von Schachcomputern war wesentlich einfacher.

04_5) virtuelle experimente

simulation und virtuelle realität in der forschung

———— HANS-CHRISTIAN HEGE

Der naturwissenschaftliche Fortschritt vollzieht sich im Wechselspiel von Theorie und Experiment. Dabei werden oft große Datenmengen erzeugt, die sich nur noch mit Computerhilfe analysieren lassen. An die Stelle von überschaubaren experimentellen Aufbauten sind rechnergesteuerte Analysesysteme getreten, die Daten nicht nur messen, sondern auch rechnerisch verknüpfen, speichern und grafisch darstellen. Im Extremfall ist das einzige Forschungsinstrument der Computer, mit dem sich in virtuellen Experimenten theoretische Modelle analysieren lassen. Die Simulation ist so, neben Theorie und Experiment, zu einer tragenden Säule der Wissenschaft geworden. _____ Noch ist der Computer nicht die apostrophierte Denkmaschine. (Computer-) Experimente müssen von Forschern gesteuert werden, die über Kognition, Weltwissen und Urteilskraft verfügen. Hierfür müssen aus dem Strom der Analysedaten die relevanten Informationen gefiltert und den Forschern vermittelt werden. Durch sogenannte virtuelle Umgebungen werden Präsentationen möglich, die der menschlichen Wahrnehmung besonders zugänglich sind. Die Umgebungen bestehen im wesentlichen aus Flächen, auf die Bilder abhängig vom jeweiligen Blickpunkt stereoskopisch und in Echtzeit projiziert werden. Dies erlaubt Forschern in die Daten quasi einzutauchen, mittels 3D-Steuerungstechniken in der virtuellen Welt zu navigieren und darin Handlungen auszuüben. In der wissenschaftlichen Visualisierung, einem jungen Teilgebiet der Informatik, werden Illustrationsverfahren entwickelt, die einen besonders intuitiven Zugang zu Informationen bieten. Sie transformieren in Echtzeit große und komplexe Datenbestände in anschauliche Bilder ❶. So können Simulationen visuell kontrolliert und interaktiv gesteuert

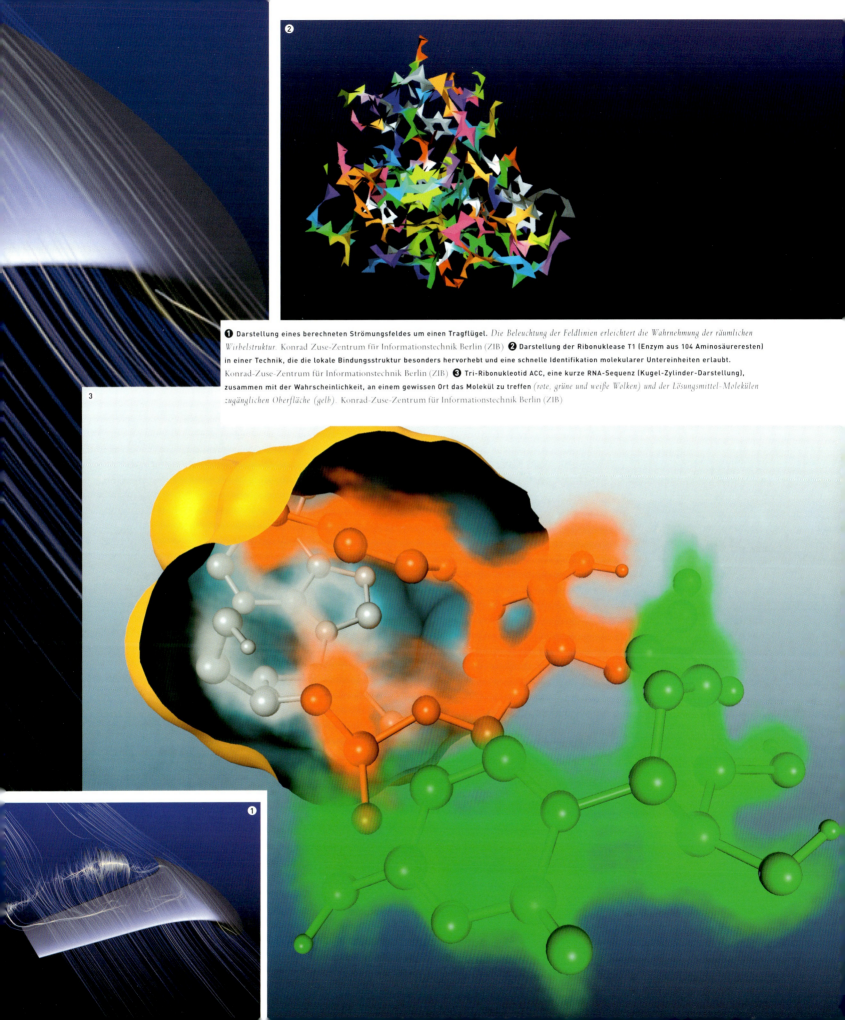

❶ Darstellung eines berechneten Strömungsfeldes um einen Tragflügel. *Die Beleuchtung der Feldlinien erleichtert die Wahrnehmung der räumlichen Wirbelstruktur.* Konrad Zuse-Zentrum für Informationstechnik Berlin (ZIB) ❷ Darstellung der Ribonuklease T1 (Enzym aus 104 Aminosäureresten) in einer Technik, die die lokale Bindungsstruktur besonders hervorhebt und eine schnelle Identifikation molekularer Untereinheiten erlaubt. Konrad-Zuse-Zentrum für Informationstechnik Berlin (ZIB) ❸ Tri-Ribonukleotid ACC, eine kurze RNA-Sequenz (Kugel-Zylinder-Darstellung), zusammen mit der Wahrscheinlichkeit, an einem gewissen Ort das Molekül zu treffen *(rote, grüne und weiße Wolken)* und der Lösungsmittel-Molekülen zugänglichen Oberfläche *(gelb).* Konrad-Zuse-Zentrum für Informationstechnik Berlin (ZIB)

werden. ____ Computersimulationen, gepaart mit leistungsfähigen Visualisierungstechniken, stellen ein sehr flexibles und effektives Forschungswerkzeug dar, das heute vielfach verwendet wird. Aus dem Bereich der naturwissenschaftlichen Anwendungen werden im Folgenden zwei spezielle Beispiele kurz skizziert (weiteres unter http:// www. zib. de/ Visual/ projects). →**kollision schwarzer löcher und meta computing** Die von Albert Einstein im Rahmen der Allgemeinen Relativitätstheorie vorhergesagten Gravitationswellen konnten, trotz ihrer bedeutsamen Stellung in der Physik, bis heute nicht direkt nachgewiesen werden. Es besteht aber Hoffnung, dass dies mit modernsten Experimentiertechniken in den nächsten Jahren gelingt. Gravitationswellen werden von starken Massebewegungen verursacht und bewirken beim Durchqueren des Raumes unvorstellbar winzige Längenänderungen, die selbst bei großen Gegenständen nur Bruchteile eines Atomkerndurchmessers betragen. Man versucht, die Nachweisempfindlichkeit von Messsystemen bis in die geforderten Extreme zu steigern und hält Ausschau nach kosmischen Phänomenen die besonders starke Signale versprechen, wie etwa Kollisionen von Neutronensternen oder schwarzen Löchern. ____ Um die Form der erwarteten Signale herauszufinden, werden derartige kosmische Vorgänge auf Basis der Allgemeinen Relativitätstheorie, etwa am Max-Planck-Institut für Gravitationsphysik, simuliert. Für die aufwendigen Berechnungen werden Supercomputer eingesetzt, die typischerweise aus mehreren Hundert oder gar Tausend schnellen, eng gekoppelten Prozessoren bestehen. Wenn auch die Rechenleistung einzelner Supercomputer nicht ausreicht, werden Hochleistungsrechner, zum Beispiel in Berlin und München, über Gigabit-Datennetze zu einem sogenannten Metacomputer zusammengeschaltet. Die berechneten Datenströme werden zu Virtual-Reality-Umgebungen am Ort der Wissenschaftler übertragen und visualisiert ❶, ❷, so dass Forscher die Simulationen interaktiv steuern können. Projekte dieser Art sind Vorboten des weltweiten »Grid«, in dem die vielfältigen Ressourcen des Internets transparent gekoppelt und ortsunabhängig genutzt werden können. →**konformationsanalyse von biomolekülen** Um biochemische Prozesse zu verstehen, analysiert man die Funktion einzelner Biomoleküle sowie die Wechselwirkungen der Moleküle untereinander. Bei der Suche nach pharmazeutisch wirksamen Stoffen stellt sich zum Beispiel die Frage, ob sich gewisse Moleküle an ausgewählte Zielmoleküle, etwa Rezeptoren von Grippeviren, binden. Die Funktion eines Moleküls ist stark von dessen Form bestimmt. Ein Biomolekül kann jedoch in unterschiedlichen räumlichen Strukturen, sogenannten Konformationen, vorliegen und diese mit einer gewissen Wahrscheinlichkeit wechseln. Für das Verständnis der Funktion von Biomolekülen ist daher die Analyse von Konformationen und Übergängen zwischen diesen von immenser Bedeutung. ____ Neue, am Konrad-Zuse-Zentrum (ZIB) in Berlin entwickelte, mathematische Verfahren ermöglichen eine direkte Bestimmung von Konformationen und moderne Visualisierungstechniken erlauben es, Moleküle interaktiv zu vergleichen (s. 141 ❷, ❸). Die Strukturanalyse größerer Moleküle verlangt ähnliche technische Ressourcen wie das zuvor angeführte astrophysikalische Beispiel. ____ Alle Bilder in diesem Artikel wurden mit der Visualisierungssoftware Amira erstellt. Die Echtzeit-Bildsynthese, die stereoskopische Darstellung und die Interaktionsmöglichkeiten können auf Papier leider nicht wiedergegeben werden. Für weitere Informationen siehe http://www.-AmiraVis.com.

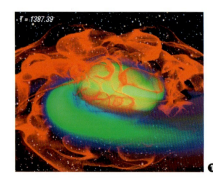

❶

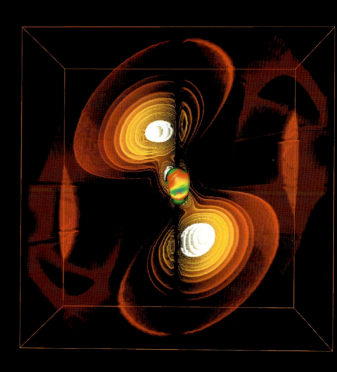

T = 11

① Verschmelzung von zwei Neutronensternen; dargestellt sind die Materiedichte (grün) und die innere Energie (rot). Konrad-Zuse-Zentrum für Informationstechnik Berlin (ZIB)/Max-Planck-Institut für Gravitationsphysik (Albert-Einstein-Institut), Potsdam-Golm **②** Ausbruch von Gravitationsenergie durch die Kollision von zwei schwarzen Löchern. *Die zwiebelschalenartigen Filamente deuten unterschiedliche Intensitäten des Gravitationsfeldes an.* Konrad-Zuse-Zentrum für Informationstechnik Berlin (ZIB)/Max-Planck-Institut für Gravitationsphysik (Albert-Einstein-Institut), Potsdam-Golm

→ Deutschland

Augsburg
KUKA Roboter GmbH
Bad Honnef
Deutsche Physikalische Gesellschaft
Bannewitz
Familie von Finck, Schloß Nöthnitz
Berlin
Archimedes, Ausstellungsgestaltung
und Medienkonzepte
Archiv zur Geschichte
der Max-Planck-Gesellschaft, Berlin
Berlin-Brandenburgische Akademie
der Wissenschaften Berlin,
Bundesrepublik Deutschland
Peter Bexte
Deutsches Historisches Museum
Deutsches Technikmuseum Berlin
FMB Feinwerk- und Meßtechnik GmbH/
Forschungszentrum Karlsruhe
Freie Universität Berlin
_ Fachbereich Geowissenschaften,
  Prof. Dr. Peter E. Halbach
_ Universitätsbibliothek
_ Zentraleinrichtung
Botanischer Garten und Botanisches Museum
Berlin-Dahlem
Gläsernes Labor, Campus Berlin-Buch
Humboldt-Universität zu Berlin
_ Johannes-Müller-Institut für Physiologie
_ Universitätsbibliothek,
  Zweigbibliothek Wissenschaftsgeschichte
Ibero-Amerikanisches Institut, Stiftung
Preußischer Kulturbesitz
Prof. Dr. Helmut Kettenmann, Max-Delbrück-
Centrum für Molekulare Medizin (MDC)
Berlin-Buch
Naturhistorisches Forschungsinstitut, Museum
für Naturkunde, Zentralinstitut der Humboldt
Universität zu Berlin
Neurologische Klinik der Charité, Berlin
Ressourcenzentrum im Deutschen Human
Genom Projekt am Max-Planck-Institut
für Molekulare Genetik Berlin
Staatliche Museen zu Berlin
_ Ethnologisches Museum
Fachreferate für: Amerikanische Archäologie,
Ost- und Nordasien, Südsee und Australien
_ Kupferstichkabinett
_ Kunstbibliothek
Staatsbibliothek zu Berlin – Preußischer
Kulturbesitz
_ Benutzungsabteilung
_ Handschriftenabteilung
_ Historische Drucke
_ Kartenabteilung
Bochum
Deutsches Bergbau-Museum Bochum
Bonn
Anatomisches Institut der Universität Bonn
Chemnitz
Kunstsammlungen Chemnitz
Dresden
Technische Sammlungen der Stadt Dresden

Düsseldorf
C. u. O. Vogt-Institut für Hirnforschung
Heinrich-Heine-Universität Düsseldorf
Frankfurt am Main
Klinikum der Goethe-Universität
Klinik für Psychiatrie und Psychotherapie I
Göttingen
Institut für Geophysik der Universität
Göttingen
Niedersächsische Staats- und Universitäts-
bibliothek Göttingen
Phywe Systeme GmbH
Hamburg
Deutsches Elektronen-Synchrotron, DESY,
Hamburg und Zeuthen
Thomas Levy Galerie, Hamburg
Jena
Friedrich-Schiller-Universität Jena
Thüringer Universitäts- und Landesbibliothek,
Jena
Konstanz
Galerie Knittel - exp. Breinlinger, Konstanz
Leipzig
Medizinhistorische Sammlung des Karl-Sud-
hoff-Instituts für Geschichte der Medizin
und der Naturwissenschaften, Leipzig
Museum der Bildenden Künste
Marbach
Schiller-Nationalmuseum/Deutsches
Literaturarchiv Marbach am Neckar,
Cotta-Archiv (Stiftung der Stuttgarter Zeitung)
Marktredwitz
Bayerisches Geologisches Landesamt
München
Deutsches Museum
Bayerische Staatsgemäldesammlungen
_ Staatsgalerie moderner Kunst, München
Potsdam
GeoForschungsZentrum Potsdam GFZ
Remscheid-Lennep
Deutsches Röntgen-Museum Remscheid-
Lennep
Tübingen
Universität Tübingen
_ Physiologisch-chemisches Institut
Weimar
Kunstsammlungen zu Weimar
Stiftung Weimarer Klassik,
Goethe- und Schiller-Archiv
Zeuthen
Deutsches Elektronen-Synchrotron, DESY,
Hamburg und Zeuthen

→ Finnland

Helsinki
Didrichsen Art Museum

→ Frankreich

Paris
Bibliothèque M.N.H.N., Paris
Bibliothèque nationale de France
Musée de l'Homme. Laboratoire d'anthro-
pologie biologique. Muséum national
d'histoire naturelle

Strasbourg
Cabinet des Estampes et des Dessins,
Strasbourg
Versailles
Musée national du Château de Versailles
et de Trianon

→ Großbritannien

Cambridge
Prof. M.S. Longair, Head, Cavendish Laboratory
London
Science Museum. The National Museum of
Science & Industry
Ken Adam, O.B.E.

→ Italien

Como
Tempio Voltiano Como
Rom
Fondazione Giorgio e Isa de Chirico

→ Japan

Saitama
Honda, R&D Co., LTD
Tokyo
Sony Corporation
Waseda University

→ Österreich

Wien
Hans Hollein, Architekt
Österreichische Nationalbibliothek
_ Porträtsammlung, Bildarchiv & Fideikommiß-
  bibliothek
_ Handschriften- und Autographensammlung

→ Russische Föderation

Sankt Petersburg
Staatliche Eremitage

→ Schweiz

Basel
Öffentliche Kunstsammlung Basel
_ Kunstmuseum
Genf
CERN, European Laboratory for Particle Physics
Zürich
ETH-Bibliothek, Zürich

→ USA

San Francisco, CA
San Francisco Museum of Modern Art

Sowie private Leihgeber, die nicht genannt
werden möchten

→ bilder des geistes

1/1 Schädel von René Descartes
(1596–1650) | 15 x 18 x 16 cm | Paris, Musée de l'Homme | Laboratoire d'anthropologie biologique | Muséum national d'Histoire naturelle (Inv. Nr. 19220) (Abb. S. 114)
Der Schädel des Philosophen René Descartes wurde kurz nach seinem Tod in Stockholm von einem schwedischen Offizier namens I. Planström verkauft. Es folgten eine Reihe von Besitzern, bis der schwedische Chemiker Berzelius ihn erwarb. Dieser überließ ihn schließlich dem französischen Anatom Cuvier, wodurch der Schädel in das Muséum national d'Histoire naturelle, Paris geriet. Man findet auf der Schädeldecke eine Vielzahl von Eintragungen der verschiedenen Besitzer, ferner einige lateinische Verse. Die Hardware des Cogito ist zu ihrem eigenen Datenträger geworden. (P.B.)

1/2 Hirn von Ernst Haeckel
(1834–1919) | Präparat in Formaldehyd | H ca. 18 cm, Dm ca. 20 cm incl. Deckel | Friedrich-Schiller-Universität Jena (Inv.Nr.EHH Best.D, Nr.64 AZ)
Im Zuge der Elitehirnforschung seiner Zeit verfügte Ernst Haeckel testamentarisch, dass sein Hirn post mortem entnommen, untersucht und aufbewahrt werden sollte.

**1/3 Friedrich Maurer
›Das Gehirn Ernst Haeckels‹**
Jena 1924 | Aufgeschlagen Tafel IV, 4° | Humboldt-Universität zu Berlin, Universitätsbibliothek, Zweigbibliothek Wissenschaftsgeschichte (Med Fr 8) (Abb. S. 116)
Nach einer testamentarischen Bestimmung Ernst Haeckels wurde nach seinem Tod sein Hirn entnommen, um von seinem Schüler Friedrich Maurer untersucht und dargestellt zu werden. In der Schrift wurden (ganz im Sinne der damaligen Elitehirnforschung) die Gehirngewichte verschiedener Berühmtheiten vergleichend aufgelistet. Die angefügten Tafeln zeigten diverse Größenmessungen.

1/4 D. v. Hansemann ›Über die Gehirne von Th. Mommsen, Historiker; R. W. Bunsen, Chemiker und Ad. v. Menzel, Maler‹
1907 | Bibliotheca Medica, Abt. A Anatomie| Heft 5, 18 S., 6 Tafeln | 4° | Humboldt-Universität zu Berlin| Universitätsbibliothek| Zweigbibliothek Wissenschaftsgeschichte (Med Uf 5)
Die so genannte Elitehirnforschung vom Anfang des 20. Jahrhunderts suchte einen Zusammenhang zwischen Hirnmasse und geistiger Leistung. Dazu dienten ihr die Hirne berühmter Künstler und Wissenschaftler als Exempel. Dass aber diese Korrelation zu einfach war, sollte sich bald zeigen.

1/5 ›Schädel, Hirn und Seele des Menschen und der Thiere nach Alter, Geschlecht und Rasse‹
Dargestellt von Emil Huschke | 194 S.| 37 Fig. auf VI Lichtdrucktafeln | 2° |
Humboldt-Universität zu Berlin, Universitätsbibliothek, Zweigbibliothek Wissenschaftsgeschichte (Med Pf 18)

1/6 ›Krankenakte der Auguste D.‹
1901–1906 | Dr. Alois Alzheimer, Städtische Irren-Anstalt Frankfurt am Main | Aktenmappe mit 32 Blättern und 4 Fotos | Frankfurt a.M. | Klinikum der Goethe-Universität | Klinik für Psychiatrie und Psychotherapie
Die erste Beschreibung der Alzheimerschen Erkrankung wurde von Dr. Alois Alzheimer zwischen 1901 und 1906 in einer Mappe mit 32 Blättern und vier Fotos festgehalten. Die darin aufgezeichneten Gesprächsprotokolle sind erstaunliche Dokumente der Reformpsychiatrie dieser Zeit. Alzheimers Diagnose fand erst nach Jahrzehnten medizinischer Anerkennung. Als 1994 die Krankenakte der Auguste D. wieder aufgefunden wurde, ging das Bild der Patientin um die Welt.

**1/7 Alois Alzheimer
›Beiträge zur Kenntnis der pathologischen Neuroglia und ihrer Beziehung zu den Abbauvorgängen im Nervengewebe‹**
Gustav Fischer | Jena 1910 | Prof. Dr. Helmut Kettenmann, Max-Delbrück-Centrum für Molekulare Medizin (MDC) Berlin-Buch
Dr. Alzheimer war nicht nur Entdecker der nach ihm benannten Krankheit, sondern überhaupt ein vielseitiger Forscher. Die Bedeutung der Glia-Zellen für das Hirn ist erst in jüngerer Zeit erneut ins Licht getreten, nach einer langen Phase einseitiger Neuronen-Forschung.

**1/8 Paul Eluard et Max Ernst
›Les Malheurs des Immortels‹**
Paris, Librairie Six, 25. Juni 1922 | aufgeschlagen: Frontispiz | Holzstichcollage von Max Ernst: Portrait Paul Eluard | 24,9 x 19,1 cm (geschlossen) | Bonn, Privatsammlung 1 (Abb. S. 110)

**1/9 Kopf eines Denkers
1918 | Wilhelm Lehmbruck (1881–1919)**
Steinguss, 63 x 59 x 34 cm | Kunstsammlungen Chemnitz (Inv.Nr. Pl 21) | (Rückerwerb mit freundlicher Unterstützung des Freistaates Sachsen und der Ostdeutschen Sparkassenstiftung im Freistaat Sachsen gemeinsam mit der Sparkasse Chemnitz) (Abb. S. 133)
Wilhelm Lehmbrucks Plastik »Kopf eines Denkers« (1918) ist eine der letzten Arbeiten des Künstlers, kurz vor seinem Freitod. Es ist ein bestürzendes Werk in jedwedem Sinne des Wortes. Bestürzend ist die still in sich zurückgenommene Nachdenklichkeit, welche diesen Kopf so schwer macht, dass er ständig umzufallen droht. Diese Plastik aufzustellen, ist sehr schwierig. Bestürzend ist zudem die Historie des Werkes. 1923 von der Städtischen Kunstsammlung Chemnitz erworben, wurde es vierzehn Jahre später von den Nazis als »Entartete Kunst« konfisziert. Nach langjähriger Verschollenheit kehrte der »Kopf eines Denkers« 1996 nach Chemnitz zurück. (P.B.)

1/10 ›The anatomy of the brain explained in a series of engravings‹
London 1802 | Charles Bell | 31,2 x 24,7 cm (geschlossen) | Bibliothèque M.N.H.N. Paris (1003)

1/11 Schädel von Franz Gall
1828 | 15,4 x 15,3 x 24 cm | Paris, Musée de l'Homme | Laboratoire d'anthropologie biologique, Muséum national d'histoire naturelle (Inv.Nr. 19 216)
Für die Verifizierung seiner phrenologischen Lehre legte Franz Gall seit Mitte der 1790er Jahre eine Sammlung von Schädeln an, die bei manchem Zeitgenossen in Wien den angstvollen Schauder hervorrief, sein Kopf könne dort ebenfalls enden. Gall vermachte den eigenen Kopf der Wissenschaft. Nach seinem Tod 1828 wurde er durch einen Schüler präpariert und der »Schedelsammlung« hinzugefügt. (U.G.)

1/12 Porträt Franz Josef Gall mit seinem »Système Cranologique«
Kupferstich | 27,3 x 19 cm (Platte) | Wien, Österreichische Nationalbibliothek | Porträtsammlung, Bildarchiv & Fideikommißbibliothek (Inv.Nr. Pg 104.144:19)
In der Wiener Gesellschaft erregte um 1795 die »Schedellehre« des deutschen Arztes Franz Gall (1758-1828) Aufsehen. Gall meinte, dass die äußere Form des Kopfes Aussagen über die charakterlichen und seelischen Eigenschaften seines Trägers verrate. Er wurde zum Begründer der »Kraniologie« oder »Phrenologie«. (U.G.)

1/13 Schädel mit Schädellehre
1. Drittel 19. Jh. | Medizinisches Präparat beklebt mit Papieretiketten | 15 x 18 x 16 cm | Paris, Musée de l'Homme, Laboratoire d'anthropologie biologique, Muséum national d'histoire naturelle (Inv.Nr. 26704) (Abb. S. 115)
1805 unternahm Gall eine äußerst erfolgreiche Vortragsreise durch halb Europa zur Verbreitung seiner phrenologischen Lehre. Indem sie Fragen nach Denken, Charakter und Seele körperlich adressierbar machte, konnte sie in Schulen, Gefängnissen und Psychiatrien eingesetzt werden. Ein medizinisches Demonstrationsobjekt wie der vorliegende Schädel war daher keine Seltenheit. Bis 1840 wurden 28 phrenologische Gesellschaften gegründet, deren Mitglieder sich zu einem Drittel aus Ärzten rekrutierten. (U.G.)

1/14 Gall'scher Schädel
um 1800 | Franz Joseph Gall (1758–1828) | Präparierter menschlicher Schädelknochen | Anatomisches Institut der Universität Bonn (Abb. S. 109, 120)
Die Gallsche Lehre geht von drei grundlegenden Annahmen aus: Das Gehirn ist das Organ des Geistes, es stellt die Gesamtheit verschiedener mentaler Organe mit je verschiedenen Funktionen dar und diese Organe lassen sich topographisch lokalisieren. Auf dem Schädel sind nun solche Lokalisationen von

Der Bildermann erscheint Anfang und Mitte jeden Monats im Verlag des Kronenberg. Berlin W. 10 Bellevuestrasse 13. · Zeitung: Des Kellenberg, Berlin-Schöner. Druck: W. W. Schäffg.

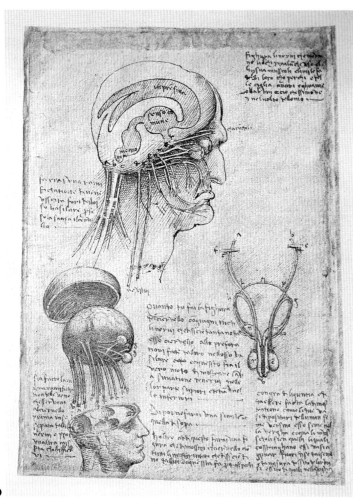

Eigenschaften eingetragen, wie sie Gall nicht nur durch Untersuchung des Hirnes — er war ein hervorragender Anatom — sondern auch durch Beobachtung und Abtasten der äußeren Schädelform bestimmte. (U.G.)

1/15 Franz Joseph Gall und G. Spurzheim
›Recherches sur le système nerveux en général, sur celui du cerveau en particulier.‹
Schoell | Paris 1808 | Prof. Dr. Helmut Kettenmann, Max-Delbrück-Centrum für Molekulare Medizin (MDC) Berlin-Buch

1/16 ›Kraniometrie und Kephalometrie‹
Wien 1888 | Moritz Benedikt | aufgeschlagen: S. 6, Abb.1, Holzstich: »Kraniometer« | (Schädelmessgerät) | 24,5 x 17,3 x 1,2 cm (geschlossen) | Staatsbibliothek zu Berlin – Preußischer Kulturbesitz (Ky 16740)
Moritz Benedikt entwickelte Apparaturen zur Bestimmung von Kopfformen. Dabei suchte er nach geometrischen Gesetzmäßigkeiten, um eine Typologie des Kranken, Gesunden und des Verbrechers zu entwickeln. Hirne unterschied Benedikt nicht nur ihrer Form nach, sondern verstand ihre Furchen als Träger von psychischen Funktionen. Konsequenterweise forderte er, die strafrechtliche Lehre von der individuellen Schuld zu revidieren. (U.G.)

❶ 1/17 Leonardo da Vinci (1452–1519)
Anatomisches Blatt, recto: Hirnschnitt
Faksimile | Original: Feder mit Bister | 19,3 x 14,1 cm | Kunstsammlungen zu Weimar (Inv.Nr. KK 6287)

❷ 1/18 Max Slevogt,
»Mars regiert die Stunde«
›Der Bildermann‹ | hg. von Paul Cassirer
1. Jg., Heft 2 vom 20.4.1916 | Lithographie | 34,4 x 26,9 cm (geschlossen) | Staatliche Museen zu Berlin, Kunstbibliothek (R – B 408/b mtl)
Max Slevogt hatte sich beim Ausbruch des 1. Weltkrieges freiwillig als Kriegsmaler ins Feld begeben. Schon nach wenigen Wochen kehrte er als Kriegsgegner ins zivile Leben zurück; zu überwältigend war der Eindruck gewesen von einer »Welt, die durch blinde Zerstörung geschändet erscheint« (Slevogt). Der Titel »Mars regiert die Stunde« ist Schillers »Wallensteins Tod« (I,1) entnommen. Die Lithografie ist einer von zehn Beiträgen Slevogts für die Zeitschrift Bildermann, die von April bis Dezember 1916 bei Paul Cassirer erschien und dann verboten wurde. Im vorliegenden Blatt bezieht der General seine Weisungen direkt aus dem Gehirn des Kriegsgottes, das wie eine Telefonwählscheibe funktioniert. (U.G.)

1/19 Volta'sche Säule
um 1800 | Alessandro Volta (1745–1827) | Kupfer- und Zink-Scheiben | gestapelt, H ca. 20 cm | Tempio Voltiano, Como (n.inv.133)
Die Entdeckung der Elektrizität im 18. Jahrhundert war ein biologisches und ein physikalisches Ereignis zugleich. Angeregt durch Galvanis Froschexperimente entdeckte Volta die Kontaktelektrizität bei Berührung zweier Metalle. Die nach ihm benannte Säule stellte die erste brauchbare elektrische Stromquelle dar.

1/20 Kornmüller Kopfhaube
Alfeld bei Hannover | 1949 | Kunststoff-Ring 10 x 30 x 33 cm | Metallständer 136 x 60 cm | Neurologische Klinik der Charité, Berlin
Bei der sogenannten Kornmüller Kopfhaube handelt es sich um eine Weiterentwicklung des EEGs zur Abnahme von Hirnströmen. Kornmüller arbeitete in den dreißiger Jahren am Kaiser-Wilhelm-Institut für Hirnforschung Berlin-Buch.

1/21 A. E. Kornmüller
›Die bioelektrischen Erscheinungen der Hirnrindenfelder mit allgemeinen Ergebnissen zur Physiologie und Pathologie des zentralnervösen Griseum‹
Georg Thieme Verlag | Leipzig, 1937 | Prof. Dr. Helmut Kettenmann, Max-Delbrück-Centrum für Molekulare Medizin (MDC) Berlin-Buch

1/22 Seiten- und Hinteransicht der sensiblen Hautinnervation eines stilisierten Kopfes
Rollbare Leinwand, koloriert | 115 x 70 cm | Neurologische Klinik der Charité, Berlin

1/23 Friedrich Alexander von Humboldt
›Versuche über die gereizte Muskel- und Nervenfaser nebst Vermuthungen über den chemischen Process des Lebens in der Thier- und Pflanzenwelt‹
Posen/Berlin 1797 (2 Bde.) | aufgeschlagen: Titelseite | 2 Bde. mit Kupfertafeln | 20,4 x 13 x 3 cm | Prof. Dr. Helmut Kettenmann, Max-Delbrück-Centrum für Molekulare Medizin (MDC) Berlin-Buch
In seiner Göttinger Studienzeit war Humboldt mit der Lehre Albrecht von Hallers in Berührung gekommen. Nach dieser unterscheiden sich lebende Körper von unbelebten durch »Reizbarkeit«, eine Eigenschaft, die sich einer besonderen »Lebenskraft« verdanke. Auch hatte Humboldt von Galvanis Experimenten über tierische Elektrizität bei Fröschen gehört. Parallel zu seinen pflanzenphysiologischen Reizversuchen mit Chemikalien unternahm Humboldt ab Mitte der 1790er Jahre auch galvanische Experimente mit verschiedenen Tieren, deren Ergebnisse er in den »Versuchen ...« veröffentlichte. Im Gegensatz zu Haller gelangte er zu der Überzeugung, dass nicht ein einzelner Stoff die Lebenskraft bedinge, sondern das Zusammenwirken aller Kräfte in einem biologischen Ganzen. (U.G.)

❸ 1/24 Hermann von Helmholtz
›Gesammelte Abhandlungen‹, II. Band
Leipzig 1883 | aufgeschlagen: Anhang, Tafel V | Apparat zur Messung der Nervenleitgeschwindigkeit | Staatsbibliothek zu Berlin – Preußischer Kulturbesitz (Lf 23091, Bd. 2) (Abb. S. 114)

1/25 Akustische Resonatoren
Hermann von Helmholtz (1821–1894) | versch. Dm von ca. 5-20 cm | Leihgabe der historischen Instrumentensammlung am Johannes-Müller-Institut für Physiologie, Berlin
Hermann von Helmholtz war nicht nur Naturforscher, sondern auch Klavierspieler. In seiner Theorie des Hörens widmete er sich vor allem der physiologischen Erklärung des Schallantransportes vom äußeren Gehörgang bis zum Hörnerv. Mit Hilfe der von ihm entwickelten Resonatoren bewies er den Einfluss des Gehörgangs auf das Hören. Die Resonatoren sind auf bestimmte Frequenzen geeicht, die stark in der jeweiligen Kugel widerklingen, während andere Frequenzen unterdrückt werden. Helmholtz zeigte damit, dass unsere Ohren immer schon eine Selektion aus dem Rauschen vornehmen. Die Sinne sind die ersten Abstraktionsorgane.

1/26 Multiplikator
um 1850 | Emile du Bois-Reymond (1818–1896) | Glas, Messing, Kupferdraht | H 42 cm, Dm des Ständers ca. 24 cm, Dm des Gehäuses ca. 14 cm | Hersteller: Boetticher und Halske in Berlin | Leihgabe der historischen Instrumentensammlung am Johannes-Müller-Institut für Physiologie, Berlin (Inv. Nr. 0/31) (Abb. S. 118)
In Versuchen mit dem Multiplikator zeigte Emile du Bois-Reymond (1818-1896), dass

während willkürlicher Anspannung der Arm-
muskulatur elektrischer Strom von der Körper-
oberfläche abgeleitet und über die Ablenkung
der Magnetnadeln eines Galvanometers
(Multiplikator) nachgewiesen werden kann.
Zur Durchführung des Versuches wurden
die Enden des Multiplikatordrahtes mit Salz-
lösung verbunden und die Zeigefinger der beiden Hände der Versuchsperson in die Lösung
eingetaucht. (S.D.)

1/27 Mikrofotografischer Apparat, so ge-
nannte »Optische Bank« aus dem Labor
der Hirnforscher Cécile Vogt (1875–1962)
und Oskar Vogt (1870–1959)

um 1900 | Hersteller Mikroskop: Carl Zeiss,
Jena, No. 550. | Hersteller Kamera: Falz &
Werner | Fabrik photographischer App. | Ma-
schinenfabrik, Leipzig | Holztisch mit Balgen-
kamera, 150 x 180 x 75 cm | Metalltisch mit
Mikroskopaufbau und Lampenhaus 130 x 140 x
55 cm. | C. u. O. Vogt-Institut für Hirnforschung,
Heinrich-Heine-Universität Düsseldorf
Die Hirnforscher Cécile und Oskar Vogt nutz-
ten die so genannte »Optische Bank«, um
großformatige Aufnahmen der Architektur der
Hirnrinde herzustellen. In den ersten Jahren
des Jahrhunderts stand das Gerät im Neurobio-
logischen Institut der Vogts in der Magde-
burger Straße in Berlin, ab 1930 in dem von
Oskar Vogt geleiteten Kaiser-Wilhelm-Institut
für Hirnforschung in Berlin-Buch. Nach der
von den Nazis ausgesprochenen Amtsenthebung
wanderte die »Optische Bank« mit dem übrigen
Labor nach Neustadt im Schwarzwald.

1/28 Histologischer Schnitt durch die moto-
rische Area 4 im Gyrus precentralis, Darstellung der Nervenzellen

Cécile und Oskar Vogt | 1920er Jahre | Foto-
abzug auf Karton | ungerahmt, 40 x 40 cm |
Vergrößerung 100:1 | C. u. O. Vogt-Institut für
Hirnforschung, Heinrich-Heine-Universität
Düsseldorf
Das Forscherehepaar Vogt setzte das neue Bild-
medium Fotografie auf bahnbrechende Weise
für die Forschung ein. Mit Hilfe der in dieser
Ausstellung zu sehenden optischen Bank fertig-
ten sie äußerst präzise Darstellungen von
Hirnschnitten. Die neue Sichtbarkeit ermög-
lichte eine neue Theorie von der Architektur
des Hirns.

❹ 1/29 Mikrotom

um 1928 | Cécile Vogt (1875–1962) und Oskar
Vogt (1870–1959) | Metall, Phenolharz | 30 x
30 x 50 cm | Gläsernes Labor, Campus Berlin-
Buch (Inv.Nr. DADW 9939)
Das Mikrotom diente dazu, feinste Schnitte
von Hirnteilen abzunehmen. Diese konnten
mit verschiedenen Methoden angefärbt und so
in ihrer Zellstruktur sichtbar gemacht werden.
Solche angefärbten Schnitte wurden in der so
genannten »Optischen Bank« auf photographi-
sche Platten projiziert. Das Ehepaar Cécile
und Oskar Vogt nutzte das gezeigte Mikrotom
ab 1930 in dem damaligen Kaiser-Wilhelm-

Institut für Hirnforschung, Berlin-Buch. Oskar
Vogt ist über die Grenzen der Fachwissenschaft
hinaus dadurch bekannt, dass er 1925 in Moskau Lenins Hirn sezierte. (P.B.)

1/30 Automatenfigur »Mönch«

Süddeutschland oder Spanien | um 1560 |
Werk: Eisen, Figur: Pappelholz, der Kopf ist
mehrmals überfasst | H 39 cm | München,
Deutsches Museum (1984–0018) (Abb. S. 136)
Die Erfindung des Federantriebs um 1400
ermöglichte den Bau kleiner Uhren und auch
die Konstruktion von Tischfahrzeugen oder
laufenden Automatenuhren. Der Mönch rollt
auf einem Quadrat mit einer Seitenlänge von
60 cm; ist die Feder vollständig aufgezogen,
läuft er dreimal um das Quadrat herum.
Während er läuft, bewegen sich die Hände und
Füße, der Kopf schwenkt nach der Seite und
nickt, die Augen rollen und der Mund geht auf
und zu. — Nach Haartracht und Gesichtstyp
zu urteilen, vielleicht Franz Xaver,
könnte man die hier gezeigte Figur für
einen Jesuitenheiligen, vielleicht Franz Xaver,
vorstellen, sonst eventuell einen Evangelisten.
Die Idee, einen Prediger als Automaten zu
bauen, wäre jedenfalls in Kreisen von Jesuiten
denkbar, die für automatische Details ihrer
Theateraufführungen bekannt sind.

1/31 Zehn vollautomatische Roboterhunde

1999 | Tokio, Fa. Sony/D-21-Entwicklungslabor |
H 22 cm | je 1,5 kg schwer | Sony Corporation
(Abb. S. 135)
Der Sony-Roboterhund Aibo nimmt selbst an
Fußballweltmeisterschaften teil. Für die Teil-
nahme am RoboCup wurde er an der Humboldt
Universität Berlin, Lehrstuhl Prof. Burkhard,
speziell programmiert.

1/32 Zwei elektromechanische
»Schildkröten« als Verhaltensmodelle,
HINZ & KUNZ genannt

Berlin, 1963 | Entwickelt an der Pädagogischen
Hochschule Berlin durch Haseloff, Gutschnied
und Maas | je 14,3 x 20,5 x 26 cm | München,
Deutsches Museum (Inv.Nr. 1988–0279)
(Abb. S. 134)
Hinz & Kunz zählen zu den Pionieren ihrer
Art. Im Jahre 1963 wurden sie an der Päda-
gogischen Hochschule Berlin entwickelt, um
Verhalten zu demonstrieren. Einfache Sensoren
verhalfen ihnen, sich ohne Kollisionen im
Raum zu bewegen.

1/33 Drei Humanoid-Roboter P3

1999 | H 160 cm | je 130 kg schwer | Saitama,
Fa. Honda R&D Co. LTD, WAKO Research Center
(Abb. S. 136)
Roboter werden nicht nur die Arbeitswelt, son-
dern auch die Lebenswelt der Zukunft bestim-
men. Der von Honda entwickelte Humanoid-
Roboter P3 kann Türen öffnen, Rollstühle schie-
ben, Treppen steigen und vieles andere mehr.
Die Koordination dieser komplexen Bewegungs-
muster mit wechselnden Umgebungen führt auf
avancierte Fragestellungen der Zukunft. Der
Maschinenmensch wird zur Mitmenschmaschine.

1/34 Kernspeicherplatine aus BESM 6

1973 | 2D-Drahtnetz mit Ringelementen |
16,5 x 21 x 2cm | Technische Sammlungen
der Stadt Dresden (Inv.Nr. 8884 H1)
Das künstliche Gedächtnis eines Computers
kennt nur zwei Zustände: 0 oder 1, ja oder
nein, an oder aus. Zur Speicherung dieses
binären Codes wurden in den fünfziger und
sechziger Jahren »Kern-Speicher« eingesetzt:
feine Drahtgitter, an deren Knotenpunkten
Ringkern-Magnete saßen. Diese waren entwe-
der elektrisch magnetisiert oder nicht magneti-
siert, wodurch 1 Bit dargestellt war. Nach
diesem Prinzip wurde ab 1967 der Arbeits-
speicher des Supercomputers BESM 6 gebaut,
welcher von erheblicher Bedeutung für die
Sowjetunion gewesen ist. (P.B.)

1/35 Magnetkernspeicher für R 100

Anfang 1980er Jahre | Ferritmaterial, 9,5 x 8,5 x
8,5 cm | Technische Sammlungen der Stadt
Dresden (Inv.Nr. 8881)

1/36 Zwei Industrieroboter KR 6/2 mit
Steuerung KR C1

1999 | Traglast je: 6 kg | Zusatzlast: 10 kg |
max. Reichweite 157 cm | Wiederholgenauig-
keit: 0,1 mm | Einbaulagen: variabel | Gewicht:
205 kg | Augsburg, KUKA Roboter GmbH
Mit einer Menschen unmöglichen Wiederhol-
genauigkeit setzen die KUKA-Industrieroboter
Dinge zusammen. Für die Ausstellung wurden
sie an der Technischen Universität Berlin,
Lehrstuhl Prof. Hommel, neu programmiert.

1/37 Erster Web-Server der Weltgeschichte

Genf, 1990 | Robert Cailliau, CERN | Genf,
CERN, European Laboratory for Particle
Physics
1990 wurde am europäischen Teilchenbeschleu-
niger CERN in Genf das World Wide Web
erfunden. Tim Berners-Lee und Robert Cail-
liau hatten das Problem zu lösen, wie welt-
weit operierende Arbeitsgruppen mit Hunderten
von Wissenschaftlern sich informationstech-
nisch zusammenhalten lassen. So schrieben sie

Client-Server-Software für das Betriebssystem
NeXTStep, definierten das zugehörige Proto-
koll HTTP (= Hyper Text Transfer Protocol)
und die Seitenbeschreibungssprache HTML
(= Hyper Text Markup Language). Im Dezember 1993 erhielten Tim Berners-Lee und
Robert Cailliau den IMA Award für diese
bahnbrechende Entwicklung.

1/38–41 Vier Selbstporträts

Köln, 1968 | Anton Räderscheidt (1892–1970)
Tempera auf Karton | je 65 x 50 cm | Privat-
besitz (Abb. S. 126, 127)
Anton Räderscheidts späte Selbstporträts
stammen aus einer Serie von mehr als 60 Exem-
plaren, die er nach einem zerebralen Schlag-
anfall zwischen dem Dezember 1967 und
Juni 1968 anfertigte. Mit ihnen vergewisserte
sich der Künstler, dessen Gesichtsfeld in einem
so genannten »Neglect« zunächst linksseitig
eingeschränkt war, allmählich wieder seiner
selbst. Diese stufenweise Rückgewinnung wird
in einem dramatischen Prozess nachvollziehbar.
(U.G.)

❹

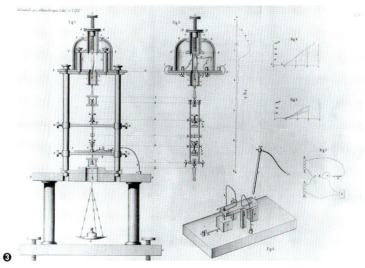

❸

1/42 Trepanationsbesteck: 21 Teile in zweilagigem Holzkasten

zwischen 1756–1763 | Eisen, Holz, Horn, Perlmutt | 24,5 x 20,5 x 8 cm | Leipzig, Medizinhistorische Sammlung des Karl-Sudhoff-Instituts für Geschichte der Medizin und der Naturwissenschaften (Inv.Nr. A 428)

Das Trepanationsbesteck dürfte etwa zur Zeit des Siebenjährigen Krieges (1765-1763) angefertigt worden sein. Es enthält Trepanationsbohrer unterschiedlicher Größe und Bohrfläche, die – in eine Halterung eingespannt – zur Aufbohrung der Schädeldecke dienten. Es ist dies eine sehr alte Medizintechnik: Der älteste bekannte Fund eines erfolgreich trepanierten Schädels stammt von ca. 10 000 Jahre v. Chr.

1/43 Triploid

17. Jh. | Metall | H 15 cm | Leipzig, Medizinhistorische Sammlung des Karl-Sudhoff-Instituts für Geschichte der Medizin und der Naturwissenschaften

Das korkenzieherartige Triploid diente in der Feldmedizin dazu, eingedrückte Schädelteile wieder aufzurichten.

❶ 1/44 Dreiteilige Kultschale mit Deckel und Ständer, Tibet

H 25 cm | L 19,5 cm | Staatliche Museen zu Berlin, Ethnologisches Museum (ID 10464)

Der Untersatz der Kultschale trägt eine menschliche Schädelkalotte sowie einen Deckel aus Messing. Die Schädelschale ist außen poliert und innen mit einem Blechmantel ausgekleidet. Der Deckel ist gepunzt und zeigt eine Akanthusornamentik und die so genannten acht Kostbarkeiten.

1/45 Spatel, vermutlich zur Trepanation verwendet

Sammlung Bolivar | 1900 | Peru, Chincha | Staatliche Museen zu Berlin, Ethnologisches Museum (VA 13 712)

1/46 Schädel mit Trepanationsöffnung

Sammlung Baessler | 1899 | Peru, Ancon | Staatliche Museen zu Berlin, Ethnologisches Museum (VA 28 667)

1/47 Schädel mit mehreren Trepanationsöffnungen

Sammlung v.d. Zypen | 1907 | Peru, Pachacamac | Staatliche Museen zu Berlin, Ethnologisches Museum (VA 60 679)

Trepanationen wurden in Altperu häufig vorgenommen. Generell lassen sich bei den Funden zwei Typen von Schädelöffnungen unterscheiden: runde oder ovale Öffnungen, die durch Abschaben entstanden, sowie viereckige Öffnungen als Resultat sich kreuzender Parallelschnitte. Verheilte Knochenränder bezeugen, dass der Patient den Eingriff überlebte. Mehrere und besonders große Trepanationen an einem Schädel lassen vermuten, dass sie eine kultische Bedeutung hatten. (U.G.)

❷ 1/48 Schädel mit Ton übermodelliert, bemalt und im Kulthaus aufbewahrt

Papua-Neuguinea, Mittelsepic | Knochen und Ton, Haar, Schneckenschalen, Hiobstränen | Staatliche Museen zu Berlin, Ethnologisches Museum (VI 45 892)

Die Dorfgemeinschaften der Bevölkerung am mittleren Sepik bestand aus jeweils zwei Gruppen, von denen jede ihr eigenes Kulthaus hatte. In diesen mächtigen, bis zu 30 Meter langen Gebäuden feierten die Männer rituelle Zeremonien, in denen sie sich mit den Geistern vereinten. Das Inventar eines solchen Hauses diente der Vergegenwärtigung von vorzeitlichem Geschehen und war ein heiliges geheimes Gut. Schädel hatten eine kultische Bedeutung, weil man in ihnen den Sitz besonderer Kräfte vermutete. Ein Schädel wie der gezeigte stammte von verstorbenen Familienangehörigen oder Opfern der Kopfjagd. Er wurde mit Ton übermodelliert, möglichst naturalistisch nachgebildet und mit einer speziellen Festbemalung versehen. Aufbewahrt wurde er im Kulthaus auf einem geschnitzten großen Kultbrett oder auf einer Schädelwand, einem bemalten Gestell aus Palmholzstäben. (U.G.)

1/49 Schädel, bei der Kopfjagd erbeutet, mit seitlicher Öffnung, durch die das Hirn entnommen wurde

Sammlung Helfrich | 1982 | Neuguinea, Südwestküste, Asmat | 14 x 11,5 cm | Staatliche Museen zu Berlin, Ethnologisches Museum (VI 54 626)

Schädelkultus und Kopfjagd gehen beide von der Vorstellung aus, dass der Kopf Ort besonderer Kräfte sei. Im Schädelkultus der Asmat wurden Verstorbene verehrt, wobei der Kopf als pars pro toto angesehen wurde. Die Aufbewahrung der Schädel an speziellen Orten sowie rituelle Kopfbestattungen sind damit verbunden. Durch die Kopfjagd sollten die im Kopf des Opfers vermuteten Kräfte auf den Täter übergehen. Auch das rituelle Verzehren des Hirns sollte dazu dienen, sich der dort lokalisierten numinosen Kräfte zu bemächtigen. (U.G.)

1/50 Holzpfahl: Mahnmal für die Rache an den Opfern der Kopfjagd

Sammler Konrad | Neuguinea, Südwestküste, Asmat | Hartholz | H 600 cm | Staatliche Museen zu Berlin, Ethnologisches Museum (VI 56992)

Das Schnitzwerk namens bisj stellt ein Beispiel für den Kultus dar, der in Zusammenhang mit der Kopfjagd betrieben wurde. Die stilisierte Darstellung eines Bootes mit übereinanderstehenden Totenfiguren sollte die Geister der Toten vertreiben und sie als Opfer der feindlichen Kopfjagd rächen. Zugleich aber hatte die Kopfjagd die Funktion eines Fruchtbarkeitsrituals. Dies findet sich in der Form des ausragenden »Vorderstevens« ausgedrückt, der als männliches Geschlechtsteil zu deuten ist. Auch das Material ist mythisch zu verstehen; denn Mensch und Baum waren nach dem Glauben der Asmat identisch von den Wurzeln bis zum Kopf. (U.G.)

❸ 1/51 Ein alter Wissenschaftler

um 1650 | Salomon Koninck (1609–1656)

Öl auf Leinwand | 102 x 144,5 cm | Sankt Petersburg, Staatliche Eremitage (768)

Der schreibende Gelehrte ist ein häufiges auftretendes Motiv der niederländischen Kunst des 17. Jahrhunderts. Koninck, dessen Vorliebe für lebensgroße Studien, Hell-Dunkel-Effekte und ein warmes goldtoniges Kolorit den Einfluss von Rembrandt verrät, war ein angesehener Maler in Amsterdam. Bei Gelehrtendarstellungen wurden traditionell Juristen, Humanisten und Historiographen durch Bücher oder Schriftrollen gekennzeichnet. Naturforscher waren meist durch Messinstrumente und Globen, Ärzte durch anatomische Modelle, chirurgische Instrumente oder den Äskulapstab ausgewiesen. Das vorliegende Bild eines schreibenden, bärtigen alten Mannes ist von einer Evangelistendarstellung kaum zu unterscheiden. (U.G.)

1/52 SuperBrain | 1977 | Ken Adam

Unrealisierte Entwurfsskizze für den Film Star- Trek | Zeichnung | 29 x 57 cm London, Ken Adam

❹ 1/53 Gli Archeologi

Giorgio de Chirico (1888–1978)

Guss um 1972 | ausgeführt von der Fonderia Artistica, Verona | Bronze | H 28 cm | Rom, Fondazione Giorgio e Isa de Chirico

Im Spätwerk Giorgio de Chiricos finden sich eine Reihe von skulpturalen Umsetzungen verschiedener Motive seiner frühen Gemälde. Dabei spielte der Künstler gern mit Doppelnennungen und Umdatierungen. Die Statue »Gli Archeologi« ist auch unter dem Namen »Gli amici antiqui« bekannt, worunter die antiken Freunde Orest und Pylades zu verstehen sind. In dieser Bronze vereinen sich Rätselbilder der Pittura metafisica zu einer Archäologie des Wissens.

Caput phisicum

1/54 Dada-Kopf (Portrait Hans Arp)
1918 | Sophie Taeuber-Arp (1889–1943)
Holz, gedrechselt | farbig gefasst in Ölfarben |
H 24 cm, Dm 8,7 cm | Privatbesitz
*Vom Frühwerk der Sophie Taeuber-Arp ist nur
wenig erhalten. Der aus dieser Zeit stammende
Dada-Kopf ist eines von vier parodistischen
‹skulpturalen Porträts, die Taeuber-Arp
zwischen 1918 und 1920 schuf. Ihnen waren
Marionetten vorausgegangen, die sie für das
Stück »König Hirsch« von Carlo Gozzi
entwickelt hatte, einer sozialen und politischen
Satire, in der u.a. die Psychoanalyse verulkt
wurde. Eine scherzhafte Vermengung von Kunst
und Leben zeigt auch der »Dada-Kopf«: er
sollte zugleich als Hutständer dienen. (U.G.)*

**1/55 Röntgenaufnahme des Schädels von
Meret Oppenheim | 1964 | Meret Oppenheim
(1913–1985)**
Fotografie, gerahmt | 25,4 x 20,5 cm |
Hamburg, Thomas Levy Galerie (Abb. S. 108)
*Meret Oppenheim galt als »Fee der Surrea-
listen« im Paris der dreißiger Jahre. So wurde
sie durch die Porträtfotos von Man Ray bekannt. Die Röntgenaufnahme ihres Schädels
mit rechter Hand, die schemenhaft noch Hals
und Profil ahnen lässt, stellt ein Gegenbild
zu diesen frühen Ikonen dar. Meret Oppenheim
gibt hier ein modernes Memento mori: Ihr
Kopf ist zum Totenschädel geworden, und das
alte Thema der Vanitas wird durch den
Schmuck zum Ausdruck gebracht. Ein Röntgen-*

1/56 Induktionsapparat
um 1858 | Holzkasten mit Metallspuren, Dräh-
ten, Messanzeigen | ca. 10 x 10 x 10 cm | Prof.
Dr. Helmut Kettenmann, Max-Delbrück-Centrum für Molekulare Medizin (MDC) Berlin-Buch

1/57 Korbinian Brodmann (1868–1918)
**›Vergleichende Lokalisationslehre der Groß-
hirnrinde in ihren Prinzipien dargestellt
auf Grund des Zellenbaues‹**
Verlag von Johann Ambrosius Barth, Leipzig
1909 | Prof. Dr. Helmut Kettenmann, Max-
Delbrück-Centrum für Molekulare Medizin
(MDC) Berlin-Buch
*Korbinian Brodmann formulierte die bis heute
übliche Einteilung der Großhirnrinde in cyto-
architektonische Felder.*

**1/58 Samuel Thomas Soemmering
›Über das Organ der Seele‹.**
Friedrich Nicolovius, Königsberg 1796 | aufge-
schlagen: eine der drei Kupfertafeln | 24 x
20,5 x 1 cm | Prof. Dr. Helmut Kettenmann,
Max-Delbrück-Centrum für Molekulare Medizin
(MDC) Berlin-Buch
*Auf Grund anatomischer Befunde glaubte
Soemmering, den Sitz der Seele in der Flüs-
sigkeit der Hirnhöhlen entdeckt zu haben,
am gemeinsamen Ursprung und Endpunkt der
Nerven. Dies ist wissenschaftshistorisch bemer-
kenswert, denn seit Vesalius hatte man die
Seele in den festen Hirnteilen gesucht. Soem-
merings Schrift wurde nicht zuletzt durch
ein grundsätzliches Nachwort Imanuel Kants
berühmt. (U.G.)*

**❺ 1/59 Ludovicus de Prussia
›Trilogium animae‹**
Nürnberg, Anton Koberger 1498 | aufgeschla-
gen: 1. Teil, Kapitel 23, fol. 151r.: Porträt des
Willibald Pirckheimer als ›Caput physicum‹ |
Holzschnitt nach Albrecht Dürer | 7,3 x 5,2 cm |
Wiegendruck | 8° | Niedersächsische Staats-
und Universitätsbibliothek Göttingen (8° Patr.
Lat. 2544/5 Inc.)
*Der nach einer Dürer-Zeichnung angefertigte
Holzschnitt zeigt das Porträt des Humanisten
Willibald Pirckheimer. Darin ist ein frühes
Beispiel gegeben, Geistiges durch einen Ort
adressierbar zu machen. Die sechs durch Buch-
staben bezeichneten Hirnzonen bedeuten:
A = Cerebrum per totum (Kopf als Ganzes),*

B = Sensus Communis (Urteilsfähigkeit),
C = Imaginatio (Einbildungskraft), D = Fantasia (Fantasie), E = Estimativa (Meinungsbildung), F = Memoria (Gedächtnis).

**1/60 Athanasius Kircher
›Ars Magna Lucis et Umbrae‹**
Rom 1646 | aufgeschlagen: »Pax vobis« |
Kupferstich | 31 x 21 x 7 cm (geschlossen) |
Thüringer Universitäts- und Landesbibliothek,
Jena (2 Hist.Nat.X, 20 –J 47)

**1/61 Athanasius Kircher
›Ars Magna Lucis et Umbrae‹**
Rom 1645 | aufgeschlagen: Titelallegorie |
Kupferstich | 31 x 21,5 x 7 cm (geschlossen) |
Staatsbibliothek zu Berlin – Preußischer
Kulturbesitz (4° Mx 258)

**❻ 1/62 Présentation à Louis XIV
des Membres de l'Académie des Sciences
1666 | Henri Testelin (1616–1675)**
Olskizze | 55 x 92,5 cm | Versailles, Musée
national du Château de Versailles et de Trianon
(Inv.Nr. M.V. 6344)
*Das 17. Jahrhundert brachte eine zunehmende
Ausbreitung der Naturwissenschaften mit sich.
Angesichts einer wachsenden Flut von Informationen entstanden wissenschaftliche Gesellschaften: 1662 die Royal Society in London
und 1666 nach ihrem Vorbild die Académie des
Sciences in Paris. Dabei folgte man dem Ideal
einer Einheit von Wissenschaften und Künsten,*

**❼ 1/63 »Faust« um 1652
Rembrandt Harmensz van Rijn (1606–1669)**
Radierung, Kaltnadel und Grabstichel | 21 x
16,1 cm | Staatliche Museen zu Berlin, Kupfer-
stichkabinett (Inv.Nr. Holl. 270 II / zweiter von
drei Zuständen/335-16)
*Die Szene gibt das Gegenbild zu den Darstel-
lungen der wissenschaftlichen Akademien des*

17. Jahrhunderts. Stand dort die Kommunikation aller Wissensbereiche im Zentrum, so zeigt
Rembrandts Radierung die Erleuchtung des
einsamen Genies.

**1/64 P.G. Mattornovy
›Palaty Sanktpeterburgskoj imperatorskoj
Akademii nauk, Biblioteki i Kunstkamery,
kotorych predstavleny plany i fasady i profili‹**
zweisprachig | St. Petersburg 1741 (2. Auflage) |
aufgeschlagen: Kupferstich mit der Ansicht der
St. Petersburger Kunstkammer | 2° | Göttin-
gen, Niedersächsische Staats- und Universitätsbibliothek (2° Hist. lit. part. VIII, 145/6 Rara)
*Die Petersburger Wunderkammer von 1728 war
mit ihrer sachbezogen gegliederten und öffentlich zugänglichen Wissenschaftssammlung ein
Vorbote aufklärerischer Anliegen. Den Grund-
stock bildeten die persönlichen Sammlungen
Peters I. Ihre Verteilung im Gebäude dokumentiert eine spezifische Ordnung des Wissens: In
dem zentralen achteckigen Turm befanden sich
übereinander das anatomische Theater, der riesige Gottorfer Globus sowie ein Observatorium.
So ergab sich eine Trias aus Einblick in den
Körper, Überblick über die Welt und Ausblick
in den Kosmos. (U.G.)*

**1/65 Farbige Sicht des Lichthofs im Martin-
Gropius-Bau vom nördlichen Eingang
1999 | Ken Adam**
Gestaltungsskizze, Filzstiftzeichnung auf
Papier | 39 x 61 cm | London, Ken Adam

❸

❻

*bild als Porträt zu nehmen, entspricht ihrem
Ziel »nicht lediglich das Bild einer Vorstellung, sondern die Sache selbst« im Kunstwerk
zeigen zu wollen. (U.G.)*

*dem auch der König als Schutzherr huldigte,
wie sich aus diesem Entwurf für eine Tapisserie
anläßlich der Gründung der französischen
Akademie 1666 ersehen läßt. (U.G.)*

**1/66 Totalansicht des Lichthofs im Martin-
Gropius-Bau vom nördlichen Eingang
1999 | Ken Adam**
Gestaltungsskizze, Filzstiftzeichnung auf
Papier | 44 x 80 cm | London, Ken Adam

**1/67 Ansicht des Lichthofs im Martin-
Gropius-Baus mit Lichteffekten vom west-
lichen Eingang | 1999 | Ken Adam**
Gestaltungsskizze, Filzstiftzeichnung auf
Papier | 41 x 60 cm | London, Ken Adam

1/68 Ansicht des Lichthofs im Martin-Gropius-Baus mit Lichteffekten vom östlichen Eingang | 1999 | Ken Adam
Gestaltungsskizze, Filzstiftzeichnung auf Papier | 41 x 60 cm | London, Ken Adam (Abb. S. 22)

1/69 Westliche Ansicht des Lichthofes im Martin-Gropius-Bau | 1999 | Ken Adam
Gestaltungsskizze, Filzstiftzeichnung auf Papier | 54 x 80 cm | London, Ken Adam

1/70 Östliche Ansicht des Lichthofes im Martin-Gropius-Bau | 1999 | Ken Adam
Gestaltungsskizze, Filzstiftzeichnung auf Papier | 56 x 77 cm | London, Ken Adam

→ code des lebens

1/71 Reagenzglas mit Nukleinsäure
Tübingen, 1871 | H 6 cm | Dm ca. 1 cm | Universität Tübingen, Physiologisch-Chemisches Institut
Die erste reine DNA-Probe der Welt wurde 1871 von Friedrich Miescher in der Tübinger Schlossküche gewonnen. Zu dieser Zeit war der Begriff des Gens noch nicht einmal formuliert. Miescher konnte nicht wissen, dass er den materiellen Träger für den Code des Lebens gefunden hatte.

1/72 Röntgenaufnahme der DNA in ihrer B-Form
Ende 1952 | Rosalind Franklin (1920–1958) | Fotografie | London, King's College Archives (Abb. S. 61)
Rosalind Franklins Röntgenaufnahme der DNA in ihrer B-Form war der Durchbruch zur Erkenntnis der Doppelhelix und also zur modernen Genetik. »In dem Augenblick, als ich das Bild sah, klappte mir der Unterkiefer herunter und mein Puls flatterte,« schrieb James Watson. Er hatte, ohne dass Franklin davon wusste, die Abbildung erhalten. Das schwarze Kreuz

❶

von Reflexen konnte für Watson nur von einer Spiralstruktur stammen. Unklar war, aus wie vielen Strängen die Spirale aufgebaut sein könnte. Die bis dahin angefertigten Röntgenbefunde waren mit zwei bis vier Strängen vereinbar. Nachdem Watson diese Aufnahme gesehen hatte, entschloss er sich für die Variante von zwei Strängen und begann mit der Röntgenaufnahme als Nachweis den Bau des Modells, das ihm und Crick den Nobelpreis einbringen sollte. (M.K.)

1/73 Rosalind Franklin (1920–1958)
um 1950 | Fotografie | London, King's College Archives (Abb. S. 58)
Rosalind Franklin wurde als hochbegabte Wissenschaftlerin zunächst zur fachlichen Unterstützung von Männern auf dem Gebiet der Röntgenstrahlbeugung angestellt. Sie sah jedoch die DNA als ihr eigentliches Aufgabengebiet. Um frei arbeiten zu können, musste sie stets gegen die Übergriffe ihrer Kollegen kämpfen. James Watson vermisste Lippenstift an ihr und war zugleich auf ihre Röntgenbilder angewiesen. Ihre hervorragenden Leistungen auf dem Gebiet der Strukturanalyse der DNA erfuhren erst spät eine Anerkennung. Sie starb bereits 1958 im Alter von siebenunddreißig Jahren, wohl an den Folgen der jahrelangen, ungeschützten Arbeit mit Röntgenstrahlen. (M.K.)

1/74 Röntgenaufnahme der DNA in ihrer A-Form
Ende 1952 | Rosalind Franklin (1920–1958) | Fotografie | 29,7 x 21 cm | London, King's College Archives (Abb. S. 60)
Rosalind Franklins arbeitete daran, die Struktur der DNA anhand von Röntgenbeugungsbildern aufzuklären. Ihr entscheidender Beitrag zur Strukturanalyse des Moleküls war der Nachweis, dass das Zucker-Phosphat-Skelett an der Außenseite der DNA plaziert werden muss, und nicht im Zentrum, wie Watson und Cric zunächst vermuteten. (M.K.)

1/75 Skizze der Struktur des DNA-Moleküls von James Watson in seinem Brief an Max Delbrück
1953 | Reproduktion | California Institute of Technology, Institute Archives, Pasadena, Ca. (Max Delbrück Files 23-22) (Abb. S. 50, 53)
Vor der Veröffentlichung des DNA-Modells erklärte J.D. Watson in diesem Brief an Max Delbrück dessen Aufbau. Der deutsche Physiker Max Delbrück hatte selbst einfache Viren untersucht, in der Annahme, diese seien eine Art nackte Gene. Watsons Skizze war die erste Darstellung der DNA-Struktur, wie sie im Modell umgesetzt wurde. (M.K.)

1/76 DNS-Strukturmodell nach James D. Watson und H. C. Crick
1953 | Nachbau von 1998 | Metall, Plastik | 185 x 130 x 130 cm | London, Science Museum (Inv.Nr. Chemistry Gallery 1993-817) (Abb. S. 62)

Watson und Crick waren 1953 die Gewinner des Wettrennens um die Entdeckung der DNA-Struktur. Sie verstanden es, die Ergebnisse verschiedener Forscher für ihre eigenen Ideen zu nutzen. Watson selbst beschreibt ihre Vorgehensweise folgendermaßen: »Die Alpha-Spirale war nicht etwa durch ewiges Anstarren von Röntgenaufnahmen gefunden worden. Der entscheidende Trick bestand vielmehr darin, sich zu fragen, welche Atome gern nebeneinander sitzen. Statt Bleistift und Papier war das wichtigste Werkzeug bei dieser Arbeit ein Satz von Molekülmodellen, die auf den ersten Blick dem Spielzeug der Kindergarten-Kinder glichen.« (M.K.)

1/77 Rudolf Virchow
›Die Cellularpathologie in ihrer Begründung auf physiologische und pathologische Gewebelehre‹
Berlin 1858 | aufgeschlagen: S. 234, ganzseitige Darstellung von Zelltypen | 22 x 14,5 x 2,5 cm | Staatsbibliothek zu Berlin – Preußischer Kulturbesitz (Jg 1802 RAR)
Die Vorlesungen des Berliner Mediziners fassten erstmals konsequent die Zelle als kleinste Einheit des Lebens. Erst die Genetik des 20. Jahrhunderts hat diesen Ansatz unterboten und die Zelle auf die Gene reduziert.

1/78 Fredrich Ruysch
›Thesaurus anatomicus‹
Amsterdam 1701-1710 | aufgeschlagen: Erstes Buch, S. 56 | 23,3 x 22,5 x 7,8 cm (geschlossen) | Staatsbibliothek zu Berlin – Preußischer Kulturbesitz (Kt 8206 4°)
Der berühmte Anatom Ruysch hatte eine Injektionstechnik entwickelt, die eine perfekte Konservierung von erstaunlichen Kompositionen ermöglichte. Auf einem Berg von Harn- und Gallensteinen mit arteriellen Verästelungen als Zweigen, befinden sich Skelette von vier Monate alten Föten. Einer wischt sich mit dem Fetzen des Epiploons die Augen.

1/79 Realdo Colombo ›De re anatomica‹
(Über die Anatomie) 1559 | 31,8 x 22 x 3,1 cm | Staatsbibliothek zu Berlin – Preußischer Kulturbesitz (4° Kt 7700 R)

❶ **1/80 Robert Hooke ›Micrographia‹**
2. Auflage 1667 | aufgeschlagen: S. 112 | Kupferstich mit Darstellung von Korkzellen | 29,2 x 20,2 x 5 cm (geschlossen) | Staatsbibliothek zu Berlin – Preußischer Kulturbesitz (2° Lg 25534 R)
Am 12. 4. 1663 stellte Robert Hooke der Royal Society in London eine Studie über Kork-Schnitte vor. Dabei bediente er sich des soeben erfundenen Mikroskops, um die Schnitte zu vergrößern. Eine poröse Struktur wurde sichtbar, die Hooke wegen ihres raumartigen Aussehens »Zellen« nannte. Dieser Sprachgebrauch hat sich bis heute erhalten. Bei der vorliegenden Illustration handelt es sich also um die erste Darstellung von Zellen. (U.G.)

1/81 Spotting-Robot des Ressourcenzentrums beim Deutschen Human Genom Projekt (DHPG) 2000 | 214 x 150 x 200 cm | Ressourcenzentrum im Deutschen Human Genom Projekt am Max-Planck-Institut für Molekulare Genetik Berlin (Abb. S. 56)
Die Entzifferung des gesamten menschlichen Genoms wäre ohne Robotik nicht zu leisten. Die Biologie der Zukunft wird eine Informationswissenschaft sein (Vgl. den Beitrag von Prof. Lehrach in diesem Katalog).

1/82 Replication Robot des Ressourcen-Zentrums beim Deutschen Human Genom Projekt (DHGP) 2000
ISRA-Systemtechnik, Darmstadt | 255 x 109 x 195 cm | Eine Kooperation zwischen Berliner Festspiele GmbH und Ressourcenzentrum im Deutschen Human Genom Projekt am Max-Planck-Institut für Molekulare Genetik Berlin (Abb. S. 57)

→ dynamik der erde

1/83 Zwei seismografische Mitschriften des Erdbebens von San Francisco 1906 durch die Apparate von Emil Wiechert
Göttingen, 1906 | Papier (Querrollen) | 26,6 x 84,2 cm und 26,6 x 84,7 cm | Copyright: Institut für Geophysik der Universität Göttingen
Als San Francisco 1906 von einem Erdbeben zerstört wurde, machte Emil Wiechert in Göttingen seismografische Aufzeichnungen des Ereignisses. Die mittlere Entfernung zwischen Göttingen und dem ca. 400 km langen Bruch in Kalifornien beträgt 81,6°, was 9070 km entspricht. Das Beben geschah um 13:12 GMT. Die Kompressionswelle (P) erreichte Göttingen um 13:24. Die Scherwelle (s) folgte um 13:34. Starke Oberflächenwellen (L/Rg) erreichten Göttingen ab 13:48. Ihre Amplituden waren so groß, dass der maximale Vollausschlag überschritten wurde. (Wissenschaftliche Bearbeitung: Dipl.-Geophys. Elmar Rothert und Dr. Joachim Ritter)

1/84 San Francisco nach dem Erdbeben von 1906
Anonym | Gebiet um den Union Square | Fotografie | 20,6 x 35,5 cm

1/85 Doppeltes Horizontalpendel für seismische Registrierungen
um 1900 | H 35 cm, Dm ca. 35 cm | Geo-ForschungsZentrum Potsdam GFZ (Inv.Nr. 1731)

1/86 Horizontal-Seismograf, System Galitzin-Willip
Hugo Masing (Hersteller) | 40 x 45 x 43 cm | GeoForschungsZentrum Potsdam GFZ (Inv.Nr. 1781)

1/87-88 Seismometer zur Messung der Schwingung des Martin-Gropius-Baus mit Schreibgerät
GeoForschungsZentrum Potsdam GFZ

1/89 Zehn Bohrkerne aus dem kontinentalen Tiefenbohrprogramm KTB
Windischeschenbach, Oberpfalz, 1990–96 |
Dm ca. 20 cm, L ca. 90–100 cm | Marktredwitz,
Bayerisches Geologisches Landesamt
(Abb. 4 S. 86)
Diese Bohrkerne aus knapp 9000 Metern Tiefe entstammen dem Kontinentalen Tiefbohrprogramm KTB der Bundesrepublik Deutschland. Ab 1989 wurde bei Windischeschenbach, Oberfranken, die Hauptbohrung begonnen. Sie führte zu sensationell neuen Einblicken in die Zusammensetzung der Erdkruste. Die Analyse dieser Bohrkerne ist von großer Bedeutung für die Erdbebenforschung.

1/90 Bohrkopf zum Zermahlen von Gestein
Windischeschenbach, 1990er Jahre | L ca.
40 cm | Querschnitt ca. 20 cm | Geo-
ForschungsZentrum Potsdam GFZ

1/91 Bohrkopf zum Gewinnen von Bohrkernen
Windischeschenbach, 1990er Jahre | H ca.
40 cm, Dm ca. 20 cm | GeoForschungsZentrum
Potsdam GFZ
Tiefenbohrungen geben Einblick in den Aufbau der Erdkruste. Der gezeigte Bohrkopf kam in der kontinentalen Tiefbohrung bei Windischeschenbach zum Einsatz (Vgl. den Beitrag von Dr. Lauterjung in diesem Katalog).

1/92 Ausbruch des Vesuvs um 1785
Andreas Nesselthaler (1748–1821)
Öl auf Papier, teilweise ausgeschnitten, mit
Batist überklebt | 47,6 x 66,7 cm | Staatliche
Museen zu Berlin, Kupferstichkabinett
(Inv.Nr. KdZ 9579 – Bestand Museumsinsel)

❷ **1/93 Venus und Vulkan um 1555**
Jacopo Robusti, gen. Tintoretto (1518–1594)
Feder und Pinsel in Braun, grau und braun
laviert, über schwarzem Stift, weiß gehöht,
auf blauem Papier | 20,1 x 27,2 cm | Staatliche
Museen zu Berlin, Kupferstichkabinett
(295-1844, KdZ 4193, Zugang 1843)
Die Geschichte der ehebrecherischen Liaison zwischen Venus, der Gemahlin des Vulkan, und Mars findet sich sowohl in der Odyssee des Homer als auch in den Metamorphosen des Ovid. In der Renaissance wurde das Thema frei variiert und war in der Malerei paradoxerweise anläßlich von Eheschließungen beliebt. Auch das vorliegende Blatt, das als Kompositionsskizze ein Unikum im Werk Tintorettos darstellt, diente als Vorlage für ein Ölbild in der Alten Pinakothek München. Vulkan überrascht die entkleidete Venus auf der Berliner Skizze – im Münchner Bild hat sich zudem Mars unter dem Tisch versteckt und ein Cupido persifliert das Bewegungsmotiv der Venus. (U.G.)

❸ **1/94 Der dritte Ausbruch des Vulkans von 1789 (Troisième Eruption du Volcan de 1789)**
zugeschrieben Desperret (gest. 1865) | in:
›La Caricature‹ vom 6. Juni 1833 (Nr. 135) |
Kolorierte Lithographie | 19,3 x 28 cm (Bildmaß) |
Staatliche Museen zu Berlin, Kunstbibliothek

1/95 Brief von Alfred Wegener an Wladimir Köppen mit einer Handzeichnung, die die Plattenverschiebung der Erde darstellt
13.7.1915 | Papier, Din A4 | München,
Deutsches Museum (Inv.Nr. HS 1968-599/8
Nachlass Alfred Wegener) (Abb. S. 94)
Der Brief von A. Wegener ist eines der frühesten Dokumente, in denen die Idee der Kontinentalverschiebung anhand einer Skizze dargestellt ist (Vgl. den Beitrag von Prof. Giese in diesem Katalog). (M.K.)

1/96 Brief von Alfred Wegener an Wladimir Köppen
Marburg, 6.12.1911 | Papier, Din A4 | München,
Deutsches Museum (Nachlass Alfred Wegener)
Ab 1910 entwickelten Alfred Wegener und der Amerikaner F.B. Taylor unabhängig voneinander die Theorie zur Kontinentalverschiebung. Aufgrund der übereinstimmenden Küstenkonturen der Kontinente vermutete Wegener einen Urkontinent. Aus dem Brief von 1911 sind die Zweifel seines Schwiegervaters an dieser Theorie ablesbar. Zu dieser Zeit fehlten Wegener noch die Beweise aus der Geologie. Das »Auseinanderziehen von einer großen Bruchspalte« ist für ihn die einzig mögliche Ursache für das Auseinanderdriften der Kontinente. Er vermutet in diesem Brief bereits ganz richtig, dass seine Theorie die Annahme eines versunkenen Zwischenkontinents überflüssig machen würde. (M.K.)

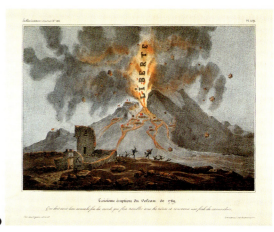

❸

❹

1/97 William Gilbert
›**De magnete magneticisque corporibus et de magno magnete tellure physiologia nova**‹
London | Petrus Short 1600 | aufgeschlagen:
Kap. XXVII mit der Darstellung »Orbis Virtutis« |
30 x 20 x 2,2 cm | Leipzig, Universitätsbibliothek »Bibliotheca Albertina« (Lib. sep 680)
William Gilbert beschrieb im Jahre 1600 erstmals die Erde als Magneten. Zwar kannte und benutzte man zu dieser Zeit bereits den Kompass, doch war höchst umstritten, worauf er eigentlich reagiere. Gilbert argumentierte mit Hilfe eines Modells: einer kleinen Erde (Terra), die er »Terrella« nannte. Im Rückschluss vom Modell auf die reale Erde entstand eine erste Theorie des Erdmagnetismus.

1/98 Landschaft mit Vesuv, Neapel, 1926
Max Beckmann (1884–1950)
Öl auf Leinwand | 85,5 x 24,5 cm | München,
Bayerische Staatsgemäldesammlungen, Staatsgalerie moderner Kunst (Inv.Nr. 14369)
(Abb. S. 99)
Im Fensterblick auf Neapel zeigt Max Beckmann eine Schwellensituation, in der sich Innen und Außen mischen. Grammophontrichter, Blumen, Fensterflügel, Architektur, Straße, Vulkan und Rauch haben im Bildganzen denselben Rang. Sie stehen isoliert gestaffelt in dem schmalen, hohen Format und geben dem Bild den paradoxen Charakter eines Stilllebens mit Vulkan. (U.G.)

❹ **1/99 El Altar**
16380 Fuß hoch | 1802 | Alexander von Humboldt (1769–1859)
Bleistiftzeichnung | 10,2 x 16,6 cm | Schiller-
Nationalmuseum/Deutsches Literaturarchiv
Marbach am Neckar, Cotta-Archiv/Stiftung
der Stuttgarter Zeitung (Inv.Nr. Cotta Br Humboldt 99a)
Zu den vielseitigen Forschungsfeldern Humboldts zählte auch der Vulkanismus und die Untersuchung geothermischer Tiefenstufen. Gegenüber dem Neptunisten Goethe vertrat er eine vulkanische Theorie der Erdentwicklung. Über den Vulkan El Altar berichtet er, »dass dieser Berg, dessen Pracht und Schneeglanz ich mit nichts von dem vergleichen kann, was ich auf dem Andenrücken gesehen, einst weit höher als der Chimborazo gewesen sei; dass seine Ausbrüche ununterbrochen sieben bis acht Jahre dauerten, bis der Gipfel gänzlich einstürzte, und nur noch die crenelirten Kraterränder und zwei sehr gleichartige, gegen einander anstrebende Hörner die vormalige Form ahnden lassen.« (M.K.)

1/100 Alexander Humboldt und Aimé Bonpland am Fuß des Chimborazo
1810 | Friedrich Georg Weitsch (1758–1828)
Öl auf Leinwand | 162 x 226 cm | Potsdam,
Stiftung Preußische Schlösser und Gärten
Berlin Brandenburg
Auf der Amerikareise 1799–1804 bestiegen Humboldt und Bonpland den Chimborazo

❷

in Ecuador, der damals als höchster Berg der Erde galt. Das Gemälde von Weitsch gibt trotz der verklärenden Abendstimmung die Situation vor Ort und das Lager des Expeditionstrupps recht authentisch wieder. Es wurde deshalb von Humboldt geschätzt. (U.G.)

1/101 Alexander von Humboldt und Aimé Bonpland in der Urwaldhütte| um 1850 | Eduard Ender (1822–1883)

Öl auf Leinwand | 110 x 143 cm | Berlin-Brandenburgische Akademie der Wissenschaften, Berlin, Bundesrepublik Deutschland (Inv.Nr. P/BON-1053) (Abb. S. 12)

Humboldts Reiseberichte weckten das Interesse vieler europäischer Künstler. In Berlin förderten der König und der Generaldirektor der Staatlichen Museen Ignaz von Olfers das neue Genre der tropischen Landschaftsdarstellungen. Dass Humboldt an den Tatsachen orientierte Darstellungen bevorzugte, wird aus seiner Reaktion auf das Werk von Ender deutlich. Er wollte den Ankauf der im Atelier und einzig nach der Phantasie des Malers entstandenen Szenerie nicht befürworten. Was den heutigen Betrachter fasziniert, das malerische Durcheinander von Reisegut, Messgeräten und tropischer Landschaft, befremdete Humboldt. (U.G.)

❶ 1/102 Alexander von Humboldt
›Essai sur la géographie des plantes, accompagné d'un tableau physique des régions équinoxiales‹

Paris, 1807 | aufgeschlagen: Naturgemälde der Tropenländer (Kolorierter Stich nach dem Original) | 2° | Zentraleinrichtung Botanischer Garten und Botanisches Museum Berlin-Dahlem, Freie Universität Berlin

Humboldt suchte die Natur als Ganzes zu erfassen, zu beschreiben und aufzuschreiben. Das vorliegende Blatt zeigt dieses Aufschreibesystem auf eindrückliche Weise. Dargestellt ist ein Schnitt durch das Profil der Anden im Bereich der Vulkane Chimborazo und Cotopaxi. Auf der Höhe ihrer jeweiligen Wachstumsgrenze sind die wichtigsten Pflanzengruppen und alle Faktoren, die die belebte Natur beeinflussen, eingetragen. Das Blatt kann auf zwei Weisen gelesen werden: von Innen nach Außen als analytische Zerlegung der Natur in Listen; von Außen nach Innen als Rekombination von Natur aus ihren Bestandteilen. In diesem zweiten Sinne empfahl sich das Blatt der künstlerischen Landschaftsdarstellung, welche Humboldt wissenschaftlich zu befördern meinte. (M.K.)

1/103 ›Ideen zu einer Geographie der Pflanzen nebst einem Naturgemälde der Tropenländer. Auf Beobachtungen und Messungen gegründet, welche vom 10ten Grade südlicher Breite, in den Jahren 1799, 1800, 1801, 1802 und 1803 angestellt worden sind‹

von Al. von Humboldt und A. Bonpland | Tübingen und Paris, 1807 | aufgeschlagen: Titelkupfer von Bertel Thorwaldsden, »An Göthe« | Staatsbibliothek zu Berlin – Preußischer Kulturbesitz (III cd 351; 1,1)

Das Titelblatt von Humboldts deutscher Ausgabe der »Pflanzengeographie« ist Goethe gewidmet und zeigt eine mythologische Darstellung der Natur als Isis. Sie wird von Apollon, dem griechischen Gott der Künste und der Erkenntnis, enthüllt und erscheint so in Gestalt der nackten Wahrheit. (M.K.)

1/104 Alexander von Humboldt
›Umrisse von Vulkanen aus den Cordilleren von Quito und Mexico. Ein Beitrag zur Physiognomik der Natur‹

(Atlas zu den Kleineren Schriften) | Stuttgart, Tübingen, 1853 | aufgeschlagen: Tafel 5, El Altar (16380 Pariser Fuß über dem Meer) Kupferstich | Staatsbibliothek zu Berlin – Preußischer Kulturbesitz, Ibero-Amerikanisches Institut (III cd 643; Atlas)

Die Umrissstudien von Vulkanen, welche Alexander von Humboldt auf der Reise durch Amerika anfertigte, zeugen sowohl von seinem zeichnerischen Talent als auch von seinen langjährigen Forschungen zum Vulkanismus. Dabei stand für ihn Großes auf dem Spiel: Über der Frage, ob die Welt aus dem Feuer oder dem Wasser entstanden sei, hatte er sich mit Goethe entzweit. Die Skizze des »El Altar« ließ er von Schinkel für den Tafelband »Umrisse von Vulkanen« bearbeiten. (M.K.)

1/105 Goethit

ca. 10 x 10 cm | Naturhistorisches Forschungsinstitut, Museum für Naturkunde, Zentralinstitut der Humboldt-Universität zu Berlin, Abt. Mineralogie (Inv.Nr. L 194)

Johann Wolfgang von Goethe hat sich zeitlebens der Gesteinskunde gewidmet. Als ihn 1816 die Anfrage erreichte, ob man ein Mineral nach ihm benennen dürfe, ließ er gnädig seinen Dichternamen in das Buch der Natur eintragen. – Wir zeigen eine Probe aus dem Weimarer Raum.

1/106 Bildung der Trappformation Schematisches Profil | 3. Dec. 1817 | Johann Wolfgang von Goethe (1749–1832)

Faksimile nach einer Federzeichnung auf Papier | 18,8 x 16,7 cm | Weimar, Stiftung Weimarer Klassik, Goethe- und Schiller-Archiv

Goethe hat Zeit seines Lebens die neptunistische Auffassung vertreten, dass die Kontinente durch Sedimentablagerungen aus dem Meer entstanden seien und nicht etwa aus vulkanischen Prozessen. »Dem Leben frommt die Welle besser«, heißt es noch im Faust II. Bei dieser Argumentation spielten die sog. Trapp-Formationen eine besondere Rolle, weil sich an ihnen Sedimentablagerungen zeigen lassen. Das Blatt demonstriert daher ein zentrales Stück aus Goethes Weltanschauung.

1/107 Deus Creator

ca. 1220–1250 | Miniatur aus der ›Bible Moralisé‹ (Codex 2554) in der Nationalbibliothek Wien | Digitale Aufnahme von fol. 1v | Wien, Österreichische Nationalbibliothek, Handschriften- und Autographensammlung (L197)

Innerhalb des biblischen Textes gibt es drei verschiedene Vorstellungen von der Erschaffung der Welt: nach Seinem Bilde, aus dem Wort, nach Maß und Zahl. Letzteres findet sich im Buch der Weisheit 11,21 und wurde in der bildenden Kunst selten dargestellt. Ausnahmen finden sich in den so genannten »Bible Moralisé« des 13./14. Jahrhunderts. Das Wiener Exemplar ist eines der beiden ältesten Beispiele für diesen prächtigen, bilderreichen Buchtypus. Die Rückseite des ersten Blattes zeigt den Schöpfer, der das Chaos des Anfangs mit dem Zirkel umreißt: Ein frühes Beispiel für rechengestütztes Generieren von Welten. (P.B.)

❶

❷

❺

② 1/108 Athanasius Kircher
›Mundus Subterraneus. In 12 libros digestus‹
Amstelodami 1665 | aufgeschlagen: Der Vesuv
im Jahre 1638 | Zwei Bände mit zahlreichen
Kupferstichen | je 39,3 x 26,5 x 7 cm (geschlossen) | Freie Universität Berlin, Universitätsbibliothek (42/75/12181 (2) – 1.2. Rara) (Abb. S. 91)

1/109 Johann Joachim Becher
›Physica Subterranea Profundum sutreraneorum Genesin, e pricipiis hucusque ignotis, ostendens. Opus sine pari ... ed. novissima...& Specimen Beccherianum, Fundamentorum, Documentorum, subjunxit Georg. Ernestus Stahl ... Lipsiae‹
Gleditsch 1703 | aufgeschlagen: Frontispiz,
Kupferstich mit einer Darstellung der Physica
Subterranea | 8° | Staatsbibliothek zu Berlin –
Preußischer Kulturbesitz (Mu 3821) (Abb. S. 90)
*Bechers Schrift verhieß eine neue Chemie, durch
die das Unterirdische augenfällig (ad oculum)
demonstriert werden sollte. Diese Visualisierung des Unsichtbaren geht im Vorsatzblatt auf
alchimistische Emblematik zurück. Zwei Hände mit den Aufschriften »Ratio« und »Experimenta« öffnen einen barocken Theatervorhang
zum Blick in den schwangeren Weltleib. Dieser*

❹

❸

*Monument élevé à la Nature dans le Temple
de la Raison à Strasbourg la 5me décade
de Brumaire l'an 2 de la République.*

Körper ist durch Planeten bestimmt: seinen
Kopf bildet Sol, die Sonne, umgeben von Luna,
Venus, Saturn, Mars, Jupiter und Merkur
(im Uhrzeigersinn gelesen).

1/110 Erdinduktor
35 x 30 x 30 cm | GeoForschungsZentrum
Potsdam GFZ

**1/111 Pendelgerät
zum Messen der Schwerkraft**
um 1905 | Firma Stückradt, b. Berlin (Hersteller) | 45 x 45 x 45 cm | GeoForschungsZentrum
Potsdam GFZ (Inv.Nr.1743)

1/112 Alte Mire
1880 | GeoForschungsZentrum Potsdam GFZ
(Inv.Nr.1740)

**1/113 Pendel zur Messung der Schwerkraft
in Potsdam**
1868 | Fa. A. Repsold u. Sohn, Hamburg (Hersteller) | L 120 cm | GeoForschungs Zentrum
Potsdam GFZ (Inv.Nr.1712)
*Potsdam war bereits am Ende des 19. Jahrhunderts ein Zentrum der Geowissenschaften.
Hier wurde u.a. das Schwerefeld der Erde mit
Hilfe von Pendeln vermessen. Der sogenannte
Potsdamer Schwerewert war jahrzehntelang eine
international anerkannte Norm.*

**1/114 Universalinstrument zur Messung
in allen drei Achsenrichtungen**
1851 | Fa. Pistor u. Martens, Berlin | H 70 cm,
Dm 60 cm | GeoForschungsZentrum Potsdam
GFZ (Inv.Nr.1727)

1/115 Zenit-Teleskop
um 1885 | Firma Julius Wannschaff, Berlin |
H 100 cm, Dm 75 cm | GeoForschungsZentrum
Potsdam GFZ (Inv.Nr. 1706)
*Galileo Galilei hatte ein Fernrohr auf den
Mond gerichtet und dabei die Erde als Stern
entdeckt. In diesem Sinne hat eine spätere
Geowissenschaft ihre Teleskope direkt auf den
Globus gerichtet. Das gezeigte Instrument
diente zur Breitenbeobachtung und zum Nachweis der Rotationsschwankungen der Erde.*

**1/116 Vesuv-Ausbruch
um 1780 | Michael Wutky (1739–1823)**
Öl auf Leinwand | 137 x 121 cm | Basel, Öffentliche Kunstsammlung, Kunstmuseum
(Inv.Nr. G 1977.43) (Abb. S. 100)
*Der Vulkanausbruch ist ein typisches Thema
der Malerei des letzten Drittels des 18. Jahrhunderts. Generell kann man die Darstellungen
der Zeit in wissenschaftliche, historische,
italianisierende und romantische Typen klassifizieren. Wutkys Bild liefert ein Beispiel des
romantischen Typs, der in einer besonders eindrucksvollen nächtlichen Szenerie zeigt, wie
ein Feuerkegel entsteht, bevor Lava und Gas
ausbrechen. Derartige Ansichten wurden gern
von Reisenden als Andenken erworben, denn
der Vesuv war eine feste Station der »Grand
Tour«. (U.G.)*

1/117 Eisen-Nickel-Meteorit
1784 | Eisen und Nickel | Dm ca. 15 cm | Naturhistorisches Forschungsinstitut, Museum für
Naturkunde, Zentralinstitut der Humboldt-Universität zu Berlin, Abt. Mineralogie (Inv.Nr. 1687)
*Eisen-Nickel-Meteoriten demonstrieren, was
die Welt im Innersten enthält: das Material
des Erdkerns. Auch dieser setzt sich aus Eisen-Nickel zusammen und erinnert so an die kosmische Herkunft des Blauen Planeten.*

**❸ 1/118 Monument élevé à la Nature dans
le Temple de la Raison à Strasbourg la 3me
décade de Brumaire l'an 2 de la République**
Monument der 'Natur' in dem zum 'Tempel der
Vernunft' bestimmten Straßburger Münster |
Kupferstich | 20,4 x 13,2 cm | Strasbourg,
Cabinet des Estampes et des Dessins (Inv.Nr.
77.998.0.778)
*Der Kupferstich zeigt auf dem Gipfel eines
scheinbaren Bergs die stilisierte, vielbrüstige
Natur mit der Freiheit an ihrer Seite. Unter
den Felsenstücken sind als Ungeheuer mit
Menschengesichtern Geistliche aller Konfessionen und Sekten zu sehen. Die Szene war
für das Straßburger Münster gedacht, das im
Zuge der Französischen Revolution zum Tempel
der Vernunft erklärt wurde, unter feierlichen
Gelöbnissen, keinen Gottesdienst anzuerkennen,
als den »Gottesdienst der Vernunft«, keine
andere Religion, als »die Religion der Natur«.
(M.K.)*

❹ 1/119 Handstein
Herrengrund, um 1740 | Mineralien, Metall,
Glas | 37,3 x 40,9 x 30,9cm | Deutsches Bergbau-Museum Bochum (Inv.Nr. 1671)
*Handsteine sind ein Bild der Welt von innen.
Der Makrokosmos spiegelt sich im Mikrokosmos
der Erze und Mineralien, wie man sie unter
Tage fand und künstlerisch weiterverarbeitete.
Auf sie wurden Miniaturdarstellungen von
Bergwerksgebäuden und Knappen gesetzt.
Das Naturwunder der Kristalle wurde so zu
einem beliebten Schaustück in fürstlichen Wunderkammern. Der ausgestellte Handstein ist
aus zahlreichen Mineralien zusammengesetzt.
Er zeigt verschiedene Arbeitsvorgänge, -geräte
und -gebäude aus Bergbau und Hüttenwesen.
Die vier Glasbehälter an der Seite weisen auf
seine Verwendung als Tafelaufsatz.*

1/120 »Black Smoker«
Mineralskulptur | H ca 160 cm (o.Sockel),
Grundfl. ca 120 x 100 cm | Berlin, Freie Universität, Fachbereich Geowissenschaften,
Prof. Dr. E. Halbach (Abb. S. 104)
*Dringt auf dem Meeresboden Wasser in tiefliegende Magma, so kommt es zu hydrothermaler Aktivität. Aus der aufsteigenden Lösung
werden bei Berührung mit dem Meerwasser die
Mineralien ausgefällt: so wächst der Black
Smoker »rauchend« empor.*

1/121-122 Pillow-Lava
schwarzer und grauer Typ aus dem Gebiet des
südlichen zentralindischen Bergrückens |

ca. 10 x 40 x 20 cm (schwarz) und 40 x 50 x
40 cm (grau) | Berlin, Freie Universität, Fachbereich Geowissenschaften, Prof. Dr. P. E. Halbach

**1/123-128 »Receuil Des Plus Belles Ruines
de Lissabon Causées par le Tremblement
et par le Feu du Premier Novembre 1755«
Jacques Philippe Le Bas**
1. Tour de S. Roch | 2. Église de S. Paul |
3. La Cathédrale | 4. Sale de l'Opéra | 5. Église
de San Nicolas | 6. Place de la Patriarchale |
1758 | Folge von Kupferstichen | 37,5 x
57,5 cm | Staatliche Museen zu Berlin, Kupferstichkabinett (WGI 15/23)
*Am 1. 11. 1755, dem Allerheiligentag, wurde
Lissabon von einem verheerenden Erdbeben
heimgesucht. Die Zeitgenossen – darunter
Voltaire – fragten sich, warum ausgerechnet
die christlichste aller Städte zerstört worden
sei. Die vorliegende Folge von Kupferstichen
zeigt, dass ein breites Publikum an diesem
Ereignis Anteil nahm. Sensationslust gegenüber dem realen Ereignis wird durch sie ebenso
angesprochen wie eine zeittypische Ruinenfaszination. (U.G.)*

**❺ 1/129 Vesuv-Ausbruch bei Nacht
1779 | Jacob Philipp Hackert (1737–1807)**
Öl auf Leinwand | ca. 65 x 87 cm | Privatbesitz
*Jacob Philipp Hackert bereiste nach seiner
Ausbildung an der Berliner Akademie Europa
und wählte die Umgebung Neapels zu seiner
neuen Heimat. In Rom war er Goethes Zeichenlehrer. Der Vesuv wurde zum wiederkehrenden Motiv seiner Arbeiten. In der Darstellung »Vesuv-Ausbruch bei Nacht« vereinte
J.P. Hackert die Ausbrüche der Jahre 1774 und
1779. Die im Stile des römischen Klassizismus
im Vordergrund platzierten Personen verdeutlichen mit ihren erregten Gestiken den gewaltigen Eindruck eines solchen Naturereignisses
auf den Betrachter. (M.K.)*

**1/130 The Destruction of Pompeii
and Herculaneum
nach 1821 | John Martin (1789–1854)**
Öl auf Leinwand | ca. 71 x 91,4 cm | Knutsford
Cheshire, Tabley House Collection Trust
(Abb. S. 15)
*Die Zerstörung des antiken Pompeji durch
einen Vulkanausbruch findet sich bei Plinius
beschrieben. Sie hat jahrhundertelang im
Zentrum der europäischen Fantasien vom Untergang der Zivilisation gestanden, ohne dass
jemand auf den Gedanken gekommen wäre,
die Ruinen auszugraben. Im frühen 19. Jahrhundert wurde die Szene oft gemalt, und John
Martin war einer der berühmtesten Künstler
für dieses Genre.*

1/131 Vesuvausbruch
Anonymer Künstler | Italienisch, 1861 | Öl/
Gouache auf Papier | 48,5 x 70,5 cm | Bannewitz Familie von Finck, Schloß Nöthnitz
(Inv.Nr. C 1963-2044)

1/132 Studie zum Gemälde
»Tod des Empedokles«
um 1665/66 | Salvator Rosa (1615–1673)
Feder in Braun auf Papier | 19,1 x 13,4 cm |
Leipzig, Museum der Bildenden Künste, Graphi-
sche Sammlung (NI. 8753)

1/133 Kopfüber stürzender Empedokles
in Vorderansicht | um 1665/66 | Salvator Rosa
(1615–1673)
Feder in Braun auf Papier | 15,7 x 10,8 cm |
Leipzig, Museum der Bildenden Künste, Graphische Sammlung (NI. 8748)

1/134 Sich vom Kraterrand stürzender
Empedokles in Seitenansicht nach rechts;
Arm- und Beinstudien (verso: auf einer
Wolke sitzende Frau) um 1665/66 |
Salvator Rosa (1615–1673)
Feder in Braun auf Papier | 16,9 x 12,9 cm |
Leipzig, Museum der Bildenden Künste,
Graphische Sammlung (Inv.Nr. NI 8747)
Salvator Rosa, der Romantiker avant la lettre,
griff in diesen furiosen Zeichnungen ein antikes
Thema auf. Es handelt sich um Vorstudien zu
einem Empedokles-Gemälde. Empedokles, der
im 5. vorchristlichen Jahrhundert lebte, sam-
melte als Arzt und Wanderprediger eine große
Jüngerschar um sich. Er vertrat eine naturphi-
losophische Lehre, nach der es kein Entstehen
und Vergehen, sondern nur Mischung und Ent-
mischung der vier Elemente Feuer, Wasser,
Luft und Erde unter Einwirkung der Kräfte von
Liebe und Zwietracht gibt. Der Legende nach
stürzte Empedokles sich in den Krater. (U.G.)

1/135 Centre Européen du Volcanisme
Vulkanmuseum | St. Ours-les-Roches, Frank-
reich, voraussichtliche Fertigstellung 2000 |
Hans Hollein (*1934) | Basalt-Modell | 10,5 x
77,5 x 43,5 cm | Wien, Hans Hollein, Architekt
Hans Hollein stellt das Zentrum für Vulka-
nologie in eine Auvergne-Landschaft voll er-
loschener Vulkane. Aus den natürlichen Gege-
benheiten entwickelte der Architekt das ästhe-
tische Konzept des Gebäudes. Es bietet sowohl

wissenschaftliche als auch emotionale Impli-
kationen. In das Innere des Komplexes gelan-
gen die Besucher durch den Abstieg in den
Abgrund, in Richtung Erdkern. »Dies erinnert
an Jules Verne und an Dantes Inferno, steht
aber auch in Beziehung zum Mutterleib und
der schützenden Höhle«, sagt Hans Hollein.
(M.K.)

1/136 Vulcania
Hans Hollein | Schnittzeichnung mit Land-
schaftspanorama | Papier | B 77,5 cm | Wien,
Hans Hollein, Architekt

1/137 Vulcania
Hans Hollein | 3 Skizzen auf Papier | je 55 x
62 cm | Wien, Hans Hollein, Architekt

1/138 Vulcania
Hans Hollein | Skizze auf Papier | 55 x 62 cm
(gerahmt) | Wien, Hans Hollein, Architekt

1/139 Vulcania
Hans Hollein | Skizze auf Papier | 55 x 62 cm
(gerahmt) | Wien, Hans Hollein

❶ 1/140 Entwurf für einen Riesenglobus
Vincenzo Coronelli (1650–1718)
In: ›Atlanto Veneto TOM.I.‹, Venedig 1691,
›A l'Auguste Maieste de Lovis le Grand‹ ... |
49,5 x 73 cm | Staatsbibliothek zu Berlin –
Preußischer Kulturbesitz (2° Kart B 459-1 VII/6)
Vincenzo Coronelli schuf einige der berühm-
testen Globen seiner Zeit. In ihnen vereinen
sich barockes Dekor und avanciertestes Ent-
deckerwissen des 17. Jahrhunderts. Neben vie-
len mittelgroßen Globen gingen einige Riesen-
globen aus seiner Werkstatt hervor, darunter
ein alles überragendes Globenpaar für den Son-
nenkönig Louis XIV – wissenschaftliches
Darstellungsmittel und blendendes Prunkstück
zugleich.

→ flaschenpost vom urknall

❷ 1/141 Kammer des ersten in Deutschland
gebauten Zyklotrons
1942 | Kupfer, Porzellan, ca. 100 x 50 x 10 cm |
Deutsches Röntgen-Museum Remscheid-
Lennep
Das Prinzip des Zyklotrons war von Ernest
Orlando Lawrence in den USA entwickelt
worden. In dieser Kammer können Elektronen
bis an die Grenze der Lichtgeschwindigkeit
beschleunigt werden, wobei magnetische Felder
sie auf Kreisbahnen halten.

1/142 Linear-Accelerator
1927 (Nachbau von 1985) | Rolf Wideröe (*1902) |
Glas, Metall | 40 x 100 x 15 cm | Deutsches
Röntgen-Museum Remscheid-Lennep

1/143 ›Tekniske Ideen:
Straaletransformator‹
15. 3. 1923 | Rolf Wideröe | aufgeschlagen: S. 1/2
| Buntstiftzeichnung | 21 x 14,8 cm (geschlos-
sen) | Zürich, ETH-Bibliothek (Hs 903:624)
Man hat Rolf Wideröe als den Großvater der
modernen Teilchenbeschleuniger bezeichnet.
Schon in seiner Studienzeit hat er grundlegende
Prinzipien dessen formuliert, was er einen
»Strahlentransformator« nannte. 1928 fand
Wideröe das Prinzip des Betatrons sowie des
Linearbeschleunigers und öffnete damit
das Tor für die experimentelle Erforschung
der subatomaren Materie

1/144 Sechs Fotografien des 1. europäischen
Betatrons
Hamburg 1943–44 | seit 1944 in Betrieb |
Zürich, ETH-Bibliothek (Hs 903:611-616)

1/145 Hochfrequenz-Resonator als Teilchen-
beschleuniger für den geplanten TESLA-
Linearcollider (ab 2010)

Prototyp 1999 | Niob, H ca. 150 cm, Dm 30 cm |
Deutsches Elektronen-Synchrotron, DESY
Hamburg und Zeuthen
*Zur Erforschung der letzten, noch unbekannten
Teilchen der Materie wird das Deutsche Elektronen Synchrotron DESY einen Linearcollider
bauen, der im Jahr 2010 nutzbar sein soll.
Weil die darin beschleunigte Materie sich als
Welle berechnen lässt, hat das Gerät den
gleichen Namen wie ein akustischer Resonator.
Die Forschung wird damit in Energiebereiche
vorstoßen, die bislang als unerreichbar galten
und in denen man den abschließenden, bislang
nur theoretisch erschlossenen Baustein unserer
materiellen Welt vermutet: das Higgs-Boson.*

❸ 1/146 Handschriftlich geführtes Proto-
kollbuch der Deutschen Physikalischen
Gesellschaft

1900 | aufgeschlagen: Eintrag vom 14.12.1900 |
8° | Bad Honnef, Deutsche Physikalische
Gesellschaft, Archiv (Inv.Nr.10008)
*Am 14.12.1900 hielt Max Planck einen Vor-
trag, welcher als die Geburtsstunde der Quan-
tenphysik gilt. Diese bricht mit der alten Vorstellung, Natur sei ein Kontinuum und mache
keine Sprünge. Wider Willen kam Planck durch
seine Theorie der Wärmestrahlung zu der
gegenteiligen Ansicht: Natur beruht auf Quan-
tensprüngen. Deren Maß wird durch das so
genannte ›Plancksche Wirkungsquantum‹ ange-
geben. Damit war das Tor zur Physik des 20.
Jahrhunderts aufgestoßen.*

1/147 Großraum-Diffusionsnebelkammer

Fa. Phywe Systeme GmbH | Holz, Metall, Glas |
132 x 125 x 125 cm | Beobachtungsfläche: 80 x
80 cm | Göttingen, Phywe Systeme GmbH
(Best.Nr. 09043.10)
*In der Nebelkammer werden Elementarteilchen
sichtbar. Zu Millionen durchqueren sie in
jedem Moment unseren Körper, ohne eine Spur
zu hinterlassen. In der Nebelkammer aber
ionisiert ihr Durchgang eine verdampfte Flüs-
sigkeit, so dass die Bahn des Teilchens wie ein
Kondensstreifen aufleuchtet. Der berühmte
Physiker Erwin Schrödinger bemerkte 1948 dazu: »Die Atomisten gegen Ende des 19. Jahrhunderts konnten derlei in ihren ausschweifend-
sten Träumen nicht ahnen. Mit dem leiblich-
en Auge erblicken wir die Strichspuren, die ein
einzelnes Elementarteilchen auf seiner Bahn
in der Wilsonschen Nebelkammer oder in einer
photographischen Emulsion hinterläßt.«*

1/148 Miniatur »Der Schöpfer«
(fol. I verso / Creator Mundi)

um 1250 | Reproduktion aus der ›Bible Mora-
lisée‹ in der Bodleian Library Oxford | MS.
Bodley 270 b (2937) | 42,2 x 33 cm | Miniatur:
29,5 x 21,7 cm

1/149 Petrus Gassendi (1592–1655)
Syntagma Philosophiæ Epicuri, Paris 1659
aufgeschlagen: Vorsatzblatt mit Kupferstich-
porträt Gassendis | 4° | Staatsbibliothek zu
Berlin – Preußischer Kulturbesitz (Nk 13 228)

*Die Schrift des Theologen Petrus Gassendi
steht für die Wiederentdeckung der atomistischen Philosophie aus der heidnischen Antike.
Sie war durch Demokrit, Lukrez und Epikur
überliefert: Atome nannte man die kleinsten
als unteilbar geltenden Bausteine der Materie,
zwischen denen leerer Bewegungsraum sei.
Die aristotelisch geprägte Naturlehre des Mit-
telalters hatte vor allem die Annahme eines
nicht-erfüllten Raumes verworfen, auf welche
sich erst die moderne Atomphysik wieder
berufen sollte.*

❹ 1/150 ›Titus Lucretius Carus
Six books of Epicurean philosophy, done into
English verse with notes‹

by Thomas Creech | Printed for Thomas Saw-
bridge and Anthony Stephens, London 1683 |
aufgeschlagen: Frontispiz | 8° | Niedersäch-
sische Staats- und Universitätsbibliothek
Göttingen | 8° Auct. lat. I, 4868
*Die Wiederentdeckung des antiken Atomismus
durch die neuzeitliche Naturlehre war von
einem Widerspruch von Text und Bild gekennzeichnet: Einerseits referierte man, wie Demokrit oder Lukrez die äußere Form der unsichtbaren Teilchen beschrieben (eckig, rund,
gezackt usw.). Andererseits aber finden sich
allenfalls Kugelmodelle als Illustrationen
dazu. Diese bildliche Tradition ging auf Giordano Bruno zurück und passte nicht zum Text.
Einzig die englische Lukrez-Ausgabe von
1683 machte den Versuch, im Frontispiz einen
Strom von Atomen in Anlehnung an die antiken Beschreibungen darzustellen.*

1/151 John Dalton
›A New System of Chemical Philosophy,
Part I‹

Manchester 1808 | 4 Tafeln | am Ende bei-
gebunden | 8° | Staatsbibliothek zu Berlin –
Preußischer Kulturbesitz (Mr 2493)
*John Daltons Schrift markiert den Übergang
zur atomistischen Bestimmung der chemischen
Elemente. Seine kugelförmig dargestellten
Atome standen in einer langen Tradition der
Visualisierung des Unsichtbaren. Neu war
daran der Versuch, Materie systematisch anzu-
zuschreiben.*

1/152 Sechs Mondphasen
1616 | Galileo Galilei (1564–1642)

Fotografie nach Aquarell | Florenz, Biblioteca
Nazionale Centrale
*1592 baute Gaileo Galilei in Padua ein erstes
Fernrohr und nutzte es zu astronomischen Beobachtungen. Deren Ergebnisse veröffentlichte er in seiner Schrift »Sidereus Nuncius«,
der »Sternenbotschaft« von 1610. Dazu zeichnete er die Phasen des Mondes. Galilei entdeckte die bergige Natur des Mondes und den
Sternenreichtum der Milchstraße. Er setzte
als erster astronomische Beobachtungen in Bezug zu Phänomenen der Erde. (U.G.)*

1/153 Martin Heinrich Klaproth
›Mémoires de l'Académie Royale des
Sciences et Belles-Lettres‹

1786/87, 1792 | aufgeschlagen: S. 160, Mémoire
chymique et minéralogique sur l'Urane | 4° |
Berlin, Freie Universität, Universitätsbibliothek
(4° 4 ZA 121-1786/87)
*Mit dieser Schrift tritt das Uran in die Ge
schichte ein. Der Text basiert auf dem Vortrag
»Über den Uranit, ein neues Halbmetall«,
den Martin Heinrich Klaproth am 24. September 1789 vor der Königlichen Akademie der
Wissenschaften in Berlin gehalten hatte. Dass
der Beitrag von 1789 erst 1792 in den Mé-
moires für die Jahre 1786/87 erschien, war
nicht ungewöhnlich für eine Zeit, deren wissenschaftliche Umlaufgeschwindigkeit erheblich
kleiner war, als es im 21. Jahrhunderts möglich
sein wird.*

1/154 Erste Fotografie eines Positrons

1932 | Carl Anderson | Fotografie | USA, AIP E.
Segrè Visual Archives, College Park, MD
*Dem amerikanischen Physiker Carl Anderson
gelang es 1932, erstmals ein Positron auf
seiner Bahn durch eine Nebelkammer zu fotografieren.*

1/155 Durchstrahlungsaufnahme
der Hand der Ehefrau Röntgens

Würzburg, 22.12.1895 | Wilhelm Conrad
Röntgen (1845–1923) | Fotografie | 13 x 18 cm |
Deutsches Röntgen-Museum Remscheid-
Lennep
*Eine der frühesten Aufnahmen mit Hilfe von
X-Strahlen, wie Röntgen selbst sie nannte.
Demonstrationen der feingliedrigen Hand ge-
hörten seit Vesalius 1543 zu den anatomischen
Schaustücken. Unter Röntgens ersten Aufnah-
men finden sich drei Hände: die seiner Frau
Bertha, des Freundes Koelliker, sowie der ei-
genen Hand. Für die neuen Bilder vom Innern
des lebenden Körpers prägte er einen neuen
Begriff der Sichtbarkeit: Sichtbarkeit ist ab-
hängig von der jeweiligen »Durchlässigkeit«
der Materie.*

1/156 Durchstrahlungsaufnahme
des Jagdgewehrs Conrad Röntgens

1896 | Wilhelm Conrad Röntgen (1845–1923) |
Fotografie | 13 x 18 cm | Deutsches Röntgen-
Museum Remscheid-Lennep

1/157 Durchstrahlungsaufnahme
einer Spule in einer Holzschachtel

um 1900 | Wilhelm Conrad Röntgen (1845–
1923) | Fotografie/Reproduktion | 13 x 18 cm |
Deutsches Röntgen-Museum Remscheid-
Lennep

1/158 Durchstrahlungsaufnahme
eines Bleches zur Materialprüfung

um 1900 | Wilhelm Conrad Röntgen (1845–
1923) | Fotografie/Reproduktion | 13 x 18 cm |
Deutsches Röntgen-Museum Remscheid-
Lennep

1/159 Myonendetektor

90 x 103 x 122 cm (+Kabelsteckermaß) |
Deutsches Elektronen-Synchrotron, DESY,
Hamburg und Zeuthen
*Die Apparatur setzt sich aus drei Detektor-
platten zusammen, die auf das kosmische
Elementarteilchen namens Myon reagieren.
Ein Computer koordiniert die Anzeigen.
Durchfliegt ein Myon alle drei Platten der
Reihe nach, so lässt sich aus dem Neigungs-
winkel seine Richtung bestimmen.*

1/160 »Crookes'sche Röhre«

ca. 20 x 30 x 10 cm | Remscheid-Lennep,
Deutsches Röntgen-Museum (Inv.Nr. 60088)
*Sir William Crookes (1832-1919) untersuchte
die nach ihm benannten Gasentladungsröhren.
Legt man an diese eine Spannung an, so
entstehen die sogenannten Kathodenstrahlen,
welche Crookes zunächst als vierten Aggregat-
zustand der Materie bezeichnete. Crookes
ahnte damals nicht, dass er das erste Elementarteilchen manipulierte: das Elektron. Dies
wurde erst 1895 durch J.J. Thomson bewiesen.*

1/161 Kammer zur Entdeckung
des Neutrons

Nachbau von 1932 | James Chadwick (1891–1974)
| 24,5 x 12,5 x 16,5 cm | University of Cam-
bridge, Prof. M.S. Longair, Head, Cavendish
Laboratory
*Zur Erkundung der inneren Struktur des Atom-
kerns war der Nachweis des Neutrons von besonderer Bedeutung. Chadwick führte ihn 1932
mit dieser sinnreichen, selbstgebauten Apparatur, die einer theoretischen Annahme von
Rutherford folgte. Es war die frühe Zeit der
Teilchenphysik, in der sie noch nicht zu einem
Großforschungsunternehmen weltweiter Arbeitsgruppen geworden war. Schon damals aber
eilte die theoretische Physik dem Experiment
um Jahre voraus.*

1/162 Evakuierbare Kammer zur Unter-
suchung der Wechselwirkung von Alpha-
Strahlen mit Gasen

Nachbau von 1917 | Ernest Rutherford (1749–
1819) | 2,20 x 8,5 x 1,9 cm | University of Cam-
bridge, Prof. M.S. Longair, Head, Cavendish
Laboratory
*Beschießt man Stickstoff mit Alpha-Teilchen,
so kommt es zu Umwandlungen im Atomkern
des Gases. 1917 demonstrierte Ernest Rutherford diesen Vorgang mit Hilfe einer selbst gebauten Apparatur.*

1/163 Gamma-Strahlen-Elektroskop

um 1907 | Metall, Glas | 26 x 17 x 17 cm | Archiv
zur Geschichte der Max-Planck-Gesellschaft-
Berlin (Inv.Nr. Abt. Vc, Rep. 9, Nr. 41/4)

❺ 1/164 Elektroskop zur Messung radio-
aktiver Präparate

um 1912 | Holz, Metall, Glas | 30 x 20 x 20 cm |
Archiv zur Geschichte der Max-Planck-Gesell-
schaft- Berlin (Inv.Nr. Abt. Vc, Rep. 9, Nr. 41/15)

Das Instrument entstammt dem gemeinsamen Labor von Otto Hahn und Lise Meitner in Berlin-Dahlem. Die beiden experimentierten mit Alpha-, Beta- und Gammastrahlen. Es gelang ihnen trotz der einfachen, vielfach selbstgefertigten Apparate verschiedene radioaktive Zerfallsprodukte zu bestimmen.

1/165 The Atomic Alphabet (1980)
1980 | Chris Burden *1946

Mit Wasserfarbe überarb. Foto | 146,1 x 99,7 cm | San Francisco Museum of Modern Art, Ruth and Moses Lasky Fund purchase (Abb. S. 25)

›The Atomic Alphabet‹ ist nach einer 30 Sekunden langen Aktion angefertigt, die Burden am 17. November 1979 uraufführte und danach dreimal wiederholte. »Wie ein Schläger von der Straße, ganz in schwarz gekleidet, mit erhobener Faust und aufstampfendem Fuß (…)

trug ich laut und aggressiv eine alphabetische Liste von 26 Worten vor, die auf die atomare Zerstörung bezogen sind«, berichtet Burden. (U.G.)

❶ 1/166 Der Urknall
1958 | Hans Breinlinger (1888–1963)

Öl, Kasein, Sand auf Malerplatte | 82 x 54 cm | Galerie Knittel – exp. Breinlinger, Konstanz

Hans Breinlinger malte vielfach religiöse Themen. Während seiner Berliner Zeit ab 1926 führte er zahlreiche Arbeiten für Kirchen aus. In seiner Heimatstadt Konstanz am Bodensee malt er ab 1943 im Stile seines expressionistischen Frühwerks. Aus dieser Zeit stammt das Bild »Der Urknall«. Die Vorstellung eines Urknalls als Schöpfungsakt ist durchaus mit katholischer Lehre vereinbar: der Papst korrespondierte zu Breinlingers Zeit mit dem Physiker George Gamow über dieses Thema. (M.K.)

1/_167 Raster-Kraft-Mikroskop

1985 | Gerd Binnig (*1947) | 10 x 10 x 8 cm | London, Science Museum (Inv.Nr.1993-675) (Abb. S. 20)

Das Raster-Kraft-Mikroskop (Atomic-Force-Mikroscope) wurde 1985 gemeinsam von Gerd Binnig, Calvin Quate und Christoph Gerber entwickelt. Es stellt einen entscheidende Fortschritt in der Nano-Technologie zur Manipulation einzelner Atome dar.

1/168 Ultra-Hoch-Vakuum-Kammer

1999 | Metall | ca. 50 x 300 cm | Berlin, FMB Feinwerk- und Messtechnik GmbH/Forschungszentrum Karlsruhe

Der leere Raum ist Voraussetzung moderner Teilchenpyhsik, sie kann nur im extremen Vakuum arbeiten. Schon ein einziges Gasmolekül würde für beschleunigte Elektronen wie eine Mauer im Raum stehen. Die Ultra-Hoch-Vakuum-Kammer kommt in Beschleunigern zum Einsatz. Sie bildet eine Skulptur der Leere. (P.B.)

1/169 Pechblende

1789 | Naturhistorisches Forschungsinstitut, Museum für Naturkunde, Zentralinstitut der Humboldt-Universität zu Berlin, Abt. Mineralogie (Inv.Nr. L 194)

Im Jahre 1789 entdeckte Martin Heinrich Klaproth (1748–1817) ein bis dahin unbekanntes Element: das Uran. Er wies es als Oxyd aus Pechblende nach. Von diesen Proben haben sich vier erhalten — frühe Mahnmale eines Atomzeitalters, von dessen Revolutionen 1789 nichts zu ahnen war.

1/170 Uraninit

1889 Sammlung Rumpff | Naturhistorisches Forschungsinstitut, Museum für Naturkunde, Zentralinstitut der Humboldt-Universität zu Berlin, Abt. Mineralogie (Inv.Nr. 497/99)

Tschechisches Uran war von großer Bedeutung für die Physik. Sowohl Becquerel als auch Mme Curie nutzten es zu ihren Forschungen.

1/171 Neutrino-Detektor

12 Glaskugeln mit eingegossenen Photomultipliern | 1999 | Dm je 30 cm | Gew. 18 kg bzw. 12 kg | Deutsches Elektronen-Synchrotron, DESY, Hamburg und Zeuthen

Mit Hilfe dieser Foto-Sensoren forscht man am Südpol nach kosmischen Elementarteilchen. An langen Trossen im Eis fixiert, blicken diese künstlichen Argusaugen nach Norden, um Neutrinos aufzuspüren, die als einzige Elementarteilchen den gesamten Globus durchqueren können (Vgl. den Essay von Christian Spiering in diesem Katalog).

1/172 Atom-Piece.
Working Model for Nuclear Energy
1963/1964 | Henry Moore (1898–1986)

Bronze | H 122 cm | Helsinki, Didrichsen Art Museum (Abb. S. 32)

Henry Moore schuf diese Plastik für die University of Chicago. Sie erinnert an die erste kontrollierte Kettenreaktion, welche Enrico Fermi am 2. 12. 1942 in Chicago gelang. Wir zeigen einen Abguss des sogenannten ›Working Model‹ für die in Chicago befindliche Großplastik, ›Nuclear Energy‹. Sie wurde zum 25. Jahrestag des Ereignisses, am 2. 12. 1967, aufgestellt. Henry Moore sagte dazu: »One might think of the lower part of it being a protective form and constructed for human beings and the top being more like the idea of the destructive side of the atom. So between the two it might express to people in a symbolic way the whole event.« (P.B.)

(P.B.) → Dr. Peter Bexte
(S.V.) → Dr. Sven Dierig
(U.G.) → Ulrike Goeschen
(M.K.) → Maria Kayser

❶

→ flaschenpost vom urknall

1/173 Atomares Kupferstichkabinett
Berlin, Institut für Experimentalphysik der FU,
Prof. Rieder (Abb. S. 16f)
*1981 entwickelten Gerd Binnig und Heinrich
Rohrer das Rastertunnel-Mikroskop. Damit
ging ein alter Menschheitstraum in Erfüllung:
Einzelne Atome wurden »sichtbar«. Als
Rechenergebnis eines quantenmechanischen
Effektes erscheinen sie auf dem Bildschirm.
Damit war das Tor zur Nano-Technologie aufge-
stoßen. Seitdem sind »Kupferstiche« auf
atomarer Ebene möglich, wie hier zu sehen.*

1/174 Materie als Schwingung und Welle
Berlin, Institut für Experimentalphysik der FU,
Prof. Hamprecht
*Die Physik des 20. Jahrhunderts ist paradox
geworden. Materie kann sowohl als eine
Zusammensetzung von Teilchen, wie auch als
Konglomerat von Wellen beschrieben werden.
Das Programm lässt einen Blick in diese ab-
gründige Vorstellung tun.*

**1/175 Detektor-Stirnplatte eines Teilchenbe-
schleunigers (Modell)**
Mit freundlicher Unterstützung von DESY
Hamburg (Abb. S. 26f)
*Das etwa fünf Meter durchmessende Modell
eines Detektors gibt eine Ahnung von den riesigen Maschinen zur Entdeckung kleinster Teilchen. Es ist ein Fenster in die subatomare Welt.*

**1/176 Photomultiplier-Kugeln als Neutrino-
Detektoren**
Deutsches Elektronen-Synchrotron, DESY
Zeuthen (Abb. S. 47)
*Diese Fotosensoren dienen am Südpol dazu,
kosmische Neutrinoquellen durch den Globus
hindurch zu beobachten (Vgl. den Katalog-
beitrag von Christian Spiering).*

1/177 Reise zum Urknall
*Umbau von einem Teilstück des Umgangs im
Lichthof zu zwei begehbaren Beschleuniger-
röhren. In ihnen wird die Suche nach den letzten
Teilchen der Materie vorgeführt. Über sukzes-
siv geschaltete Monitore laufen den Besuchern
Bilder von elementaren Ereignissen voraus.*

1/178 Funkenkammer
Deutsches Elektronen-Synchrotron, DESY
Zeuthen (Abb. S. 40)
*Die Funkenkammer macht die Spuren kosmi-
scher Partikel sichtbar. In ihrem Inneren stehen
Metallplatten unter elektrischer Spannung.
Fährt ein Teilchen hindurch, so ionisiert es die
Gasmoleküle in den Zwischenräumen, wodurch
ein elektrischer Funke überschlagen kann.*

→ code des lebens

1/179 Skulptur der Doppelhelix
*Die DNA-Struktur ist das Symbol des gene-
tischen Zeitalters. 1953 bastelten Watson und
Crick ihr berühmtes Modell (welches in dieser
Ausstellung zu sehen ist). Im Lichthof des
Martin-Gropius-Baus schlingt sich eine Hom-
mage daran als Stahlskulptur der Doppelhelix
bis zum hohen Glasdach auf.*

1/180 »Voyage inside the cell«
Paris, Digital Studio S.A. (Abb. S. 67, 68, 72)
*Der Prozess einer Zellteilung wird als drama-
tischer 3D-Film vorgeführt - in einer Reise
durch die Zelle. Die Fahrt führt in den Zellkern, bis hinab zur DNA.*

1/181 Irrwege der Genetik im sog. 3. Reich
Berlin, Institut für vergleichende Geschichts-
wissenschaft, Dr. Manfred Jurgowski
*Die Genetik gilt als Zukunftswissenschaft
schlechthin. Die Deutschen aber tun sich schwer
mit der Vergangenheit des Fachs in ihrem Land,
wie James Watson in der FAZ vom 19. 07. 1997
bemerkte. Die Datenbank versammelt Materialien zu dieser unseligen Geschichte des Fachs,
um seine Zukunft rationaler diskutieren zu
können.*

→ dynamik der erde

1/182 Foucaultsches Pendel
Humboldt Universität zu Berlin, Lehrstuhl
für Didaktik der Physik, Prof. Lutz Schön
*Das Foucaultsche Pendel macht die Rotation der
Erde sichtbar. Es wurde für den Lichthof des
Martin-Gropius-Baus neu berechnet (was keine
triviale Sache ist). 1851 ließ Léon Foucault
im Panthéon zu Paris erstmals eine 28 Kilo
schwere Kugel an einem 67 Meter langen Seil
schwingen. Nach einiger Zeit änderte sich die
Ausschlagsrichtung relativ zur Umgebung.
Man weiß jedoch, dass die Schwingungsebene
einer trägen Masse immer gleich bleibt — also
drehte sich der Boden unter der Kugel relativ
zu ihr. Dieser Effekt der Erdrotation kann in
der Ausstellung bewundert werden. Wir leben
auf einem rotierenden Körper.*

1/183 Modell des Geosatelliten CHAMP
(Abb. S. 88)
*Im Jahr 2000 kreist ein Geosatellit des Geo-
ForschungsZentrums Potsdam um den Globus.
Er misst das Schwerefeld der Erde und steht
zugleich symbolisch für die neuen Geowissen-
schaften: Sie greifen in den Kosmos aus.*

1/184 Globus (Dm 5 Meter)
*Bevor es die modernen Museen gab, sammelte
man antike, wissenschaftliche und künstlerische
Exponate in so genannten »Wunderkammern«.
In deren Zentrum fand sich oft ein großer Globus als das Bild der Welt. Ganz in diesem Sinne
dreht sich im Kern der Ausstellung ein riesiger,
transparenter Globus, der einen Einblick in
die Schichten unserer Erde gibt.*

→ bilder des geistes

1/185 BrainLab
Friedrich-Schiller-Universität Jena,
Ernst-Haeckel-Haus, Prof. Breidbach
(Abb. S. 118, 119)
*Ein neuronales Netz simuliert cerebrale Erre-
gungsmuster und projiziert sie in eine überdimensionale Schädelkalotte. Das neu entwickelte
Programm zeigt ca. 1 Milliarde Synapsen.
Dies entspricht einem Esslöffel Cortex. Damit
sind die Größenordnungen vom Hirn einer etrus-
kischen Wüstenspitzmaus erreicht. Besucher
können mit einem Joystick darin navigieren, verschiedene Zustände auslösen, EEGs abnehmen
etc.*

1/186 IQ-Test
Jena, Ernst-Haeckel-Haus
*Die Ausstellung präsentiert das Hirn Ernst
Haeckels in einem Kreis, den nur betritt, wer
seinen Intelligenzquotienten einem (spieleri-
schen) Test unterzieht.*

**1/187 Max Ernst:
»Les Malheurs des Immortels.
Portrait Paul Eluard«**
BF-Produktion | Skultureller Nachbau der
surrealistischen Holzstichcollage von Max Ernst
1/8, Abb. S. 110
*Die Körperbilder der Surrealisten waren stark
affiziert von technischen Apparaten. So ent-
warf Max Ernst eine elektrifizierte Schneider-
puppe als Porträt seines Freundes Eluard. Die
Collage wurde für die Ausstellung als Skulptur
ausgeführt (mit freundlicher Genehmigung
der Erben).*

1/188 Roboterarme
Zwei Roboterarme der Fa. KUKA Typ KR 6/1
*Serielle Industrieroboter spielen, entlastet vom
Arbeitsalltag, mit LEGO-Robotern. Sie insze-
nieren dabei eine mögliche Zukunft, in der sie
eine eigene Evolution beginnen könnten.*

1/189 Projektionswände
*Die Dramaturgie der medialen Inhalte, die
auf den Großprojektionsflächen im Lichthof zu
sehen sind, wurde erarbeitet von Ingo Langner
(Konzeption) und René Päpke (Editor). Zu
sehen sind wissenschaftliche Filme und Zitate
aus Spielfilmen zu den vier Teilen des Bereichs
Kern: Dynamik der Erde, Bilder des Geistes,
Flaschenpost vom Urknall, Code des Lebens.*

_literaturverzeichnis

→ **flaschenpost vom urknall**

Baeyer, Hans Christian von *Das Atom in der Falle. Forscher erschließen die Welt der kleinsten Teilchen* | Reinbek bei Hamburg 1993
Fischer, Peter *Licht und Leben. Ein Bericht über Max Delbrück, den Wegbereiter der Molekularbiologie* | Konstanz 1985
Foerster, Heinz von *KybernEthik* | Berlin 1993
Die Heinz-von-Foerster-Homepage der austrian society for cognitive science: http://www.univie.ac.at/cognition/constructivism/HvF.htm
Gamow, George *Mr. Tompkins' seltsame Reisen durch Kosmos und Mikrokosmos* | Braunschweig 1994
Ledermann, Leon und Teresi, Dick *Das schöpferische Teilchen. Der Grundbaustein des Universums* | München 1993
Schrödinger, Erwin *Unsere Vorstellung von der Materie*, in, Erwin Schrödinger, ›Was ist ein Naturgesetz‹? | München 1997, 102–120
Schrödinger, Erwin *Was ist Leben?*
1. Aufl. 1944, München 1987 ff.
Sutton, Christine *Raumschiff Neutrino. Die Geschichte eines Elementarteilchens* Basel 1994
Winter, Klaus (Hg.) *Neutrino Physics* Cambridge University Press 1991

→ **code des lebens**

Jacob, François *Die innere Statue. Autobiographie eines Genbiologen* | Zürich 1988
Kevles, Daniel und Hood, Leroy *Der Supercode. Die genetische Karte des Menschen* | Frankfurt a. M. 1995
Watson, James D. *Die Doppelhelix. Ein persönlicher Bericht über die Entdeckung der DNS-Struktur* | Reinbek bei Hamburg 1968 ff.

→ **Evelyn Fox Keller**

Duboule, Denis *The Evolution of Genomics* in, Science 279, 24 October 1997, 555
Garcia-Bellida, A. *Discussion*, in, *The limits of reductionism* | Novartis Foundation Symposium 213, Chichester 1998
Gelbart, William M. *Databases in Genomic Research* | in, Science 282, 23 October 1998, 659–661
Gilbert, Walter *Vision of the Grail* in, Code of Codes 1992, 83–97
Jacob, François *The Logic of Life* New York 1976, 83–97 (Erstausgabe auf Französisch, Editions Gallimard, 1970)
Jacob, François u. Monod, J. *Genetic regulatory mechanisms* | in, the synthesis of proteins, in, Journal of Molecular Biology 3, 1961, 318–356
Keller, Evelyn Fox *Refiguring Life. Metaphors of Twentieth Century Biology* | Columbia University Press 1995
Miklos, George L. Gabor und Rubin, Gerald M. *The Role of the Genome Project* | in, Determining Gene Function, Insights from Model Organisms | in, Cell 86, 1996, 521–529

Moss, Lenny *A Kernel of Truth? On the Reality of the Genetic Program* | in, PSA 1, 1992, 335–348
Strohman, Richard C. *The coming Kuhnian revolution* | in, biology, in, Nature Biotechnology 15, 15. March 1997, 194–200

→ **dynamik der erde**

Decker, Robert und Decker, Barbara *Vulkane Abbild der Erddynamik* | Heidelberg 1992
Giese, Peter (Hg.) *Geodynamik und Plattentektonik* | Heidelberg 1995
Schmincke, Hans-Ulrich *Vulkanismus* Darmstadt 1999

→ **bilder des geistes**

Bredekamp, Horst *Antikensehnsucht und Maschinenglauben* | Berlin 1993
Crick, Francis *Was die Seele wirklich ist. Die naturwissenschaftliche Erforschung des Bewusstseins* | Reinbek bei Hamburg 1997
Gilman, Sander L. *Seeing the Insane* 2. Aufl., University of Nebraska Press 1996
Hagner, Michael (Hg.) *Ecce Cortex. Eine Geschichte des modernen Gehirns* | Göttingen 1999
Maurer, Konrad u. Maurer, Ulrike *Alzheimer Das Leben eines Arztes und die Karriere einer Krankheit* | München 1998
Neumann, John von *Die Rechenmaschine und das Gehirn* | 1. Aufl. 1958, München 1991

→ **Olaf Breidbach**

Breidbach, Olaf *Die Materialisierung des Ichs. Zur Geschichte der Hirnforschung im 19. und 20. Jahrhundert* | Frankfurt a. M. 1997
ders. *Internal representations — A prelude for neurosemantics* | in, The Journal of Mind and Behavior, 2000
ders. *In press* | in, Das Anschauliche – oder – über die Anschauung von Welt | Eine Einführung in die Neuronale Ästhetik | Wien 2000
Creutzfeldt, Otto D. *Cortex Cerebri* Berlin 1983
Exner, Sigmund *Entwurf zu einer physiologischen Erklärung der psychischen Erscheinungen* (Ostwalds Klassiker der exakten Wissenschaft Bd. 285, 1894) | Frankfurt a. M. 1999
Finger, Stanley *Origins of Neuroscience A History of Explorations into Brain Functions* New York & Oxford 1994
Gardner, Howard *The minds new science* New York 1995
Harrington, Anne *Medicine, mind and the double brain* | Princeton 1998
Roth, Gerhard *Das Gehirn und seine Wirklichkeit* | Frankfurt a. M. 1997
Roth, Gerhard und Pauen, N. (Hg.) *Einführung in die kognitive Neurowissenschaft* (UTB) Stuttgart 2000
Schmidt, S. J.; Rusch, G.; Breidbach, O. (Hg.) *Interne Repräsentationen. Neue Konzepte der Hirnforschung* | Frankfurt 1996

→ **Sander L. Gilman**

Freud, Sigmund *Gesammelte Werke* 6. Aufl. Frankfurt a. M. 1976, Bd. VII
Giampalm, A. und Fulcheri, E. *An Investigation of Endemic Goitre during the Centuries in Sacral Figurative Arts* | in, Zentralblatt für Allgemeine Pathologie, LXI 1988, S. 297-307
Hetzel, B.S. *The History of Goitre and Certinism* | in, The Story of Iodine Deficiency, The Challenge of Prevention, Oxford 1989, 3-20
Kerlin, Issac Newton *The Mind Unveiled, or, A Brief History of Twenty-Two Imbecile Children* | Philadelphia 1858
Merke, F. *History and Iconography of Endemic Goitre and Cretinism* | Boston MTP Press 1984
Varela, Francisco J. *The Embodied Mind Cognitive Science and Human Experience* | Cambridge, Mass. 1993
Wilson, G. M. *Early Photography, Goitre and James Inglis* | in, British Medical Journal, 14. April 1973, 104-105

Ich danke Bruno-Nassim Aboudar aus Paris für die Diskussion über seine Dissertation zum Bild des Irren vor der Erfindung der Fotografie. *(S.L. Gilman)*

KEN ADAM

geb. 1921 in Berlin als Klaus Adam. 1934 Emigration der Familie nach Schottland. 1937-39 Studium an der Bartlett School of Architecture. 1939-45 Militärdienst als Pilot einer britischen Hawker Typhoon. Ab 1947 kam er als Production Designer beim Film zu internationaler Anerkennung. Er gestaltete mehr als 80 Filme, darunter die frühen James-Bond-Filme. Adam baute den War Room für Stanley Kubricks »Dr. Strangelove« (1963). Für die Ausstattung der Filme »Barry Lyndon« und »The Madness of King George« wurde er mit je einem Oscar ausgezeichnet.

PETER BEXTE

geb. 1954, Dr. Phil., Studium in Frankfurt am Main und Berlin, 1978/79 für den DAAD in London. Gastprofessuren in Bremen und Stuttgart. Publikationen zu Medientheorie, Kunst- und Wissenschaftsgeschichte, u.a. »Allwissen und Absturz. Der Ursprung des Computers« (gemeinsam mit W. Künzel; Frankfurt 1993). Zuletzt »Blinde Seher. Wahrnehmung von Wahrnehmung in der Kunst des 17. Jahrhunderts« (Dresden 1999). Homepage: http://www.snafu.de/~pedasy

OLAF BREIDBACH

geb. 1957, Studium der Kunst, Philosophie, Biologie, Paläontologie und Erziehungswissenschaften; 1982 Promotion zum Dr. phil. mit einer Arbeit über Hegel; 1984 Promotion zum Dr. rer. nat. mit einer Arbeit über die Biologie eines Schadinsekts; 1989 Habilitation in Zoologie; 1990 Forschungspreis des Landes NRW für ein Projekt zur Neuroinformatik; seit 1995 Professur für Geschichte der Naturwissenschaften, Leiter des Bereiches Theoretische Biologie und Direktor des Ernst-Haeckel-Hauses an der Universität Jena.

HANS-DIETER BURKHARD

geb. 1944, Studium der Mathematik 1962-68, danach Wissenschaftlicher Mitarbeiter an der Humboldt-Universität. 1990 erfolgte die Berufung zum Dozenten, 1992 zum Professor für Künstliche Intelligenz. Seine Arbeit verfolgt das Ziel, menschliche Denkprozesse besser zu verstehen und den Computer als Hilfsmittel für intelligente Tätigkeiten besser zu nutzen. Mit seinen Studenten war er 1997 in Nagoya/Japan Weltmeister im virtuellen Fussball (RoboCup) und 1998 in Paris Vizeweltmeister.

HEINZ VON FOERSTER

geb. 1911 in Wien, Studium der Physik daselbst; Promotion 1944. Nach dem 2. Weltkrieg Wechsel in die USA, wo er neben Warren McCulloch, Norbert Wiener, John von Neumann u.a. an der Entstehung der Kybernetik mitarbeitete. Er entwickelte eine Kybernetik 2. Ordnung für selbstreferentielle Systeme: die Kybernetik der Kybernetik. Von 1958-1975 leitete er an der Universität von Illinois das Biological Computer Laboratory, wo Grundlegendes zum neueren Konstruktivismus erprobt wurde.

PETER GIESE

Prof. em. für Geophysik an der Freien Universität Berlin. Forschungsfelder auf dem Gebiet der Seismik und der Geodynamik. Von 1982 bis 1990 war er Koordinator für den mittleren Abschnitt der Europäischen Geotraverse (einem Projekt der European Science Foundation). 1983-85 Präsident der Alfred-Wegener-Stiftung.

SANDER L. GILMAN

ist der Henry R. Luce Distinguished Service Professor of the Liberal Arts in Human Biology an der Universität von Chicago. Er lehrt Germanic Studies, Comparative Literature sowie Psychiatry und ist Mitglied des Fishbein Center for the History of Science, des Committee on Jewish Studies sowie des Committee on the History of Culture. Er arbeitet als Kultur- und Literaturhistoriker, ist Autor bzw. Herausgeber von mehr als 50 Büchern. Zuletzt erschien: Making the Body Beautiful: A Cultural History of Aesthetic Surgery. Princeton University Press 1999.

ULRIKE GOESCHEN

geb. 1961 in Lübeck, Studium der Kunstgeschichte, Publizistik und Slawistik an der FU Berlin. 1988 Magister. Promotionsschrift zur Rezeption der Moderne in Kunst und Kunstwissenschaft der DDR erscheint im Herbst 2000.

BENEDIKT HAERLIN

geb. 1957 in Stuttgart, studierte Philosophie und Psychologie in Tübingen und Berlin. Von 1984-89 war er als Abgeordneter der Grünen Mitglied des Europaparlamentes, wo er sich auf Genetic Engineering spezialisierte. Er ist Gründer des Genethischen Netzwerkes und arbeitet bei Greenpeace als internationaler Koordinator für Genetik-Kampagnen.

MARGRET HALBACH

nach ihrer Promotion viele Forschungsreisen gemeinsam mit ihrem Gatten Peter Halbach. Ihr Hauptinteresse gilt der Untersuchung von rezenten und fossilen Jaspisvorkommen, die zusammen mit vielen sulfidischen Mineralisationen auftreten. Dazu wird vor allem auch das Rasterelektronen-Mikroskop eingesetzt. Begonnen hat sie ihre geologische Laufbahn am Bayerischen Geologischen Landesamt in München, heute ist sie Mitarbeiterin an der e.g. Fachrichtung.

PETER HALBACH

1957-63 Bergbau-Studium an der Technischen Universität Clausthal. Professor und Direktor am Zentrum für rohstoff-orientierte Meeresforschung bis 1992. Ab 1992 Lehrstuhl für Rohstoffgeologie an der Fachrichtung Rohstoff- und Umweltgeologie der Freien Universität Berlin. Auf vielen internationalen Forschungsfahrten in alle Weltmeere hat er teilgenommen und war häufig wissenschaftlicher Fahrtleiter. Schwerpunkt der Forschung sind hydrothermale Mineralisationen in der Tiefsee.

HANS-CHRISTIAN HEGE

Physiker und Visualisierungsexperte, Leiter der Abt. Wissenschaftliche Visualisierung des Konrad-Zuse-Zentrums für Informationstechnik Berlin (ZIB). Geschäftsführer der Firma Indeed – Visual Concepts, Berlin. Email: hege@zib.de/ www: http://www.zib.de/Visual

EVELYN FOX KELLER

Promotion in theoretischer Physik an der Harvard University. Forschungen an der Schnittstelle von Physik und Biologie. Sie lehrt Wissenschaftsgeschichte und -philosophie am Massachussetts Institut of Technology. Von ihren Büchern liegt auf Deutsch vor: Das Leben neu denken. Metaphern in der Biologie des 20. Jahrhunderts, München 1998. Ihr Beitrag ist eine Kurzfassung der Einleitung ihres neuen Buches: The Century of the Gene. Harvard U. Press, Erscheinungstermin: Nov. 2000.

JÖRN LAUTERJUNG

geb. 1954, Studium der Physik an der Universität Bonn, 1981 Diplom, 1985 Promotion zum Thema Hochdruckuntersuchung an Mineralen mit Synchrotronstrahlung am Mineralogischen Institut Bonn und Hamburger Synchrotronstrahlungslabor HASYLAB, ab 1986 Koordinationsassistent beim Kontinentalen Tiefbohrprogramm der Bundesrepublik Deutschland (KTB), ab 1992 Vorstandsassistent am GeoForschungsZentrum Potsdam.

HANS LEHRACH

geb. 1946 in Wien. 1970-74 Promotion in Göttingen. 1974-1978 Wissenschaftlicher Mitarbeiter im Labor von Prof. Paul Doty, Harvard University, Boston, Mass. 1978-1987 Arbeitsgruppenleiter am EMBL in Heidelberg. 1987-1994 Leiter der Abteilung »Genomanalyse« am Imperial Cancer Research Fund in London. Seit Sept 1994 Direktor am Max-Planck-Institut für Molekulare Genetik in Berlin. Seit Juli 1995 Leiter des Ressourcenzentrums im Deutschen Human Genom Projekt.

GERHARD ROTH

geb. 1942 in Marburg/Lahn. 1969 Promotion in Philosophie zum Dr. phil.; 1974 Promotion in Zoologie zum Dr. rer. nat.. Seit 1976 Professor für Verhaltensphysiologie (C4) im Studiengang Biologie an der Universität Bremen. Seit 1997 Gründungsrektor des Hanse-Wissenschaftskollegs der Länder Niedersachsen und Bremen. Professor an der Universität Bremen und Direktor am Institut für Hirnforschung. Rund 180 Veröffentlichungen auf dem Gebiet der Neurobiologie und der Neurophilosophie.

PAUL H. SOEDING

geb. 1933. Diplomphysiker. Forschungsgebiet Physik der Elementarteilchen. Studium an den Universitäten Hamburg und München. Experimente an Teilchenbeschleunigern in den USA, beim Deutschen Elektronen-Synchrotron DESY in Hamburg, sowie am Centre Européenne pour la Recherche Nucleaire (CERN) in Genf. Professor an der Universität Hamburg. 1981-91 Forschungsdirektor des DESY, in dieser Zeit Mitentdecker der Gluonen. 1991-98 Leiter des Forschungsbereichs DESY-Zeuthen. Honorarprofessor der Humboldt-Universität zu Berlin.

CHRISTIAN SPIERING

geb. 1948 in Perleberg. 1966-71 Physikstudium an der Humboldt-Universität Berlin. 1974 Promotion, 1974-78 Arbeitsaufenthalt am Vereinigten Institut für Kernforschung, Dubna (UdSSR), anschließend am Institut für Hochenergiephysik Zeuthen (ab 1992 DESY-Zeuthen). Ab 1988 Forschungsgruppe Neutrino-Astrophysik, Teilnahme am Baikal-Neutrinoexperiment, ab 1994 AMANDA-Experiment am Südpol. Europäischer Sprecher des AMANDA-Experiments. Stellv. Leiter des Forschungsbereiches DESY-Zeuthen.

ANDREAS GRAF V. STOSCH

geb. 1967. Patentanwalt in der Münchner Patentanwaltssozietät Samson & Partner. Studium der Biochemie, Molekularbiologie und Biophysik an den Universitäten Hannover und Basel, Promotion an der Universität Heidelberg.

ROLF ZETTL

geb. 1964 in Stuttgart, Studium der Biologie in Stuttgart-Hohenheim und Tübingen, Promotion am Max-Planck-Institut für Züchtungsforschung in Köln (1991-1993), Stabsstellenleiter und Referent des Vorstandsvorsitzenden am Deutschen Krebsforschungszentrum in Heidelberg (1993-1995), Geschäftsführer des Ressourcenzentrums im Deutschen Human Genom Projekt in Berlin (1995-1998), Gründer und Vorstandsmitglied der GenProfile AG, Berlin (ab 11/98).

→ **Abbildungen Umschlag**

Vorderseite außen:
**Rasterelektronenmikroskop-Fotografie
(SEM), Netzwerk aus Nervenzellen** (Science
Picture Library © N. Kedersha/Agentur Focus
Hamburg) | **Geometrische Formen von ein-
fachen Konvektionsströmungen in Kugel-
schalen,** (mit freundlicher Genehmigung von
Helmut Harder, Institut für Geophysik, Göttin-
gen; © Harder, Göttingen) | **»Flug durch die
Zahl 2000. Zwischen den Molekülen hin-
durch«,** J. Repp, S. Zöphel, G. Meyer, K. H. Rie-
der (Institut für Experimentalphysik, FU Berlin),
siehe Seite 16–17 | **Gedächtniskunst, aus:
Robert Fludd, Tomus Secundus De Superna-
turali, Naturali, Praenaturali Et Contrana-
turali Microcosmi historia. Oppenheim 1619**
(Staatsbibliothek zu Berlin – Preußischer
Kulturbesitz).
Vorderseite innen:
Der Fußball spielende Roboterhund AIBO
(Sony Corporation), siehe Seite 134 ff. | **Notiz-
blatt Gregor Mendels** (Mendelianum Brünn),
siehe Seite 74.
Rückseite innen:
**Der Aufstieg von den Sinnen zum Logos, aus:
Robert Fludd, Tomus Secundus De Supernaturali, Naturali, Praenaturali Et Contranaturali Microcosmi historia. Oppenheim 1619**
(Staatsbibliothek zu Berlin – Preußischer Kul-
turbesitz) | **Tomographischer Schnitt durch
die Erdkugel** (GeoForschungs-Zentrum Potsdam), siehe Seite 82–83.
Rückseite außen:
**Akademie der Wissenschaften und der Schö-
nen Künste,** Kupferstich von Sébastien Leclerc,
1698 (Bibliothèque nationale de France, Paris),
siehe Seite 22.

→ **Abbildungen Innenseiten**

Berlin-Brandenburgische Akademie der
Wissenschaften, Akademiearchiv: 12/1.
Institut für Anatomie II der Friedrich-Schiller-
Universität Jena: 12/2.
Staatliche Museen zu Berlin, Nationalgalerie:
14/1.
Bridgeman Art Library, London: 15/2.
Institut für Experimentalphysik der FU Berlin:
17/1, 17/2, 18–19.
Science Museum ©/Science & Society Picture
Library London: 20/1, 62–63.
Berliner Festspiele: 21, 110–111, 112, 126, 127,
139/3 | (Foto: Roman März): 22/1, 27/2, 147/4,
154/3.
Bibliothèque nationale de France, Paris: 22/2.
San Francisco Museum of Modern Art: 25.
CERN Media Service © CERN Genf: 28–31, 42,
45/4.
Didrichsen Art Museum, Helsinki (Foto: Matti
Ruotsalainen Toimituskuva) Oy: 32/1.
Staatsbibliothek zu Berlin – Preußischer
Kulturbesitz: 32/2, 90/1, 96/1, 96/2, 116/1, 120/2,
122/2, 147/3, 150/1, 154/1.
WiTeC-PR, Ch. Ritschel, Leopoldshafen:
34–37, 44/1, 44/2.

Deutsches Elektronen-Synchrotron DESY,
Hamburg und Zeuthen: 38–39 (alle), 40/1–3,
45/4, 46/1;
(Foto: © Torsten Schmdt): 46/2, 47/3, 49/1–3.
Bildarchiv Preußischer Kulturbesitz: 41/4.
Kamioka Observatory, Gifu-Ken/Japan: 44/3.
California Institute of Technology, Archives,
Pasadena: 50/1, 53/2.
Ressourcenzentrum im Deutschen Human
Genom Projekt, Berlin: 50–51/2, 52/1, 54, 56–57.
(Foto: © Ostkreuz/Jens Rötzsch).
King's College Archives, London: 58, 60–61.
Digital Studio – Paris ©: 67 (alle), 68–69, 72.
Mendelianum Brno, Brünn: 74/1, 75/2.
Meta Systems GmbH, Altlussheim: 76/1, 77/2,
78/1, 78/2.
GeoForschungs-Zentrum Potsdam: 80–81,
82–83, 84, 86/2, 86/3, 87/4, 88 (alle).
GEO, Verlag Gruhner + Jahr, Hamburg: 86/1,
97/5.
Deutsches Museum München: 94, 134/1, 136/2.
Bayerische Staatsgemäldesammlungen: 99.
Öffentliche Kunstsammlung Basel (Foto: Martin
Bühler): 100.
Fachrichtung Rohstoff- und Umweltgeologie
der FU Berlin, Foto Peter E. Halbach, Berlin ©:
103, 104 (alle), 106/1, 106/2
Thomas Levy Galerie, Hamburg: 108.
Anatomisches Institut der Universität Bonn:
109/2, 120/1, 121/1.
Niedersächsische Staats- und Universitäts-
bibliothek Göttingen: 109/3, 148/5, 154/4.
Collection Musée de l'Homme, Paris ©:
114/1, 115/1, 117/4.
Moderna Museet, Stockholm: 114/2.
Friedrich-Schiller-Universität Jena, Ernst-
Haeckel-Haus: 116/2, 118/1, 118,4.
Max-Planck-Institut für Neuropsychologische
Forschung, Leipzig: 117/3.
Institut für Physiologie der HU Berlin: 118/2.
ETH Zürich: 118/1.
Institut für Hirnforschung der Universität
Bremen: 122/1, 124–125 (alle).
S. L. Gilman, Chicago: 130–131.
Francisco J. Varela, Paris: 129.
Kunstsammlungen Chemnitz (PUNKTUM/
Bertram Kober, Leipzig): 133.
Sony Corp.: 135/2.
Honda R&D Co., LTD: 136/1.
Národni Muzeum, Historické muzeum, Prag:
138/1, 138/2, 139/4.
Zuse Zentrum für Informationstechnik, Berlin
(ZIB) und Max-Planck-Institut für Gravitations-
physik, Potsdam: 142/1, 143/2.
Zuse Zentrum für Informationstechnik,
Berlin (ZIB): 141/1, 141/2, 141/3.
Kunstsammlungen zu Weimar: 146/1.
Staatliche Museen zu Berlin, Kunstbibliothek
(Foto: Dietmar Katz): 146/2, 151/3.
Staatliche Museen zu Berlin – Ethnologisches
Museum (Foto: Dietmar Katz): 148/1, 148/2.
Staatliche Eremitage, Sankt Petersburg,
Abteilung für westeuropäische Kunst: 149/3.
Réunion des Musées Nationaux, Paris
(© R.M.N. – G. Blot/C. Jean): 149/6.
Fondazione Giorgio e Isa de Chirico, Roma:
148/4.

Staatliche Museen zu Berlin, Kupferstich-
kabinett (Foto: Jörg Anders): 148/2, 151/2.
Universitätsbibliothek der FU Berlin:
91/2, 152/2.
Schiller-Nationalmuseum/Deutsches Literatur-
archiv Marbach am Neckar, Bildarchiv: 151/4.
Botanischer Garten und Botanisches Museum
Berlin-Dahlem, Freie Universität Berlin:
(Foto: Roman März, Berlin): 152/1.
Deutsches Röntgen-Museum, Remscheid-
Lennep e.V.: 154/2.
Musées de Strasbourg: 153/3.
Deutsches Bergbau-Museum, Bochum: 153/4.
Archiv zur Geschichte der Max-Planck-Gesell-
schaft, Berlin-Dahlem: 154/5.
Galerie Knittel, Konstanz (Foto F. J. Stiele-
Werdermann): 156/1.